이 어 령,
80년 생각

이어령,
80년 생각

김민희
지음

위즈덤하우스

그의 머릿속이
궁금하다

내 손에는 세상에서 단 하나밖에 없는 보물지도가 있다. 지도는 해독키 어려운 암호문으로 가득 차 있고, 어디에서부터 실마리를 풀어나가야 할지도 막막하다. 중요한 것은, 최종 종착지인 보물섬에는 어마어마한 가치를 지닌 보물이 숨겨져 있다는 사실이다. 임무는 막중하다. 암호 해독을 할 수 있는 시간은 정해져 있고, 미션을 부여받은 요원은 극소수다. 정해진 시간 내에 암호를 해독하지 못하면 보물지도는 쓸모없는 휴지조각이 되고 만다.

이쯤 되면 아마 독자 여러분께서 눈치채셨을 것이다. 맞다.

이 책은 이어령이라는, '창조'라는 단어가 가장 잘 어울리는 이 시대 최고 지성의 두뇌를 파헤치는 여정이다. 80대 후반에도 창조적 발상을 멈추지 않는 한 지식인의 '생각의 생각'을 해부하는 여정이자, 끝없는 목마름으로 새로운 우물을 파헤쳐내는 지적 갈증의 편력을 좇는 여정이기도 하다.

나는 이어령 교수의 마지막 제자다. 그는 1966년부터 2001년까지 30년 넘게 이화여대 강단에 섰다. 1989년까지 국어국문학과 교수로 재직하다가 1995년부터 2001년까지는 석학·석좌교수를 맡았는데, 운 좋게도 나는 딱 이 시기에 학부와 대학원을 다녔다. 학부에서는 그의 교양과목 '한국인과 정보사회', '한국 문화의 뉴패러다임'을, 대학원에선 그의 마지막 국문학 전공수업인 '문학과 기호학'을 수강했다.

그의 강의는 도끼질 같았다. 매 수업마다 머릿속이 쩍쩍 갈라지는 듯한 충격과 경이로움이 뒤따랐다. 별도의 교재 없이 새롭게 나눠 주는 A4 한 장짜리 '페이퍼'는 요술 종이였다. 종이에 쓰인 낯선 키워드들은 우리를 낯선 세계로 홀렸다. 이메일 계정 하나 없는 학생이 대부분이던 1997년, '한국인과 정보사회' 시간에 그는 유비쿼터스 혁명이 몰고 올 미래를 보여줬고, '한국 문화의 뉴패러다임' 시간엔 케케묵은 단어와 개념을 불러내 새 시대의 가치로 재창조해냈다. 잘 쓴 글은 잘 지어진 건축물 같다는 사실을 수학과 논리학처럼 증명해 보였던 '문학과 기호학' 시간도 빼놓을 수 없다. 인문, 예술, 철학, 역사는 그의 모든 수업에서 한데 융합되었고, 어느 수업에든 그만의 시각과 해석이 녹아 있었다. 매 수업이 혁명적이었고 놀라움의 연속이었다.

'어떻게 저런 발상을 해낼까?' 그를 볼 때마다 든 생각이다. 그의 머릿속이 궁금했다. 어떻게 늘 새로운 생각을 피워내는지, 어떻게 남들은 그저 스쳐 지나가는 작은 것에서 거대한 우주를 발견해내는지, 또 천리 앞을 내다보는 미래학자의 혜안은 어떻게 가지게 됐는지 궁금했다.

번쩍, 하고 생각의 스파크를 내는 결정적 순간에 그의 머릿속에서는 어떤 일이 벌어지는 것일까? 그것이 미치도록 알고 싶었다. 일순간 아이디어가 떠오르는지, 아니면 머릿속 이 방과 저 방에서 대기 중인 사고의 질료들을 조합해 마인드맵이라도 그리는지, 그것도 아니라면 역사 속 예술가들이 그러했듯 창조적 영감을 불러일으키는 그만의 아리따운 뮤즈를 숨겨놓기라도 한 것인지…….

로버트 루트번스타인Robert Root-Bernstein의 《생각의 탄생Spark of Fenius》이라는 책이 있다. 알베르트 아인슈타인Albert Einstein, 마르셀 뒤샹Marcel Duchamp, 레오나르도 다빈치Leonardo da Vinci, 리처드 파인먼 Richard Feynman 등 역사상 위대한 천재 13인의 창조적 발상법을 파헤친 책이다. 책을 펼치니 아니나 다를까, 한국어판 서문을 이어령 교수가 썼다. 그 첫 문장은 이렇게 시작한다. '아, 내가 써야 할 책이 먼저 나왔구나!'

나에게 '이어령'은 살아 있는 천재의 다른 이름이었고 책이나 브라운관, 대규모 강연에서나 볼 수 있는 비현실적 인물이었다. 글로 접하고 수업으로 접할 수 있는 것만으로도 충분히 운이 좋다고, 과분하다고 여겨온 터였다. 그만큼 부담스러웠고 걱정도 많았다. '내가 과연 이어령 교수의 창조 독본 성격의 글을 쓸 만한 자질이 있는가?' 하는 자격지심도 있었고, 기자의 관점에서 객관적 톤을 유지할 수 있을지도 자신하기 어려웠다.

인터뷰를 진행하며 내가 가장 많이 한 반응은 "이것도요?"였다. 내가 사는 세상 곳곳에는 이어령 교수의 창조물이 보이지 않게 녹아 있었다. 그는 교육자이자 작가, 행정가, 문명비평가 등으로 전방위 영역에서 활동하며 굵직한 창조물을 배출해왔는데, 그 창조물은 유무형을 망라한다. 무엇보다 그는 '창조적 인물'을 알아보는 눈 밝은 사람이었다. 비디오아티스트 백남준의 후원회를 만들어 초대 후원회장을 맡았고 화가 이우환, 바이올리니스트 사라 장(장영주), 소설가 김승옥과 박완서 등의 재능을 한눈에 알아보고 음양으로 후원한 이가 바로 이어령 교수다. 그래서 이 책은 단순히 '이어령의 창조 독본'에 그치지 않는, 그가 창조해낸 '대한민국 문화적 자산의 숨은 이력서'이기도 하다.

이어령 교수는 둘째가라면 서러운 문필가이지만 최근 들어 그가 직접 글을 쓰는 일은 거의 없다. 이유는 두 가지다. 건강상의 이유와 시간의 효율성. 그는 아직도 해야 할 일, 하고 싶은 것이 넘쳐난다. 집필 중인 책만 몇 종이고 계약 상태인 책, 구상 중인 책도 많다. 그런가 하면 지자체 공무원들에게도 인기가 여전하다. 스토리를 살리는 기획이 필요하면 전국 곳곳에서 그의 뇌를 훔치고 싶어 한다. 청주 젓가락 페스티벌, 영주 선비마을, 물의 도시 대구 등은 상당 부분 그의 창조력에 빚졌다. 그래서 그는 이렇게 말한다. "혼자서 다 하려면 130세까지는 살아야 할 거야. 후후."

그가 걸어온 창조의 여정을 따라가다 보면 멈칫하거나 고개가 갸우뚱해지는 지점을 만나게 된다. 학자이자 문필가로서 《문학사상》 창간을 주도하고 대학 강단에서 혁명적 강의를 시도한 이력은 단번에 이해된다. 미래학자다운 통찰력과 혜안으로 '디지로그Digilog'나 '생명자본주의' 같은 새 시대의 패러다임을 제시한 일에도 고개가 끄덕여진다.

그런데 운동에 젬병인 그가 88서울올림픽이나 무주·전주 동계유니버시아드의 개폐회식을 기획하고, 아무 연고 없는 지자체의 축제 연출에 손을 보태는 건 도무지 이해하기 어렵다. 그래서 왜 맡으셨냐고 캐물으면 이 교수 특유의 충청도 사투리로 허무한 답이 돌아온다.

"재밌잖어. 얼마나 재밌겄어. 무에서 유를 창조하는 일인데."

그러고는 늘 아이같이 웃는다. 이 짧은 답과 천진난만한 웃음은 많은 것을 담고 있다. 모든 어린아이는 가지고 있지만, 대부분의 어른들은 잃어버린 웃음.

'창조'는 새로움이다. 창조라는 말은 모든 존재의 최초에만 단 한 번 명명될 수 있는 거룩한 단어다. 정보와 빅데이터가 범람하는 4차 산업혁명 시대에서야말로 창조적 사고가 관건이다. 뻔한 정보와 기계적 사고로 무장한 인재가 아니라 자기 머리로 자기만의 생각을 할 줄 아는 인재야말로 이 시대가 꼭 필요로 하는 존재이기 때문이다. 그런 면에서 '이어령의 생각의 탄생'을 말하는 이 책은 지금 시대에 더욱 긴요하다. 이 책의 쓰임새는 이어령 교수의 다음 말에 담겨 있다. 자신을 일컬어 천재 운운하는 이들에 대해 펄쩍 뛰면서 하는 답변이다.

"나는 천재가 아니야. 창조란 건 거창한 게 아니거든. 제 머리로 생각할 줄 안다는 게 중요한 것이지. 누구나 나처럼 생각하면 나처럼 될 수 있어요. 진짜라니까."

이어령 교수는 이 말을 열 번도 넘게 했다. 처음에는 말도 안 된다고 생각했다. 누구나 이어령 교수처럼 될 수 있다니, 누가 봐도 언감생심인 말이었다. 하지만 그의 심오한 지적 세계를 탐험하는 여정에 동행하면서 시나브로 아주 조금씩 동의하게 됐다. 그를 만나고 나오면 일상의 사물이 평소와 달라 보였고, 그의 생각의 줄기를 따라가면서 '원래 그런 것'은 세상에 없다는 걸 하나둘 깨닫게 됐으니까.

이어령 교수에게는 신묘한 힘이 있었다. 익숙한 것을 낯설게 하는 힘, 고정관념을 흔들어놓는 힘. 그 힘은 짜릿한 지적 충격도 안겼지만, 동시에 도무지 끝나지 않는 과제를 떠안은 것 같은 묵직한 부담감도 안겼다. 이 개념에서 저 개념으로, 이 발상에서 저 발상으로 동서고금과 분야를 불문하고 껑충껑충 건너뛰면서 오가는 지적 탐험은 숨가빴고, 엄청난 양의 보충학습을 요할 때도 많았다. 키워드 사이사이의 빈칸 채워 넣기 같은. 그래서인지 2시간 여 인터뷰를 마치고 나오면 늘 뇌가 뜨끈뜨끈해졌다. 실제로 머리가 펄펄 끓는 듯하며 얼굴이 벌겋게 달아올라 감기인 줄 알고 감기약을 먹은 적도 있었다.

이 책은 2016년부터 《주간조선》에 약 1년간 연재한 〈이어령의 창조이력서〉를 바탕으로 했다. 사전 미팅만 열 차례가 넘었고 《주간조선》 정식 인터뷰가 스물두 번, 책 출간을 위해 진행한 보충 인터뷰 역시 스무 차례가 넘고, 전화로 진행한 '코로나 문명론' 인터뷰는 열 시간에 달한다. 한 번 인터뷰할 때 보통 2시간 정도 소요되니, 이어령 교수의 두뇌에 숨겨진 보물을 찾는 데 100시간 이상 쏟은 셈이다.

책이 출간되기까지는 예정보다 더 많은 시간이 필요했다. 이어령 교수는 살아생전 절대 회고록을 쓰지 않겠다고 입버릇처럼 말해왔는데, 이 책이 회고록에 가장 근접한 책이라 부담감이 그만큼 큰 듯했다. 대화 하나하나를 짚어가며 보고 또 보고, 행여 당신이 한 이야기가 타인에게 누가 되진 않도록 하라며 당부에 당부를 거듭했다.

이어령이라는, 이 시대 최고 지성의 두뇌를 파헤치는 보물찾기 여정은 험난했지만 감동적이었다. 이 길 저 길 참 많이도 헤

맸다. 어떤 길은 넓고 환했지만, 어떤 길은 좁고 침침했다. 겉으로 보이는 이어령 교수는 화려하고 거대했으나, 달의 이면과도 같은 시간의 그는 외롭고 쓸쓸할 때가 많았다. "창조는 외로운 거야"라는 단조의 음성이 귓가에 유독 맴돈다. 많이 헤맨 덕에 어두운 이면을 만난 시간은 행운이었다. 진짜 창조는 어둠 속에서 잉태되고 탄생할 때가 많았으므로. 그 어둠의 시간을 헤매면서 그와 함께 웃었고, 또 때론 함께 울기도 했다. 독자 여러분께서도 함께 보물을 찾아 헤매는 심정으로 이 책을 읽어주시면 감사하겠다.

이 한 권의 책이 나오기까지 많은 분들의 도움이 있었다. 무엇보다 《주간조선》과 《톱클래스》 선후배님들의 힘이 컸고, 뒤늦게 운명처럼 만난 위즈덤하우스 류혜정 부서장님이 산파 역할을 해주셨다. 고개 숙여 감사드린다. 커다란 우산 같은 남편 동철 씨와 멋진 두 아들 수빈 정빈, 늘 무조건적인 사랑과 지지를 아끼지 않는 부모님께 표현할 수 있는 범위의 모든 사랑을 전한다.

2021년 1월
김민희

80분에 담은 80년 생각

"선생님, 책 제목을 '80년 생각'으로 했어요."

마지막으로 선생님과의 대화를 마무리 짓는 시간이다. 아련한 슬픔과 아쉬운 마음을 가다듬기 힘들었지만, 담담하게 제목 이야기부터 꺼냈다.

"생각 잘했어.《주간조선》에 연재했던 제목 '창조이력서'보다 스마트하네. 청출어람이라 하더니."

"선생님 이야기를 하려 하면 먼저 8의 숫자가 떠오르거든요. '88올림픽'을 비롯해서 '80초 메시지' '8020 이어령 학당'…….
이밖에도 제가 모르는 게 더 있을 것 같은데요?"

"있지. 내 나이가 올해 88세니까.(웃음) 코로나만 아니었으면 미수米壽 잔치를 치를 뻔했어."

"아쉽네요. 그런데 왜 88세를 미수라고 할까요?"

"쌀 미米 자에 팔십팔八十八 자가 숨어 있잖아. 건조한 숫자라도 보기에 따라서 풍부한 스토리텔링이 될 수 있어. 아라비아의 숫자 8은 또 어떻고. 옆으로 눕히면 수학의 무한대의 기호가 되지. 그리고 안과 밖이 연접되어 있는 뫼비우스의 띠가 되기도 해. 둘 다 일상의 생각을 뛰어넘는 신비한 세계의 이야기잖아. 한자의 팔八도 마찬가지야. 글자 모양을 보면 끝이 열려 있어. 그래서 앞날이 환히 열린 개운開運을 상징하고, 그 발음 역시 '펼 발發' 자와 같아서 발전發展, 발재發財의 뜻과 통해. 중국 사람들은 자동차 번호나 전화번호에 팔자가 겹친 것이 있으면 부르는 게 값이라고 해요."

"기억나는 게 있어요. 〈8020 이어령 학당〉에서였나요. '8020에는 0이 몇 개 있냐?'고 방송 시작하자마자 학생들에게 질문하신 거 말이에요. '두 개가 아냐. 8자에도 0모양이 두 개가 있으니 합쳐서 네 개지.' 하시더니 다시 그 말을 뒤집죠. '8자를 눕혀봐. 이번에는 네 개가 아니라 0이 무한대로 깔려 있다'고요. 창조적 사고의 잽을 날리셨잖아요."

"아, 그거. 사물을 자유로운 시각에서 보라고 한 말인데 지금 생각하니 진부해 보이네. 한참 전에 벌써 이상이 '且8씨'라는 시를 쓴 적이 있어. 8자를 눈사람으로 본 거지. 그러니까 且차는 눈사람이 쓴 모자야. 그런데 8을 한자 八로 쓰고 모자를 씌우면 구_貝자가 되니까 이상의 친구 구본웅 화가를 가리킨 말이라고 해. 그뿐인가? 칠전팔기_{七顚八起}의 오뚜기와 달마에 이르기까지, 무궁무진의 풀이가 가능할 수 있어."

팔자와 한국인

선생님과 이야기하고 있으면 비행기 프로펠러 앞에 서 있는 것 같다고 했던 국문학자 고_故 김윤식 선생의 말이 생각나는 순간이었다. 한순간도 쉬지 않고 빠른 속도로 돌아가는 프로펠러, 그래서 주변을 온통 회오리바람을 일으켜 정신 못 차리게 하는 프로펠러. 미수의 연세에 어떻게 저런 유연한 사고를 하실 수 있을까. 선생님이 오래, 아주 오래 사셔야 한다는 간절한 바람이 슬프고도 뜨겁게 차올랐다. 그래서 〈이어령의 백년서재〉라는 TV프로그램 타이틀대로 '100년 생각'을 냈으면 좋았을걸. 아니, 언젠가 또 낼 수 있도록. 이 생각을 전하자 또 한 번 잽이 날아온다.

"아니야. 8자가 좋아. 나만 그런 게 아니야. 한국 사람이면 누구나 다 팔자 타고 난다고 하잖아."

"그렇네요. 그런데 팔자가 타고난 운명이라는 건 다 알지만, 정작 팔자가 의미하는 정확한 뜻을 아는 사람이 몇이나 될까 싶어요."

"그래서 생각하며 살자는 것 아니겠어. 태어난 해와 달과 날, 그리고 태어난 시의 네 기둥이 사주四柱고 그것을 천간과 지간을 합친 두 글자로 나타낸 것이 여덟 글자, 팔자야. 지금의 주민등록증 앞자리 여섯 숫자와 비슷한 거지. 아니 그보다 태어난 시까지 있으니 더 정밀하다고 할까. 그리고 그 사주팔자를 우리말로 옮겨봐요. '시간의 네 기둥.' 정말 시적이잖아."

"선생님도 사주 같은 걸 믿으세요?"

"내가 사주를 따로 본 게 아니라 어렸을 때 어른들이 내 사주 본 이야기를 들려주셨지. 백만대군을 이끄는 장군이 될 팔자라고."

나는 파안대소하며 크게 웃어버렸다.

"하하하. 장군이라니요. 전연 안 어울려요. 바퀴벌레만 나와도 기겁을 한다고 하셨잖아요. 그 사주 여덟 글자 틀렸는데요?"

농담인 줄 알고 웃은 건데, 뜻밖에도 진지한 표정을 지으시고 내 웃음에 답하셨다.

"그래. 나도 그런 말 들을 때마다 크게 웃었지. 물론 어른이 되고 나서 말이야. 그런데 요즘 생각하면 그 사주가 맞는 것 같다는 생각이 들 때가 있어. 백만대군은 내가 지금까지 다루어온 말(언어)이고 그것으로 공감을 함께 나눠온 독자들일 수도 있으니까. 칼을 그것보다 강하다는 펜으로 바꿔봐. 내가 휘두르는 대로 언어들은 내 명령에 따라 움직여왔어. 또 백만 부 이

15

상 베스트셀러의 책을 냈으니 백만이라는 숫자도 과장이 아닐 테고. 발자크가 나폴레옹 초상 앞에서 '당신이 칼로 세계를 정복하려 했던 것을 나는 펜으로 정복해 보이겠노라'라고 호언장담한 것처럼."

"그래도 글 쓰는 것과 칼 쓰는 건 본질적으로 다를 텐데요. 에잇, 그 사주 틀렸어요."

"내가 그동안 백만대군이라고 했던 그 언어들 있지. 요즘 와서 말이 나를 따라주지 않아. 많이 잃었어. 펜이 칼이었다면 백만대군이 뿔뿔이 흩어져버려서 나는 나폴레옹처럼 어느 절해고도에 유배되고 말았을 거야. 그러니 그 사주 틀린 것으로 하고 김민희 기자가 앙드레 모루아Andre Maurois나 로맹 롤랑Romain Rolland 같은, 인물평전을 쓰는 전기작가가 되어달라는 거야. 같은 피아노라도 치는 사람에 따라서 다른 소리가 나는 법이지. 이상하게도 김민희 기자에게 걸리면 내 입에서 다른 소리가 나온다니까. 양 진영으로 갈라져 있는 우리나라의 풍토에서는 제대로 된 인물평전이 나오기 힘들어. 용비어천가 아니면 사문난적이지. 그래서 김 기자라면 앙드레 모루아나 로망 롤랑 같은 평전작가가 될 수 있다고 생각해. 지금까지 인터뷰를 해온 사람이 몇 명이라고 했던가."

겸연쩍어하면서 대답을 못 했다. 이야기가 딴 길로 새는 것 같은 조바심도 컸다. 이제는 안다. 선생님과의 대화 도중 약간의 방향을 트는 건 돌이킬 수 없는 미지의 세계로 발을 디디는 일일 수 있다는 걸. 그 길에 깊이 들어갈수록 풍성하고 신비로운 세계가 펼쳐진다는 걸. 하지만 오늘만큼은 안 된다. 일단 사주 타령에서 벗어나야겠다는 생각이 들어서 방향을 틀었다.

"신동이니 천재니 하는 말은 언제부터 들어오셨냐니까요?"

여섯 살 꼬마 질문쟁이의 반란

이어령 교수를 '단군 이래의 몇몇 천재'라고 손꼽은 이야기들은 여러 사람의 글 속에서 쉽게 찾아볼 수 있다. 하지만 어렸을 때에도 신동소리를 듣고 자랐는지에 대해 우리가 알고 있는 것은, 웅진에서 펴낸 《생각쟁이》의 창간호에 실린 에피소드 정도다. 여섯 살 자리 꼬마가 서당에서 천자문을 놓고 훈장과 다투었다는 웃지 못할 이야기 말이다.

"치켜주었더니 금세 품앗이하자는 거야? 허허. 가끔 그런 닭살 돋는 이야기를 들을 때가 있지만, 절대 겸손으로 하는 말이 아니야. 나는 아이큐도 높지 않고 뇌도 남보다 큰 편이 아니야. 서당에 들어오기 전 어떤 애들이나 하늘은 다 파랗다고 생각하고 있었겠지. 그런데 사모를 쓴 무서운 훈장이 '천지 현황, 하늘은 까맣고 땅은 노랗다'고 하니까 그냥 따라서 외운 것일 테고. 하지만 내가 그 애들과 다른 게 있었다면 단지 내 눈으로 본 것을 그냥 그대로 이야기한 것뿐이지. 하늘이 파란데 왜 서당에서는 검다고 하는가, 하는 당연한 소리를 한 것뿐이라고.”

“그래도 남들이 다 그렇다는데 혼자 딴소리를 하면 따돌림을 받지 않겠어요?”

“그래, 그랬었지. 나는 친구도 없고 귀엽다고 머리를 쓰다듬어주는 어른들도 별로 없었어. 한마디로 ‘얄밉다’는 소리를 많이 들었고. 남들과 의견 충돌을 하게 되니까 겐까도리(일본말로 ‘싸움닭’이라는 뜻)라는 별명도 생겼지.”

“하지만 그 외로움으로 많은 것을 얻으셨잖아요.”

“고독의 대가는 생각의 탄생이었어. 그리스 사람들이 말하는 타우마젠taumazein. 지적 호기심이 충족되었을 때의 그 경이로움 말이야. 여섯 살 때의 의문이 자라면서 검을 현玄 자만 보면 어릴 적 그 트라우마가 떠올랐어. 심지어 늘 다니는 현관玄關이란 말도 있잖아. 왜 거기에 현 자가 나오나, 흑백黑白과 현소玄素의 대칭은 또 뭘까. 여섯 살 때와 똑같이 혼자서 생각하고 풀고 따져보다가 남들이 풀지 못한 해답을 얻게 되었어. 무엇보다 노자의《도덕경道德經》을 읽는데도 ‘현빈玄牝’, ‘현동玄同’, ‘현묘玄妙’ 등 그놈의 현 자가 지뢰처럼 깔려 있었지만 겁내지 않았어. 북쪽을 상징하는 현무玄武를 풀다가 현이 왜 ‘북망산’, ‘북묘’ 또는 북두칠성의 칠성판같이 죽음과 어울리는 말이 되었는지, 남들이 보지 못한 너무나 많은 경이롭고 신기하고 감동적인 비밀들을 찾아낼 수 있었지. 감춰진 사실들의 몸짓과 그 윤곽이 보이기 시작하면 백화점 물건보다 더 많은 것들이 눈앞에 꽉 차올

라. 그것도 돈 주고 사는 게 아니라 다 거저야. 공짜라고. 다만 시간이 없을 뿐이야. 여섯 살 아이 때 품었던 현 자의 수수께끼 놀이는 팔십 년이 지난 오늘에도 여전히 아지랑이에 싸여 있는 것처럼 가물가물해 보여. 그것을 알려면 인생은 너무나 짧아. 히포크라테스의 말처럼."

"시간이 없다"는 목소리에서 암과 싸우며 죽음의 심연 앞에 서 있는 선생님의 외로운 모습이 마음속을 스쳐 갔다. 나는 눈이 마주칠까 봐 얼른 얼굴을 돌렸다. 질문쟁이, 싸움닭, 붓 깡패, 그리고 문단에 데뷔할 무렵의 〈우상의 파괴〉에서부터 시작해 남정현의 〈분지糞地〉, 한승헌 변호사의 필화 재판, 그리고 김수영 시인과 벌인 이른바 '불온시 논쟁'에 이르기까지 선생은 늘 외톨이에 가까웠다. 좌와 우 어느 쪽에 발을 담그지 않으면서 사안에 따라 소신을 밝힌 이유가 크고, 소위 '이어령 사단'을 만들지 않은 때문도 있다. 그래서 평생토록 비난도 많이 듣고, 적대관계도 만들어왔다. 그럼에도 그는 질문을 멈추지 않는다. 생각을 멈추지 않는다.

나를 키운 팔 할은 물음표였지

그는 팔십 년 동안의 갈증, 그 목마름을 안고 우물물을 파다가 물이 나오면 다른 땅을 찾아 또 하나의 우물을 판다. 영원히 유보된 우물물의 갈증. 자신의 표현을 빌리자면 두레박의 갈증이다. 자신이 지금 파고 있는 그 우물이 죽음의 어두운 심연이라는 것을 알면서도 그는 "마지막 우물 파기가 시작된 거야"라고 호기심 많은 아이처럼 웃는다. 선생님의 얼굴을 다시 저 밝고 티 없는 10대의 어린아이로 돌아가게 해야 한다. 화제를 원위치로 돌렸다.

"십대의 생각으로 다시 돌아가 볼까요. 초등학교 중학교 시절에도 질문을 멈추지 않으셨을 텐데요, 어떠셨어요?"

"학교에 들어가면 아이들은 더 이상 묻지도, 생각하지도 않아. 묻는 것은 선생님의 몫이고 대답은 학생들이 해. 그게 시험이라는 제도잖아. 교과서에 있으니까, 흑판에 써 있으니까, 시험답안지에 있으니까 생각을 하지 않아도 되지. 그래서 이런 농담이 있어. 그것도 창의 교육을 한다는 미국에서의 농담이야. 선생이 물었어. '너희가 가장 많이 쓰는 말이 뭔지 아니?' 그때 학생들 대답은 '몰라요 I don't know'였어. 선생님은 기다렸다는 듯이 '그래, 그게 바로 정답이야' 했지. 학생들이 가장 많이 쓰는 말이야. '몰라요', '잘 몰라요'."

"그런데 선생님은 그런 학교생활을 하시면서도 자신의 머리로 생각하는 질문하는 습관을 버리지 않으셨다는 말씀이세요?"

"미당은 자기를 키운 것이 팔할이 바람이라고 했지만 나를 키운 그 팔할은, 또 8자가 나오는구만, 허허. 그 팔할은 '물음

20

표'였어. 가령 이런 것이지. 갈릴레오 갈릴레이Galileo Galilei가 재판
장에서 나오면서 '지구는 그래도 돈다'고 혼잣말을 했다는 거
야. 그게 남들더러 믿으라고 하는 소리야? 아니, 혼잣말한 것을
다른 사람들이 어떻게 들을 수 있어. 남이 알아들을 수 있게 했
다면 혼잣말이 아니잖아".

"그 얘긴 이미 여러 번 하셨어요.(웃음) 제임스 와트James Watt와
주전자 뚜껑, 제비새끼 입 벌리는 이야기 같은 얘긴 여러 번 하
셨으니 그런 얘기 말고요, 교실에서의 반응이 어땠는지가 궁금
해요."

"그거야 뻔하지. 물을 게 있나. 하지만 모든 사람이 다 나의
적은 아니었어. 방학이 되면 서울에 유학 간 형님들과 친척들
이 시골로 내려와. 내 위로 형님이 넷이잖아. 누나도 있고, 외
갓집도 형들도 많았지. 그래서 나의 지적 호기심과 독서의 눈
높이는 지금 말로 하면 초딩이 아니라 고딩 수준에서 출발했던
거야. 요즘같이 외삼촌도 없고 형제도 없는 저출산시대에는 가
당치도 않는 일이었어. 당시 경기고녀(현 경기여고)에 다니던 외
사촌 누이는 세상을 떠나기 전 회고의 글에 이런 이야기를 남
겼어. 초등학교 학생인데도 어렸이는 늘 내가 대답할 수 없는
질문을 해서 나를 놀라게 했다고. 그래서 자랑스러웠다고. 내
질문에 대한 비난이 아니라 최초의 칭찬이었지. 형이니까, 또
누이니까 상대를 해준 거라고. 아주 소수였지만 내게는 든든한
우군이 있었어."

코로나 시대, 등대 같은 언어를 묻는다면……

선생님께 꼭 여쭙고 싶은 게 있었다. 이 시대에 내가 아는 가장 큰어른께 코로나 시대의 삶의 방향을 묻고 싶었다. 어른 실종 시대, 앞이 보이지 않는 안개 같은 세상에서 저 멀리 비추는 등대 같은 언어가 간절했다. 한 번도 가보지 않은 세상의 정중앙에 내던져진 미아 같은 생각이 들었기 때문이다. 지인들도 곧잘 물었다. "이어령 선생님은 뭐라셔?" 식으로. 그래서 선생님께 맥락 없이 여쭈었다.

"선생님, 코로나 바이러스 때문에 미아가 된 것 같아요."

질문인지 하소연인지 모를 한마디에 선생님은 낮은 한숨부터 내쉬었다.

"하아. 코로나 바이러스로 인한 혼란 속에서 우리가 잊지 말아야 할 것은 실존에 대한 문제야."

"실존이요? 코로나와 실존은 쉬 연결이 안 됩니다만."

"코로나 이후 '사회적 거리두기'를 하잖아. 거리두기를 하면서 우리는 평소 잊고 있던 '거리'를 자각하기 시작했지. 나와 타인과의 거리, 개인과 집단과의 거리, 국민과 국가와의 거리, 자국과 타국과의 거리, 생과 사의 거리, 디지털과 아날로그의 거리 같은. 모든 타자와의 거리를 발견한 것이지. 그동안의 삶의 방식, 그동안의 삶의 속도와 다른 삶을 살면서 잊고 있던 가치를 일깨워주고 있어. 혼돈의 시기에는 자기 자신의 성향을

22

새롭게 발견하기도 해."

"맞아요, 선생님. 자신이 외향적인 줄 알았는데 그게 아니라는 걸 처음으로 알게 됐다는 사람들이 꽤 있어요."

"산업사회에서 정보사회로 이어지는 문명의 소용돌이 같은 속도전에서 그동안 우리가 얼마나 바쁘게 살아왔어요? 시선을 타인에게 두고 정신없이 달려온 사람들이 많지. 하지만 사회적 거리두기로 혼자 있는 시간으로 침잠하다 보면 진짜 나를 발견하게 돼요. 내면성이 강하고 시선이 안으로 향한 사람들은 방에 혼자 갇혀도 고독하지 않아. 하지만 평생 타인지향적으로 살아온 사람들은 방에 갇히면 못 견뎌하지."

어떤 맥락에서였을까, 목울대가 뜨거워졌다. 이 시대를 살아가는 모든 이들을 쓰다듬는 연고 같은 말처럼 들렸다. '그동안 얼마나 바쁘게 살아왔니. 잠시 숨을 고르고 너 자신을 위한 시간을 가져봐'라는 품위 있는 위로. 더 직접적인 질문으로 다가갔다.

"이런 시기에는 어떻게 사는 게 잘 사는 걸까요?"

"딸기씨 세는 사람이 있다지? 누군가는 딸기에 씨가 몇 개인지를 세고, 또 누군가는 수저로 수백, 수천 번을 저어야 하는 달고나 커피를 만들면서 무료함을 달래는 시간에 또 다른 누군가는 남이 생각하지 않은 전혀 다른 발상으로 새로운 것을 창조하기도 해. 뉴턴Newton은 케임브리지대 학위를 끝내고 사무조교처럼 일을 하고 있을 때 페스트 때문에 학교가 폐쇄되자 고

향집에 가서 쉬게 돼. 그때 중력의 법칙을 비롯한 미적분의 공식과 프리즘의 광학이론까지 그의 3대 업적이라는 아이디어를 얻지. 그래서 사람들은 페스트로 인한 전화위복의 계기를 '창조적 휴가'라고 불렀어."

"'창조적 휴가'라. 그 시기를 어떻게 보내느냐에 따라 코로나 이후 희비쌍곡선이 엇갈릴 수밖에 없겠어요."

"그렇지. 어떤 재앙은 방향을 틀어서 다른 길로 들어서게 하는데, 코로나도 마찬가지야. 평탄할 때에는 만인이 평등해. 욕망도 비슷하고 별 차이가 없어. 그런데 위기의 순간이 오면 창조적인 사람과 그렇지 않은 사람의 차이가 커지지."

"코로나로 우리가 잃어버린 것도 많지만 얻은 것도 있을 테지요."

"김 기자, 코로나 이후 뭐 새로 생긴 습관 없어?"

생각지도 못한 질문 급습에 정신이 번쩍 들었다.

"습관이요? 음…… 많은데요, 아침에 일어나면 전날의 코로나 확진자 수를 확인하는 습관이 생겼어요. 얼마 전까지만 해도 날씨 정보를 먼저 봤는데요."

"허허허. 서당개 3년이구만. 맞아. 우리가 언제 이렇게 숫자에 민감한 적이 있었어? 이게 바로 생명이고, 생명의 가치야. GDP(국내총생산)가 얼마인지 아는 국민이 몇이나 되겠어? 또 1년에 한 번 바뀌는 자기 연봉을 정확하게 외우는 사람도 많지 않아. 그런데 코로나 이후엔 어때요? 매일 바뀌는 숫자를 1의 자리까지 정확하게 외우고 다니는 사람이 정말 많잖아. 확진자 수와 사망자 수, 확진자 동선까지 꿰고 있지. 죽음의 정보이자 생명의 정보야. 생명의 정보가 가장 귀한 정보이고, 생명의 가치가 최고의 가치라는 걸 알게 된 거예요."

"그야말로 생명이 자본이네요."

"그렇지. 생명의 가치는 그 무엇도 대신할 수 없는 절대권력을 가져요. 사람들이 아무리 바빠도 앰뷸런스에게는 다 길을 비켜주잖아. 인간은 언젠가 죽는 존재지만 평온한 상황에서는 종종 잊고 살지. 이번에 코로나로 인해 생명 탄생과 동시에 가지고 있었던 위협인 '죽음'을 가까이에서 느끼게 된 거야. 아픈 사람이든 건강한 사람이든, 노인이든 젊은이든 코로나 앞에서는 누구나 불안하잖아. 전 국민이, 전 세계인이 '병에 걸릴지 몰라', '격리될지 몰라' 하면서 말이야. 마치 러시안룰렛 같아. 여섯 발 중 한 칸에만 진짜 총알이 있는데, 진짜 총알이 언제 나올지 몰라서 조마조마한 상황. 그동안 의식하지 못했지만 늘 우리 곁에 도사리고 있던 죽음을 실제적으로 느끼게 된 거야. 생명의 가치, 생명이 자본이라는 걸 새삼 깨달은 거지."

"러시안 룰렛에 대한 비유가 와 닿아요."

"그래, 하루하루 사는 것이 바로 러시안 룰렛의 방아쇠를 당기는 거지. '아이구, 오늘 하루 살았네' 하면서. 그런데 우리가 또 하나 잊으면 안 되는 것이 있어."

"생명보다 더 중요한 게 있단 말씀이신가요?"

"물론 생명은 최상의 가치지만 우리가 종종 잊고 사는 게 있어요. 지금 우린 코로나로부터 육체를 보존하는 데만 혈안이 돼 있지, 영혼을 보존하는 것은 도외시하고 있어요. 영혼이 병들어서 우울증이 많아지고, 혼자 사는 젊은이들의 자살률도 높아지잖아. 방역 수칙을 잘 지키는 중에도 내적 자유, 인권, 프라이버시 이런 소중한 가치를 어떻게 하면 지킬 수 있는지에 대한 사고는 놓지 않았으면 해요. 한 사람 한 사람이 내가 누구이고, 어떤 사회에서 살고 있으며, 우리가 잃어버린 가치는 무엇인지를 끊임없이 자각해야 한다는 거지."

20대부터 80대까지, '저항'부터 '생명자본'까지

책머리의 서문을 대신하여 가볍게 시작한 대화. 10대부터 80대까지 선생님의 생각의 꼭짓점을 훑는 게 목표였다. 그런데 난감하다. 약속한 80분이 얼마 안 남았는데 여전히 초딩 문턱에서 헤매고 있다. 언제 80세까지 도달하려나. 그래서 20대에서 80대까지 한데 묶어 질문하는 쪽으로 전략을 바꿨다.

"선생님은 문단에 데뷔한 20대부터 시대의 고비마다 내세운 모토들이 있으셨죠. 그 키워드를 나열하는 것만으로 80년 생각의 지도를 얼추 그려볼 수 있다고 생각해요. 20대에는 한국문단을 놀라게 한 '저항'이라는 키워드를 제시하셨어요. '우상의 파괴'라는 그 도전적 선언 말이에요. 30대에는 '흙 속에 저 바람 속에'로 한국의 근대화와 산업화의 키워드가 된 '신바람 문화', 40대에는 일본을 놀라게 한 '축소지향의 문명', 50대에는 세계에 충격을 던진 '벽을 넘어서'의 올림픽 슬로건, 그리고 60대에 들어서 IT 정보화시대가 되자 산업화의 키워드를 한 번 더 꺼내시면서 '산업화는 늦었지만 정보화는 앞서가자'고 하셨어요. 새천년을 맞이할 무렵에는 즈믄둥이의 이벤트로 생명탄생의 고귀함을 담은 메시지와 함께 '새천년의 꿈, 두 손으로 잡으면 현실이 됩니다'라면서 미래의 비전을 보여주셨고요.

이렇게 시대의 고비마다 역사의 이정표 같은 생각의 기둥을 세우시더니, 70대 이후에는 후기 정보화시대의 키워드로 '디지로그' 이론을 펼치셨지요. 그리고 리먼 브라더스의 금융 파동을 겪으면서 《생명이 자본이다》라는 책으로 생명화 시대의 도래를 예언하시기도 했어요. 그런데 코로나 사태로 비대면이 일상화되자 모든 사람들은 아날로그의 '접촉'과 디지털의 '접속'이 택일적인 것이 아니라 상호보완 관계와 그 균형에 있다고 하셨던 선생님의 말을 실제로 경험하게 되었지요. 인류는 코로나 팬데믹으로 생명 가치가 어떤 가치보다 우선한다는 '생명화 시대'를 실천하게 되었고요. 처음 선생님이 '생명경제'라는 말을 꺼내셨을 때 학자들이 시큰둥했던 것이 기억납니다. 그런데 최근 유럽 최고의 석학으로 꼽히는 자크 아탈리Jacques Attali가 포스트 코로나 시대에 인류의 비전은 '생명경제'라는 《생명경제로의 전환L'economie de la vie》이라는 책을 냈어요. 선생님의 '생명자본'에 대한 이야기들은 이미 본문의 대화를 통해서 자세히 들었는데요, 지금은 또 다른 것이 보이실 것 같아요. 포스트 코로나 세상에 던지실 키워드는 무엇인지, 2020년 미수를 맞이하신 88세의 생각은 어떤 것인지 큰 점 하나를 찍어주시기 바랍니다."

'눈물 한 방울'을 마지막으로······

질문자 입장에서는 쉽지만, 답변자 입장에서는 답하기 어려운 거대한 질문을 투척했다. 시간이 없다는 말씀에 울컥한 마음을 숨기기 위해, 그리고 더 이상 선생님의 시간을 빼앗지 않기 위해 대화의 종지부를 서둘러 찾으려 했다는 것이 정직한 이유일지 모른다. 그러나 대화는 오히려 이제부터였다.

"'눈물 한 방울.' 이 말을 마지막으로 이 시대에 남기고 싶어."

귀를 의심했다.

"지금 '눈물 한 방울'이라고 하셨나요? 80년 생각의 대미를 장식하는 키워드로서는 좀 약하고 감상적인 것 아니에요?"

뜻밖의 눈물 이야기에 마음이 요동쳤다. 자연스레 선생님의 병증, 마지막 우물 파기 등이 떠오르면서 마음을 단단히 먹으려고 나도 모르게 무례한 질문을 하고 말았다. 그러나 선생님과의 대화가 늘 그랬듯 이번에도 내게 날아온 역질문에서 반전의 드라마가 펼쳐진다.

"인류 역사상 가장 오래되고 널리 알려진 문학작품이 뭐지?"

"그야 호메로스Homeros의 《일리아드Ilias》와 《오디세이Odysseia》 아닐까요."

"정답. 그런데 그 이야기가 눈물로 시작해서 눈물로 끝나는 작품이라고 하면 수긍하겠어요? 설마 하겠지. 영웅들의 전쟁 이야기인데 핏방울이면 몰라도 눈물 한 방울이라니 누가 그 말을 곧이 믿겠어. 하지만 사실이야. 다시 읽어보자고. 《일리아드》는 자신이 싸워서 얻은 여인 브리세이스를 아가멤논 총대장이 차지한 것에 분루를 흘리며 어머니 테티스에게 억울함을 호소하는 아킬레스의 눈물로 시작해."

"듣고 보니 그렇네요."

"그런데 그 대장편 서사시의 마지막 역시 친구인 파트로클로스의 죽음을 서러워하는 아킬레스의 눈물로 끝나. 아킬레스만이 아니라 적진 트로이의 프리아모스 왕 역시 죽은 아들 헥토르에 대한 슬픔과 무상함을 아킬레스에게 눈물로 호소하지. 그 눈물의 힘으로 시체를 인도받고 함께 싸움을 멈추고 성대한 장례식을 치르는 장면으로 끝이 맺어져."

"놀랍네요. '한오백년'을 부르는 우리만 눈물을 좋아하는 줄 알았는데요."

"눈물로 치면 우리가 그리스보다 선진국이지. 펄 벅Pearl Buck이 한국에 와서 거문고 산조를 듣고 했던 말이 있어. '저건 악기 소리가 아니라 사람이 울음을 참으며 흐느끼는 소리다'라고 했지. 그런데 우리는 그 한을 푸는 쪽으로 눈물을 흘렸잖아. 표현이 좀 이상하지만 소비적인 눈물이었던 거지. 한은 푸는 것보다 품을 때 생각과 창조의 원동력이 될 수 있어."

'날개에서 품개로', 나와 다른 것을 품다 보면

소비적인 눈물이라는 말에 함께 웃었다. 그리고《조선일보》의 100주년 타임캡슐에 담은 선생님의 메시지 '날개에서 품개로'가 생각났다. 선생님은 50년 뒤의 젊은이들에게 '나와 다른 것도 품어라'라는 메시지를 남겼다.

"혜경궁 홍씨가 사도세자의 눈물을 품었지. 거기에서 나온 것이 그 유명한《한중록閑中錄》이잖아. 피눈물을 그냥 장삼에 흘렸더라면 폐비 윤씨처럼 되었겠지. 그러면 그 결과로 정조가 아니라 제2의 연산군이 등장했을 것이고. 안네 프랑크Anne Frank는 은신처에 갇혀 지내다가 게슈타포에게 체포되어 집단 수용소에서 죽었어. 16세의 나이로 말이야. 만약 은신처에서 일기를 쓰지 않고 눈물만 흘리다 세상을 떠났다고 해봐. 아무것도 남은 게 없었겠지. 그런데 소녀의 그 눈물 한 방울이 생각의 날개 속에서 창작물로 부화하여《안네의 일기Het Achterhuis》로 세상에 공표된 거잖아. 세계에서 가장 많이 읽히는 책 10위권에 드는 밀리언셀러가 되고, 유네스코에서는 그 일기장을 세계기억世界記憶유산으로 정하기도 했지."

"역사를 바꾼 것은 히틀러의 탱크가 아니라 열세살 아이가 쓴 일기장이었군요."

"그런데 왜 우리에게는 안네의 일기장이 없었을까. 일본 강점하의 우리 누이들은 교육은 고사하고 언년이, 간난이란 이름조차 제대로 불리지 못한 소녀들이었던 거지. 남자라도 개똥이, 쇠똥이로 불리던 사내들이었기에 그 모든 만행들의 기억을 글로 남길 수 없었고, 그래서 그대로 묻히고 말았어. 이제부터라도 생각하는 사람들을 만들어내야 한다는 것, 창의력을 지닌 형제자매가 되어야 한다는 것이지. 오늘의 한국인과 한국 문화라면 코로나 같은 시련이 닥치더라도, 불행한 역사에 휘말린다 해도 연약한 한 소녀의 눈물 한 방울의 힘으로 역사의 물꼬를 바꿔 놓을 수 있을 거야. 그것이 내 '80년 생각'의 귀결점이기도 해. 일제 식민지 때의 아이로 태어나 제 나라 말이나 글조차 제대로 쓸 수 없었던 시대를 산 내가 마지막으로 남길 말이 그것 말고 더 있겠나."

"선생님도 안네와 같이 굵직한 창작품을 많이 남기셨잖아요. 일본에 충격을 준 《축소지향의 일본인》이라는 베스트셀러를 내시기도 했고요."

"공연히 오해받을 소리를 한 것 같군. 나는 안네나 솔제니친

Solzhenitsyn과 같은 글을 남긴 사람이 아니지. 우리가 지금 코로나 방역에서 마스크를 쓰는 마음을 분석해보면 알아요. 마스크는 코로나에 걸리지 않으려고 쓰는 거잖아. 말하자면 자기 생명을 지키려고 쓰는 것이지. 하지만 동시에 남에게 병을 옮기지 않기 위해서 쓰는 것이기도 해. 우리가 마스크를 착용하는 것은 내 생명을 지키고 동시에 남의 생명을 지켜주는 프라테르니떼 fraternite(박애)나 바이오필리아biophilia(생명에 대한 사랑)의 상징이라고 할 수 있겠지. 그런데 마스크를 쓰지 않으면 벌금을 물린다고, 벌금이 무섭다고, 나라의 법이 그러니까 쓴다면 여기에 무슨 눈물이 있겠어. 나를 위한 눈물이 남을 위한 눈물이 되는 극히 단순한 눈물의 문화를 만들어가야 하는데 그런 점에서 나는 실패자라고 할 수밖에 없지. 과연 나의 눈물이 남을 위한 눈물이 되었을까."

"그게 지금까지 하신 일이잖아요. 작가들이 재판을 받을 당시 모두들 뒷짐 지고 있었지만 선생님이 증언대에 서서 울어주신 적이 많으시죠. 그 눈물 한 방울이 한 작가를, 그리고 지식인들을 구했고요."

"나도 그렇게 생각했지. 그러나 암에 걸려 수술받고 병실에 누워 있으니 내 목숨 이상의 것은 아무것도 눈에 보이지 않았어. 남을 위해 한 번도 울어본 적이 없었다는 생각이 들었지. 다 내가 살기 위한 방편이었다고. 하지만 한 가지 분명하게 말할 수 있는 것이 있어. 사람들은 이기적이고 사회는 만인에 대

32

한 만인의 적인 늑대 사회인 듯해도 인간이라면 누구에게나 순결한 신부의 손에 끼워주는 다이아몬드 반지처럼 고귀한 영혼의 빛, 영원한 약속 같은 36면체의 찬란한 '눈물 한 방울'을 남기기 위해 살고 싶은 마음이 있다고 말이야."

신이시여, 우리는 큰 것을 바라지 않습니다

선생님의 눈빛에 80여 년의 시간이 스쳐가는 듯했다. 쓸쓸했지만 호소력으로 빛났고, 차가웠지만 온 세상을 감싸 안는 듯한 온기가 스며 있었다.

"그리스 사람들이 신의 눈물이라고 여겼던 눈물방울 다이아몬드에 대한 이야기를 해줄까? 내가 두 번째 수술을 받고 병상에 누워 있을 때의 이야기야. 늘 누워서 휴지를 쓰레기통에 던지곤 했지. 그게 제대로 들어갈 리 있겠어. 그런데 어쩌다 휴지통에 던진 휴지가 제대로 들어가 클린 슛이 될 때가 있지. 그 순간 3점 슛을 날린 농구선수처럼 우쭐해져서 나도 모르게 박수를 치며 행복해하는 거야. 그러다 곧 눈물 한 방울을 떨어뜨렸어. '하나님, 이런 게 인간의 모습이잖아요. 뭐, 인생에서 큰 것 바라며 사는 사람이 몇이나 되겠어요. 그깟 쓰레기통에 던진 휴지쪽 하나에도 즐거워하는데, 그에 비해 우리가 겪어야하는 슬픔과 고통은 너무나 크지 않습니까. 힘없는 사람들이 감당하기에는 너무나 큰 재앙들이라고 생각지 않으십니까.' 그리고 나도 모르게 키리에 엘레이손KYRIE ELEISON 기도문이 절로 입에서 흘러나왔어. 키리에 엘레이손. 라틴어로 '주여, 불쌍히 여기소서'라는 뜻이지."

"눈에 선해요. 코로나 때문에 작은 일상의 행복을 잃고 살아가는 사람들의 외로운 뒤통수가 보이는 것 같아요."

"별것 아닌 모임, 사사로운 오후의 대화, 이런 일상의 작은 욕망도 무참히 짓밟혀버린 코로나 팬데믹의 격리 생활. 그게 바로 솔제니친의 굴라크 군도 정신병동이거나 안네가 겪었던 유태인 구역의 은신처이거나 나치의 집단 수용소 아니겠어. 아니면 전쟁 때의 포로수용소와 방공호 속이거나. 우리는 지금 그 같은 격리된 감금의 역사를 살고 있는 거지. 코로나가 아니라도 벌써 그런 상황은 이미 우리 곁에 다가오고 있었던 거지."

이 눈물 없는 황무지의 삶 속에서 우리는 무엇을 잃고 무엇을 얻었는가. 무엇을 생각하고 무엇으로부터 도망치고 있는가. 아니면 무엇을 위해 아껴두었던 한 방울의 눈물을 흘려야 할 것인가.

선생님은 하나하나 예를 들어가면서 푸코Foucault의 감옥의 역사와 생정치生政治에 이르는 어려운 이야기까지 들려주셨다. 그 요지를 한마디로 요약하면, 한을 풀지 말고 마음속에 품으라는 뜻일 게다. 그것이 바로 사랑하고 공감하고 감동하는 '생각'이고, 그 생각의 결정체가 신부의 손가락에 막 끼워준 36면체의 다이아몬드 반지처럼 빛나는 영혼, 영원한 약속 같은 생의 광채다. 하지만 사람들은 단지 그런 꿈만 있을 뿐, 아직 그 소중한 눈물 한 방울을 실현하지 못했다는 것이다. 나도 여러분도.

"우리는 마법에 걸려 개구리로 변신한 동화 속의 왕자와도 같아. 누군가 자신을 위해 한 방울의 눈물을 흘려줄 것을 기다리며 평생을 기다리며 살고 있는 거지. 주술에서 자기를 풀어줄 사랑의 눈물 말이야."

많이 야위고 창백한 선생님의 얼굴을 마주볼 수가 없었다. 이 살벌한 시대에 살면서도 분명 나에겐 그 눈물 한 방울이 가슴 깊이 남아 있는 것을 느꼈기 때문이다.

"책 언제 나와? 빨리 내야 내가 죽기 전에 읽어보지."

꾸짖듯 감정을 쏙 뺀 마른 목소리를 남기고 선생님은 자리를 뜨신다. 정말 비정한 분이다. 제자가 눈물 한 방울 흘릴 틈도 주지 않고 뒤돌아서시다니. 정확히 80분 만에 80년 생각을 이야기하시고.

2장. 창조의 기록들

3장. 통찰을 넘어서

"
창조는
외로운
거 야
"

1장

생각의
탄생

나는 80년 동안 책과 함께 살아왔다.
어머니의 품에 안겨 어머니의 음성으로 듣던
그 책이 내 창조력의 씨앗이 됐다.

물음표가 씨앗이라면,
느낌표는 꽃이지

창조의 씨앗 첫 번째, 물음느낌표

한파가 유난했던 날로 기억한다. 첫 인터뷰에서는 유년 시절의 이어령이 알고 싶었다. 꼬마 이어령은 어떤 아이였을까? 나이 들어도 시들지 않는 감수성과 호기심의 원천은 어느 장면에서 피어오른 걸까? 또 그 방대한 지식의 재료는 언제 어떻게 차곡차곡 쌓인 건지 궁금했다.

하지만 그는 거부했다. 회고록을 절대로 쓰지 않겠다고 재차 선언해온 터라 순순히 허락할 리 만무했다. 역시 설득은 쉽지 않았다. "독자들이 내 어린 시절을 궁금해하겠어?"라며 몇 차례 손사래 쳤고, "작가는 글로 말한다"며 "내가 쓴 글, 내가 한 창조의 결과물이 나를 규정한다"라는 얘기를 거듭했다.

하지만 나 역시 물러설 수 없었다. 창조의 씨앗을 건너뛰고 어찌 창조의 열매를 제대로 말할 수 있단 말인가. 일반 독자로서의 호기심이 먼저였고, 기자로서의 의무감도 있었으며, 숨은 사심도 있었다. '어떻게 하면 남과 다른 발상을 하는 아이로 키울 수 있을까?'라는 엄마 기자의 사심. 의외로 이 부분이 통했다. 꿈쩍 않는 바위 같던 그의 신념을 움직인 건 기자의 마음이 아닌 엄마의 마음이었다. 기자의 논리로 따박따박 설득해도 움직이지 않던 그의 마음은, 자포자기 심정으로 흘린 엄마 마음에 속절없이 흔들려버렸다.

결국 창조의 씨앗이 될 만한 어린 시절의 이야기를 두 번에 걸쳐 풀어내보겠다는 승낙을 받아냈다. 둘째가라면 서러워할 달변가임에도 그는 어린 시절의 회고를 유독 힘들어했다. 말이 자주 뚝뚝 끊겼고, 문장과 문장 사이의 쉼표도 길었다. 왜 안 그렇겠는가. 머나먼 기억의 동굴에 웅크리고 있던 어린 시절의 기억을 왜곡 없이 끄집어내는 것도 쉽지 않은 일이었지만, 더 큰 이유는 따로 있었다. 그리움 때문이다. 눈부시게 순수했고, 무한한 가능성이 열려 있었으며, 어머니의 따스한 체온이 가득했던 시절의 기억. 유년 시절을 회고하는 그의 음성은 평소와 달랐다. 카랑카랑한 학자의 목소리는 온데간데없이 촉촉한 물기가 묻어 있는, 단조의 음성이었다.

물음느낌표의 힘

"나는 천재가 아니여."

"율곡 이이, 초정 박제가와 함께 선생님을 한국의 3대 천재라고 꼽은 교수가 있던데요?"라는 질문에 대한 그의 격한 거부반응이었다. 이 교수는 손사래까지 치며 부정을 표했다. 충남 아산 출신인 그는 종종 충청도 사투리를 흘리는데, 내 관찰에 의하면 두 가지 경우다. 하나는 표준어로 열변을 이어가다가 쉼표가 필요한 시점에서, 또 하나는 이성보다 감성이 앞설 때. 이번 경우는 후자다. 강한 부정의 상황에서 불쑥 튀어나오는 굳은살 박힌 말.

그에게는 80여 년 평생 '이 시대 최고의 지성' '말의 천재'라는 꼬리표가 붙어 다녔지만 그 스스로는 천재로 불리길 거부했다. 이유는 분명하다. 천재냐 아니냐를 가르는 기준은 '선천성'인데 자신은 천재성을 타고난 게 아니라는 것이었다.

이 교수는 자신이 천재가 아니라는 강력한 증거를 보여주겠다고 하더니 종이와 펜을 들었다. 흰 종이에 커다랗게 물음표를 그리고 그 안에 느낌표를 채워 넣었다. 바로 '물음느낌표(?)'다. 물음표가 느낌표를 감싸 안은 모양으로, 1962년 미국의 마틴 스펙터Martin Specter가 고안해낸 부호다. 물음느낌표는 말하자면 이 교수의 창조력과 상상력의 원천이 되는 비밀 부호인 셈이다.

"내가 만약 유럽에서 태어났고 누군가 내게 우리 가문의 문장을 만들라고 했다면 나는 이걸로 정했을 거야. '왜?' '어떻게?' 하는 물음표가 있어야 '아!' 하고 무릎을 탁 치는 느낌표가 생기지. 물음표가 씨앗이라면, 느낌표는 꽃이야."

"어른이 되어서도 물음표는 사라지거나 줄어들지 않았나요?" 라는 질문에 그는 우엉차를 한 모금 마시더니 말을 이었다.

"내 인생은 물음표와 느낌표 사이를 시계추처럼 오고 가는 삶이었어. 누가 나더러 '유식하다, 박식하다'고 할 때마다 거부감이 들지. 나는 궁금한 게 많았을 뿐이거든. 모든 사람이 당연하게 여겨도 나 스스로 납득이 안 되면 아무리 사소한 것이라도 그냥 넘어가지 않았어. 물음표와 느낌표 사이를 오가는 것이 내 인생이고 그 사이에 하루하루의 삶이 있었지. 어제와 똑같은 삶은 용서할 수 없어. 그건 산 게 아니야. 관습적 삶을 반복하면 산 게 아니지."

"하늘이 왜 검나요?" 서당의 반란

이어령 교수는 늦둥이다. 7남매 중 여섯째인데 여동생과 여섯 살 터울이라 막내아들처럼 자랐다고 한다. 꼬마 이어령은 말썽쟁이, 떼쟁이였다. 어느 집안이든 막내에겐 관대하기 마련이라 그 역시 막내의 수혜를 톡톡히 누렸다. 충청도의 유교적 가

풍이 엄격한 집안에서 나고 자랐지만, 그의 부모는 다른 형제들에겐 엄격한 규율을 강요하면서도 꼬마 이어령에게는 관대했다. 떼를 써도, 말썽을 부려도 하고 싶은 대로 그저 내버려둔 덕분에 그는 틀 없이 자유분방하게 자랐다.

"내가 어릴 때 엄마 젖에서 그렇게 안 떨어지려 했대. 형들이 떼어놓으면 기를 쓰고 다시 엄마한테 달려들고 또 달려들고. 금계랍金鷄蠟이라는, 젖 뗄 때 엄마 젖꼭지에 발라두는 게 있어. 쓴맛이 나니까 그걸 발라두면 아이들이 다시는 달려들지 않지. 그런데 난 금계랍을 발라서 쓴맛이 나는데도 또 달려들어 엄마 젖을 먹었다고 해요. 오기로 달려든 거지. 어려서부터 오기 하나는 대단했던 모양이야. 그 정도로 주위에서 감당이 안 되는 떼쟁이었어. 후후."

다루기 힘든 말썽꾸러기 막내아들에게 특급 처방이 내려졌다. 바로 '서당행'이었다. 부모는 두 살 위의 형을 서당에 보내면서 그도 따라가게 했다. 집에서 말썽 피우지 말고 차라리 서당에서 천자문 한 자라도 배우고 오라는 의도였다. 그의 나이 불과 대여섯 살 때의 일이다.

하지만 상황은 집안 어른들의 의도와 전연 다른 방향으로 흘러갔다. 형을 따라 줄레줄레 간 서당에서 꼬마 이어령은 쫓겨났다. 그것도 첫날에. 천자문 탓이었다. 그는 천자문 첫 넉 자를 물고 늘어지며 질문을 퍼붓기 시작했다. 그 유명한 천자문 첫 넉 글자. 하늘 천天, 땅 지地, 검을 현玄, 누를 황黃. 삼척동자도 다

47

아는, 아니 안다고 생각하는 네 글자임에도 그는 도무지 이해가 가지 않았다.

"하늘 천, 땅 지, 검을 현, 누를 황. 하늘은 검고 땅은 누렇느니라."

서당 훈장의 말에 꼬마 이어령이 물었다.

"왜 하늘이 검나요? 내가 보기엔 파란데요?"

"아, 이놈아, 밤에 보면 하늘이 검잖아."

"그러면 땅도 검어야지 왜 누렇다고 해요? 밤에 보면 다 까만데요?"

할 말을 잃은 훈장은 답변 대신 호통을 쳤다고 한다.

"이 쥐방울만 한 녀석이 어딜 와서 따져? 옛 선현들이 다 그렇게 말씀하신 걸 가지고."

가부장적 권위에 물든 서당 훈장의 눈에 비친 이어령은 훌륭한 옛 선현들이 말씀하신 진리에 딴지를 거는 버릇없고 예의 없는 꼬마였다. 그 길로 꼬마 이어령은 서당에서 쫓겨났고 이후 다시는 서당 문턱을 밟지 못했다.

"서당의 반란이었지."

80여 년 전의 까마득한 옛일 회상을 마친 이 교수는 한마디 툭 던졌다. 눈빛은 여전히 그때 그 꼬마의 것이었다.

"아니, 김 기자, 궁금하지 않아? 김 기자는 하늘이 왜 검은지 알아? 지금 올려다봐요. 하늘은 하늘색이지 검은색이 아니잖아. 나는 그게 너무 궁금했거든. 그런데 아무도 속 시원한 답을 못해주더라고."

질문왕 이어령을 상징적으로 보여주는 서당의 반란 사건은 천재의 탄생을 알리는 서막쯤 된다. '하늘이 왜 검을까?'라는 질문은 그의 머릿속에서 떠나지 않았다. 외운 것은 금세 잊지만, 한 번 의문이 든 것은 죽을 때까지 잊히지 않는 법이다. 천자문 첫 넉 자에 대한 의문은 그가 대학생이 된 후에도, 신문 논설위원이 된 후에도, 교수가 된 후에도 풀리지 않았다. 하늘은 검은데 땅은 왜 누렇다고 하는 건지 한문 선생이나 한학자들에게 물어봐도 도대체 답을 구할 수 없었다. 다들 당연한 얘기를 왜 묻는지 이해할 수 없다는 반응이었다.

천자문이 창조성을 죽였다

그 의문이 풀린 것은 시간이 흐르고 흘러 40대가 되어서였다. 주역과 음양오행 사상을 알게 되면서 비로소 '천지현황天地玄黃'의 뜻을 이해하게 된 것이다.

"검은색에는 두 가지가 있더라고. 현과 흑은 같은 검은색이라도 달라요. 흑이 물리적인 검은색이라면, 현은 추상적인 검은색이지. 천자문에서 '검을 현'은 추상적인 차원이었던 거야. 오방색을 봐요. 동쪽은 파란색, 서쪽은 흰색, 남쪽은 빨간색이고, 북쪽이 검은색이지. 북쪽은 음양오행에서 하늘을 가리켜요.

남쪽이 생명을 상징하는 '양_陽'이라면 북쪽은 남과 대비해 생명이 죽은 곳으로 여겨. 사람이 죽으면 '북망산에 묻힌다' '하늘나라로 간다' 하잖아. 그래서 하늘이 검다는 거였어."

신나게 설명하던 이 교수는 차를 한 모금 들이키더니 말을 이었다.

"선불교에서 수행자들이 깨달음으로 들어서는 문을 '현관_{玄關}'이라고 하지. 같은 이유야. 말하자면 천자문의 '검을 현'은 눈에 보이는 색이 아니에요. 북쪽의 방위신을 현무_{玄武}라고 하듯, 방향을 가리키는 동양의 음양오행 사상에서 비롯된 것이지."

40여 년간 품어온 의문이 풀리는 순간이었다. 물음표가 느낌표로 바뀌는 순간. 그럴 때마다 느끼는 환희는 말로 표현할 수 없다고 한다. "어떤 느낌이세요?" 물었더니 이런 답이 돌아온다.

"'꽉' 소리가 절로 나고 온몸에 막 전율이 일지."

그는 천자문이야말로 창조성을 죽인 원흉으로 본다. 천자문은 사물의 이치를 가르치기보다 주입식 암기를 강요한다. 과거엔 천자문을 얼마나 빨리 뗐냐가 신동을 가늠하는 척도였다. 몇 달 만에 속성으로 달달 외우는 암기대장 꼬마가 나타나면 신동이 탄생했다며 시루떡을 돌리고 동네잔치를 벌였다. 그는 한숨을 푹 쉬더니 "이런 풍조가 한국인의 창조성을 말살해버린 거지"라며 안타까워했다.

"천자문은 원래 700~800년 전 중국에서 왕자들을 가르치기 위해 만든 것이에요. 이게 아시아 사람들의 인생 첫 공부가 돼 버렸지. 천자문을 뜯어보면 어른이 배우기에도 어려워. 잘 봐 봐요. 가장 흔히 쓰는 한자인 '봄 춘春'이나 '남쪽 남南' 같은 글 자는 누락돼 있잖아. 뜻도 모르면서 달달 외우기만 하면 무슨 소용이 있겠어? 천자문으로 공부해 과거에 합격한 사람에게 무슨 상상력이 있었겠으며, 멀리 내다보는 혜안이 과연 있었겠 어? 또 이런 사람들이 무슨 지적 반란이나 패러다임 변혁을 일 으킬 수 있겠냐고."

천자문에서 시작된 지적 반란은 그저 반란으로 끝나지 않았 다. 한문과 관련된 지식과 정보가 사방에서 쌓이자 그는 훗날 이 분야의 새로운 창조물인《한·중·일 공용한자 808》의 출간 을 이끌었다. 한자 문화권 국가들에서 현재 주로 사용하는 한 자 808자를 골라 상세히 소개한 이 책은 각 한자의 자형, 발음, 뜻은 물론 글자에 얽힌 사회·문화적 배경을 에피소드로 풀어 내 인문 교양서의 성격을 띤다. 국내 15인의 학자가 공동집필 해 2015년에 출간된 이 책의 산파 역을 바로 이어령 교수가 맡 았다. 서당에서 생긴 '천자문 트라우마'가 평생 그를 괴롭혀왔 던 덕인지 모른다.

그런가 하면 꼬마 이어령은 질문대장이었다. 초등학교에 입 학하면서도 근본을 캐는 질문들이 계속 터져 나왔다. 왜 '서당' 이 아닌 '학교'라 하는지, 또 '학교'라고 처음 부르기 시작한 사 람은 과연 누구인지도 궁금했다. 사람들이 당연하다 여기는 것들을 그는 당연하게 받아들이지 않았다. 세상 모든 사람들이 진리라 믿는 것들도 스스로 납득이 되지 않으면 그냥 넘어가는 법 없이 꼬리에 꼬리를 물고 늘어졌다. 평생에 걸쳐 솔솔 뿌려진 이 질문의 씨앗들은 훗날 창조의 싹이 트는 텃밭이 됐다.

하지만 학교 선생님 입장에선 말끝마다 물고 늘어지는 그가 적잖이 골칫덩이였을 것이다. 질문의 난이도는 극에서 극을 망라했다. 갈릴레오 갈릴레이Galileo Galilei가 "그래도 지구는 돈다"라고 혼잣말했다는 이야기를 듣고 "혼잣말하는 것을 누가 들었지요?"라고 질문하다 선생님에게 '얄미운 놈'으로 눈 밖에 난 적도 있다. 꼬마 이어령의 이 질문은 쓸데없는 것이 아니었다. "그래도 지구는 돈다"라 했다는 갈릴레오의 일화는 허구였을 것이라는 주장이 훗날 과학자들에 의해 족족 제기됐으니 말이다.

이 교수는 초등학생 시절의 기억을 또 하나 꺼내 보였다.

"김 기자, 제비를 보면 무슨 생각이 들어요?"

이 교수의 질문은 늘 나를 당황하게 한다. 퍼뜩 떠오른 답은 대개 뻔했고, 그가 기대하는 답변이 아닐 확률이 99퍼센트였다. 떠오른 답변을 과감히 버리고 관점을 대대적으로 수정해서 다시 생각해야 한다. 그래서 이어령 교수의 질문이 날아들면 빠지직, 하고 뇌에 스파크가 튄 듯 정신이 번쩍 든다. 우물쭈물하는 사이 그가 말을 이었다.

"으레 아이들은 제비를 빠르다고 생각하지. 교과서에도 제비는 빠른 새로 소개돼 있고. 그런데 나는 다른 게 궁금했어. 잘 들어봐요. 제비 새끼들에게 어미가 벌레를 한 마리씩 물어다 주는데, 이미 준 놈과 아직 주지 않은 놈을 어떻게 가릴까? 신기하잖아. 하나같이 입을 크게 쩍쩍 벌리면서 서로 달라고 아우성치는데 말이야. 그렇지 않아? 김 기자는 그 이유 알아?"

50년 만에 풀린 제비의 비밀

그는 이에 대한 답을 어디에서도 구할 수 없었다고 한다. 제비 가족들을 뚫어져라 관찰하고, 조류백과사전을 아무리 뒤져도 답을 얻지 못했지만 궁금증은 사라지지 않았다. 50대가 되어서도 그에겐 제비 가족의 비밀이 커다란 물음표로 남아 있었다. 그러다 어느 날 엉뚱하게도 환경 문제를 다룬 글을 읽다가 눈이 휘둥그레졌다. 바로 그에 대한 답이 나와 있는 게 아닌가!

"과학적으로 밝혀진 사실인데, 벌레를 먹은 새끼는 입을 덜 벌리고 배고픈 새끼는 더 많이 벌린다고 해요. 덕분에 어미는 입 크기만 보면 누가 배고픈 새끼인지 알 수 있다는 거지. 입 큰 녀석에게 먹이를 던져주면 정확하고 공평하게 돌아가는 거야."

그는 무릎을 탁, 쳤다. 속이 뻥 뚫리듯 수십 년 묵은 갈증이 해소되며 또 한 번 물음표가 느낌표로 바뀌는 순간이었다. 이어 그는 "그런데 말이야"라며 말머리를 뗐다. 화제를 전환할 때 쓰는 표현이다.

"지금은 농약과 환경오염 때문에 벌레가 많이 줄어서 제비가 먹이를 물어오는 시간이 크게 늘었다고 해요. 먼저 먹은 새끼도 소화가 다 돼버려 배고픈 놈처럼 입을 크게 벌리게 되는 거지. 그러니 어미가 헷갈릴 수밖에. 이걸 정보이론에선 '노이즈(잡신호)'라고 하는데, 최근 제비 개체 수가 적어지는 이유 중의 하나가 바로 노이즈 때문이라는 거야. 먹이를 주는 코드가 혼란스러워졌다는 것이지."

세상 모든 아이는 질문대장이다. 처음 보고 처음 겪는 것투성이인 아이에겐 온 세상이 호기심 천국이다. 하지만 "이 모야?(이건 뭐야?)" "저 모야?(저건 뭐야?)" 하며 질문 공세를 퍼부어대던 아이는 자라면서 점점 질문을 잃어버린다. 대부분의 어른들은 귀찮아하면서 아이들이 궁금해하는 질문에 대한 답을 주지 않기 때문이다.

목마름 없는 지식은 고문이지

요즘 들어 질문의 중요성을 갈파하면서 유태인식 '하브루타 havruta 교육'을 지향하는 움직임이 늘었지만, 그렇지 않았던 그 시절엔 질문이 일종의 금기와도 같았다. 질문 많은 아이는 어른들 말을 고분고분 따르지 않고 꼬치꼬치 따지고 드는 버릇 없는 아이로 취급됐고, 학교에서는 수업 방해꾼으로 여겨졌다. 꼬마 이어령 역시 마찬가지였다. 대부분의 어른들은 그의 질문을 쓸데없는 것으로 치부하며 얄미워했다고 한다. 그런데 그는 어떻게 어른이 될 때까지 질문을 잃어버리지 않았을까? "쓸데없는 질문을 많이 한다고 어른들한테 혼나지 않았나요?"라 물으니 그가 씨익 웃으며 답했다.

"왜 안 혼났겠어. 당연히 혼났지."

나는 또 물었다.

"혼나는 게 무섭진 않으셨어요?"

그는 웃음기를 거두고 진지하게 말을 이었다.

"엉뚱한 질문을 한다고 어른들한테 구박도 많이 받고 혼나기도 많이 혼났지. 혼나면 물론 무섭지. 혼나는 게 무섭지 않은 사람이 어딨겠어. 그런데 나는 이런 반응에 굴하지 않았어. 지적 호기심이 워낙 컸거든. 혼나는 걸 각오하고서라도 그 질문을 해야 했지. 어린이의 눈에는 이 세상 모든 것이 경이롭게 보여요. 이름 모를 풀과 나무, 어둠 속에서 들리는 벌레 소리, 달빛 속의 그림자, 나는 그것들과 이야기하고 물으면서 그 두꺼운 껍질들을 벗기고 싶은 욕망으로 온몸이 근질거렸어요. 나만 이랬을까? 아니야. 세상 모든 아이들은 다 같아요. 다만 선생님들에게, 어른들에게 길들여지면서 호기심을 잃어버린 거지. 뒤에 알게 된 것이지만, 그 품었던 수수께끼를 푸는 감동을 그리스어로

'타우마젠thaumazen'이라고 해요. 타우마젠! 호기심이 해소되는 순간, 다시 말해 물음표가 느낌표로 바뀌는 순간 말이야. 그 환희는 이루 말할 수 없어. 나도 모르게 막 탄성이 나오지."

인터뷰 첫날, 그는 이런 말을 남겼다.

"물음표가 있었기 때문에 느낌표가 생기는 거예요. 목마름 없는 지식은 고문이야."

02

아버지의 지적 호기심,
어머니의 문학적 감수성 사이에서

창조의 씨앗 두 번째, 어머니의 책과 아버지의 기계

"내 어린 시절을 독자들이 궁금해허겄어?"

두 번째 인터뷰 날, 이어령 교수가 또 다시 물었다. 나는 적잖이 당황할 수밖에 없었다. 어릴 적 회고를 두 번에 걸쳐 펼쳐보이겠다고 약속해놓고 뒷걸음질이라니.

"오늘은 어린 시절 두 번째 이야기를 풀어내기로 약속하셨는데요."

따지는 듯한 대답에 그는 차분히 말을 이었다. 즉흥성이 강한 이 교수와는 전연 어울리지 않는, 준비된 듯한 말투였다.

"(사람들이) 정치가의 회고담은 읽어요. 우리가 모르는 역사의 뒤안길이 있나 보다 하면서. 또 연예인 회고담에 대해서도 기대치가 있어요. 숨어 있는 러브스토리가 있겠거니 하고. 대기업 회장 같은 경제인 회고담도 가치가 있지. 돈 버는 비결이나 처세술 같은 걸 배울 수 있으니까. 그런데 내가 회고하면 독자들이 뭘 기대할까? 작가의 회고담을 궁금해할까? 이미 자신의 글에 다 표현했는데. 작가는 글로 말하는 사람이잖어."

회고록回顧錄의 사전적 의미는 '지나간 일을 돌이켜 생각하며 적은 기록'으로, 말하자면 과거완료형이다. 이 교수는 이 인터뷰집이 절대로 회고록이 아니라는 점을 강조했다. 그는 자신의 과거가 박제剝製되는 걸 원치 않았다. '창조'라는 키워드로 본 이어령의 80여 년 '생生의 이력'이라는 점은 분명하지만, 고정불변의 과거가 아니라 아직도 팔딱거리는 생각들에 대한 '꿈틀대는 현재'의 이야기라는 것이다. 그는 "나는 내가 과거에 저지른 일에 대한 확신범이 아니여. 확신범이라면 유언밖에 더 남겼어?"라며 말을 이었다.

"이 글은 그때로 돌아가서 내가 나를 체험하는 것이자, 끝없이 변해가는 나의 아이덴티티를 찾아가는 과정이에요. '그때 이런 창조를 했는데 어떤 발상에서 한 것이고, 돌이켜보니 이러저러하게 했으면 더 좋았을 텐데' 싶은 현재 시점의 이야기까지 담는 거지. 살아서 동시대에 함께 살아간다는 것이 얼마나 소중해요? 육성으로 대화한다는 건 살아 있는 사람이 아니면 못하는 거잖아. 죽어서도 내 글은 남겠지. 극적 구성은 내가 죽은 후에 하고, 여기에서는 지금 이 순간 내 안의 갈등을 그대로 보여줬으면 좋겠어요."

이보시오, 나는 천재가 아니오

그래서 이 책은 이어령이 과거에 창조한 결과물에 대한 외적 이력서가 아니라 '사고 과정의 사고' 내지 '창조 과정의 사고'에 대한 '내면의 이력서'다. 말하자면 80대에도 여전히 창조적 사고를 멈추지 않는 노학자, 그가 가진 창조력의 비밀을 찾아가는 여정이다.

그는 두 가지를 강조했다. 이 글은 절대 전기傳記가 아니라는 것, 그리고 마치 무슨 경經처럼 쓰여서도 안 된다는 것.

"이 글은 전기가 되어서도, 계몽적인 글이 되어서도 안 돼요. 80살도 넘은 사람이 젊은이들에게 '이렇게 해라, 저렇게 해라' 하는 훈시도 아니지. 전기는 글 쓰는 것과 아주 달라서 아무리 객관적으로 써도 미화할 수밖에 없어요. 참회록이라고 해놓고도 제대로 참회한 사람을 본 적이 없거든. 글은 안 그래요. 흑과 백이 공존하고, 선과 악이 서로 해결되지 않은 채로 피투성이의 싸움을 하는 거니까. 100퍼센트 옳다면 그건 경이지 글이 아니에요. 나는 글을 쓰려는 거지, 경을 쓰려는 게 아니야. 내가 대중에게 말을 거는 것에는, 그들과 나는 동시대 사람으로서 공감대가 넓을 것이고 그러니 그들도 나와 같은 경험을 했을지 모른다는 전제가 깔려 있어요."

이어령 교수는 "누구나 나처럼 생각하면 창조적 사고를 할 수 있다는 점을 전달하고 싶다"라는 말을 또 했다. 자신에게 꼬리표처럼 붙어 다니는 '천재'라는 수식어를 들을 때마다 경기驚氣에 가까운 부정을 하며 부담스러워하는 이유다.

"조금 전에 무슨 기획 때문에 사람들이 왔다 갔는데, 그 사람들도 나더러 천재라고 해. 그래서 내가 그랬어요. '이보시오. 천재가 만든 건 천재가 아니면 몰라봐요. 아인슈타인 이론은 천재가 아니면 이해하기 힘든 거요. 그런데 나는 밀리언셀러(《흙 속에 저 바람 속에》)를 낸 사람이요. 내가 진짜 천재라면 100만 명이 본 대중서를 썼겠소?' 그랬더니 사람들이 고개를 끄덕거리더군."

그는 잠시 숨을 고르더니 한숨 쉬듯 천천히 내뱉었다.

"내 머리로 생각해냈다는 게 중요한 거지."

단것을 좋아하는 이 교수는 접시에 놓인 치즈케이크를 참 달게도 오물거렸는데, 그 와중에도 발음은 뭉개지지 않고 또렷이 이어졌다.

"도서관에 가보면 나보다 훌륭한 사람이 얼마나 많은데 무슨 얘기를 더 보태겠어? 다만 70억 지구인 중에서 나처럼 생각하는 사람은 나밖에 없다는 이야기를 하고 싶어요. 모든 사람은 각자 고유의 생각을 하고, 그 생각은 제각각 소중해요. 내 생각도 내 머리로 하는 고유의 생각 중 하나라는 거지. 가령 가위바위보는 누구나 하잖아. 그런데 가위바위보를 가지고 한·중·일 관계를 설명하고 이항대립을 설명한 사람은 나밖에 없어요(《이어령의 가위바위보 문명론》참고). 또 한국의 보자기를 가지고 '싸다'와 '넣다' 이항대립을 통한 한국문화론을 쓴 사람도 나밖에 없고(《이어령의 보자기 인문학》참고). 그 말이 옳으냐 그르냐는 내가 판단할 수 없어. 독자의 몫이지."

내 최초의 책은 어머니의 몸이었어

인터뷰의 방향성에 대해 30분 넘게 이어진 논의는 이쯤에서 멈췄다. 정해진 방향성은 크게 두 가지다. 첫째, 전형적인 회고록 형식의 호구조사 같은 맥락은 피하고 창조력의 씨앗이 될 만한 어린 시절의 이야기를 중심으로 끄집어내는 것, 둘째, '과거의 박제화'를 지양하고 펄떡거리는 '현재의 이야기'를 담아내는 것.

해서 이 책에선 가급적 이 교수의 '육성'을 최대한 생생하게 살리려 한다. 내 앞에서 때로는 냉랭한 이성적 어조로, 때로는 물기 머금은 감성적 어조로 말하는 이어령 교수를. 단팥빵이나 케이크처럼 단 음식을 반기고, 고추장을 곁들여 식사하는 걸 좋아하고, 음식을 씹으며 이야기해도 발음이 뭉개지지 않는 이어령 교수. 같은 소재라도 늘 새로운 발상을 구상하며 말을 잇고, 그러다 이제껏 하지 못한 새로운 생각이 번뜩 떠오르면 아이처럼 손뼉 치고 "이거 적어놔야겠다"라며 좋아하는 이어령 교수를 말이다.

이제 본격적으로 그의 어린 시절에 대한 두 번째 이야기를 펼쳐 보이려 한다. 그에게 창조력의 씨앗을 심어준 부모님에 대한 이야기다. 이어령 교수는 이성과 감성을 두루 지닌 학자로 정평이 나 있는데 이 둘 사이의 진폭은 유독 넓다. 이성의 극점과 감성의 극점을 오가곤 한다. 논리를 피력할 때에는 세상에 다시없을 냉철한 이성의 학자이지만, 또 한편으론 풀 한 포기의 생명에도 바르르 떠는 여린 감성을 지닌 문인이기도 하다. 그 양단兩端의 뿌리는 부모에게서 비롯됐다.

"나는 아버지의 지적 호기심과 어머니의 문학적 감수성을 물려받았어요."

이어령 교수는 어머니 얘기를 먼저 꺼냈다. 과학과 철학, 예술과 경험을 넘나드는 이야기를 펼치며 장조로 울려 퍼지는 그의 음성은 어머니 얘기를 꺼낼 때면 어김없이 돌연 달라진다. 차분한 단조로 바뀌며 슬픔이 배어난다. 늦둥이로 그를 낳아 금지옥엽 감싸 안아 키우시던 정 많던 어머니. 그런 어머니가 그의 나이 불과 열두 살일 때 병으로 돌아가셨다. 어머니와 함께한 짧은 열두 해 동안 그는 어머니에 대한 각별한 기억을 참 많이도 새기고 있었다.

"어머니는 책을 좋아하셨지."

대여섯 살쯤의 그가 아파서 누워 있는 어느 날이었다. 온몸이 불덩이처럼 뜨거운 와중에 아버지와 어머니의 말다툼 소리가 꿈결처럼 아득하게 들려왔다고 한다.

"아버지가 어머니한테 막 호통을 치셨어. 애가 아파 누워 있는데 그 옆에서 한가롭게 책을 읽는 에미가 어딨느냐고. 어머니가 어쩔 줄 몰라하면서 변명을 하셨지. 이제 막 읽기 시작했다고, 방금 전까지 간호해주다가 (내가) 잠든 걸 보고 책을 손에 막 들었다고."

그는 80년 전의 일을 어제 일처럼 또렷하게 기억해냈다. 어떤 기억은 흔적조차 없이 사라지지만, 어떤 기억은 세포 속에 깊숙이 박혀 도저히 잊히지 않는다. 그에겐 그날의 기억이 그랬다. 말다툼하시던 두 분의 목소리가 지금도 귓전에 생생하다고 할 만큼 강렬한 기억이었다.

"아버지와 어머니는 애들 앞에서 부부싸움을 하는 분들이 아니셨는데 나 때문에 싸움이 비롯된 거야."

당시 그는 죄 없는 죄인이었다. 자신 때문에 부모님이 싸우셨다는 것에 대한 죄책감이 아직도 남아 있는 듯했다.

이어령 교수가 처음으로 책과 맺은 인연은 이보다 더 먼 과거로 거슬러 올라간다. 그는 한 살 때 돌잡이로 책을 집어 들었다고 한다. 그가 돌잔치를 했던 1935년 당시 책은 부모들에게 인기 있는 돌잡이 품목이 아니었다. 아이가 엽전을 집어 들면

부자가 된다고, 쌀을 잡으면 만석꾼이 된다고, 떡을 잡으면 먹을 복이 있다며 좋아했고 실을 잡으면 무병장수한다고 박수를 쳤다. 하지만 책을 잡으면 부모는 겉으론 내색 안 해도 내심 섭섭해하는 분위기가 있었다.

"우리 어머니는 달랐어. 내가 돌잡이로 책을 집어 든 걸 두고두고 들려주시며 자랑하셨지. 장차 문필가가 될 거라면서 말이야. 자라는 동안엔 어머니가 책을 참 많이 읽어주셨어요. '너는 어렸을 때 책을 잡은 아이야. 나중에 커서 글 쓰는 사람, 훌륭한 학자가 될 거야'라고 말씀하곤 하셨지."

책을 좋아하던 어머니, 돌잡이로 책을 집어 들었다며 누구보다 기뻐하던 어머니는 그의 행로에 큰 영향을 끼쳤다. 습관처럼 되새김질했던 어머니의 말씀은 예언이 되어 돌아왔다. 그는 책이 이끄는 방대한 정보와 상상력의 세계로 기분 좋게 풍덩 빠져들었고, 이것이 결국 창조력의 중대한 원천이 됐다. '어머니와 책'의 기억은 70여 년이 흐른 먼 훗날 재밌는 사건을 만들어내기도 했다.

다치바나 다카시와 가졌던 세기의 매치

2013년 7월 일본에서 열린 도쿄국제도서전 당시의 일이다. 한국이 주빈국이었던 이 도서전에선 한일 양국을 대표하는 지성

知聖 두 명이 만나 '디지털 시대, 왜 책인가'라는 주제로 대담을 가졌다. 한국의 이어령 교수와 세계적 저널리스트인 일본의 다치바나 다카시立花隆가 그 주인공들이었다. 다치바나 다카시가 누구인가. 《나는 이런 책을 읽어 왔다ぼくはこんな本を讀んできた》, 《도쿄대생은 바보가 되었는가東大生はバカになったか》 등의 책으로 한국인에게도 친숙한 소문난 독서광이 아닌가. 개인 서재 '고양이 빌딩'을 보유한 그는 방대한 독서를 기반으로 우주와 뇌 등 다양한 분야에 걸쳐 전방위적 글쓰기를 해왔다. 두 사람의 나이 차는 여섯 살. 이 교수가 위다.

이어령과 다치바나 다카시. 이 두 사람의 대담은 양국의 자존심을 건 '지知의 한일전'이자 세기의 매치라 할 만했다. 그러나 현장에서 숨죽이며 대담을 지켜본 사람들은 싱거운 대결이었다고 평한다. 1:1 대결에서 중요한 건 선공先攻인데 이어령 교수가 첫마디에서 좌중을 압도해버린 것이다. 그는 자신을 '한 살 때 책을 잡은 사람'으로 소개했다.

"나는 80년 동안 책과 함께 살아왔습니다. 내 인생의 첫 번째 책은 돌상에서 잡은 책이고, 책을 읽어주신 어머니가 나의 두 번째 책입니다. 어머니의 말, 어머니가 읽어주셨던 그 많은 모음과 자음에서 나는 상상력을 길렀습니다."

이어령 교수의 첫마디에 일본 사람들은 '한 살짜리가 무슨 책이냐'라며 비웃었지만, 돌날 책을 잡았다는 말에 이내 조용해졌다. 일본엔 돌날 쌀을 지고 가는 풍속은 있지만 책을 잡는 풍속은 없었던 것이다.

아이들한테 수준 높은 책을 읽혀야 하는 이유

그는 회상을 끊고 현재형으로 돌아와 어머니 얘기를 들려줬다.
'어머니 모드'인 쓸쓸한 음성으로.

"내 최초의 책은 어머니의 몸이었어요. 어머니의 품에 안겨
돌잡이로 집어 들던 그 책, 어머니의 품에 안겨 어머니의 음성
으로 듣던 책, 그 책이 내 창조력의 씨앗이 된 거지."

그러더니 다시 카랑카랑한 음성으로 말을 이었다.

"지금은 한국인이 일본인보다 책을 덜 읽지만, 한국어를 보
면 책과 연관된 단어가 많아요. 우리는 남편을 서방書房이라고
부르잖아. 자기 남편을 '책방'으로 부르는 나라가 또 있어요?
그만큼 책을 귀하게 여긴 민족인 거지. 한국 사람은 공부하는
곳을 '책상'이라 하는데 일본 사람은 '쓰쿠에机'라고 해요. '책'
이란 뜻이 안 들어가 있어."

요즘에야 수준별 독서다 뭐다 하지만 그가 꼬마였던 시절에
는 책이 귀했다. 연령에 맞는 책을 골라서 읽는다는 발상이 사
치인 시절이었고, 이 교수도 예외가 아니었다. 그는 막내아들
이었고 집에는 형들이 읽던 세계문학전집이 즐비했다. 취학 전
부터 자연스럽게 세계문학전집을 읽게 된 배경이다.

"그 나이의 내게 어른들 책은 어려웠지. 난생 처음 보는 단어들이 툭툭 튀어나왔어요. 그때 사전이 있어, 뭐가 있어? 그런데 소설은 스토리잖아. 전후문맥을 추리해가면서 읽다 보면 뜻이 얼추 이해가 되지. 가령 러시아 소설에서 '사모바르가 끓고 있었다'라는 문장이 나오면 '아, 사모바르는 주전자 같은 건가 보다'라 짐작해보고, '루파시카를 걸쳐 입었다' 하면 '루파시카는 옷인가 보네' 하며 추리하는 식이었던 거지."

그는 '이어령식 독서론'을 부연했다.

"돌이켜보면 어려운 독서를 통해 추리력이 길러지고 뇌세포도 활성화됐지. 아이들한테 수준 높은 책을 읽힐 필요가 있어요. 물론 아이마다 성향과 기질이 다 다르겠지만, 너무 단순한 내용의 책은 무한한 가능성을 지닌 아이들의 두뇌개발을 오히려 제한할 수도 있어. 적절한 자극이 필요하다는 얘기야."

이 당부에는 '모든 아이는 천재로 태어난다'는 대전제가 깔려 있다. 동기부여와 자기계발의 아버지로 거론되는 미국의 웨인 다이어Wayne Dyer는 《아이의 행복을 위해 부모는 무엇을 해야 할까What Do You Really Want for Your Children?》 등의 책을 통해 '아이는 천재로 태어나지만 적절한 자극과 동기부여가 제공되지 않아 그 천재성이 시들어버리고 만다'고 말한다. 반짝이는 두뇌를 활성화시키려면 능동적 독서, 추리력을 필요로 하는 어려운 독서가 필요하다는 얘기다.

어머니를 회상하다가 아버지 이야기로 옮겨간 그는 사진 한

장을 보여줬다. 아버지의 품에 안겨 손을 입에 댄 채 정면을 응시하는 흑백사진. 사진 속 아버지는 누가 봐도 눈에 확 띄는 서구형 미남이었다. 동석한 연구실 직원들도 사진을 보고 눈이 휘둥그레지더니 "우와!" 하며 탄성을 터뜨렸다. 이 교수는 그저 씩 웃었다. 그런 반응이 나올 줄 알았다는 미소였다.

"아버지는 호기심이 많은 분이셨어요. 특히 신기술, 신문물에 관심이 많아 새로운 기계를 들여오는 데 돈을 아끼지 않으셨지. 도시에 신기한 기계가 나왔다는 소문이 들리면 부리나케 달려가 사 오곤 하셨어요."

DNA는 힘이 세다. 이어령 교수의 남다른 호기심은 아버지에게서 물려받은 면이 크다. 신기술, 신문물에 관심이 많으셨다는 그의 아버지. 소문난 얼리 어댑터인 데다 과학 지식과 인류 문명의 최전선에서 벌어지는 일들을 꿰뚫고 있는 이 교수와 자연스레 겹쳐진다.

아버지의 폐기물은 최고의 장난감

"아버지는 요즘 말로 벤처기업인 같은 분이었어. 1940년대에는 속성재배를 돕는 시설도 들여오셨지. 기름종이 같은 재질이었던 걸로 기억해. 지금 생각해보면 비닐하우스 같은 역할을 했어요. 마땅한 시장이 없어서 사업은 망했지만 덕분에 우리

동네 사람들은 한겨울에도 토마토를 실컷 먹었다니까. 허허. 아! 인공으로 알을 부화시키는 부화기 있지? 아버지는 그것도 사 오셨어."

벤처기업인에게는 늘 리스크가 따르기 마련이다. 농업계의 신지식인 같은 그의 아버지 또한 종종 실패를 맛봤다. 신식 기계를 사들여 시도했던 새로운 사업이 실패로 돌아가면 기계들은 죄다 창고로 향했고, 그 덕에 창고는 형제들의 최고의 놀이터이자 실험실이 됐다. 창고에 쌓인 기계 부품과 재료들은 형제들에게 어디에서도 구할 수 없는 진귀한 장난감이었다. 초를 먹인 기름종이로는 연을 만들어 날렸고 정비소 도장으로는 전표 놀이를 했다. 아버지의 실험과 사업이 실패할수록 형제들의 실험실 규모는 점점 커져 갔다.

"우리 형제들은 다 기계를 좋아해요. 내가 컴퓨터 일곱 대를 갖고 있는 것만 봐도 그렇고. 우리 셋째 형도 컴퓨터광이라니까. 이게 다 아버지의 피지."

그의 형제자매들이 몸담은 직업군은 교사, 화가, 영문학자 등 다양하다. 아버지의 피가 진한 사람은 학자가, 어머니의 피가 진한 사람은 예술가가 된 것이다. "선생님은 어느 쪽 피가 더 진하실까요?" 묻자 그는 "나도 확실하게 몰러"라며 그저 웃었다. 그러고는 사람들이 진즉 와서 기다리고 있는 옆방으로 자리를 떴다.

03

창조와 파괴는 동전의 양면. 창조하려면 먼저 파괴하라

〈우상의 파괴〉와 이상의 발굴

"창조의 반대말이 뭔지 알아요? 파괴지. 창조와 파괴는 동전의 양면 같은 거야. 창조를 하려면 먼저 파괴를 해야 돼. 경제학자 조지프 슘페터Joseph Schumpeter가 쓴 '창조적 파괴'라는 표현이 딱이지. 우리에게 필요한 건 창조적 파괴라는 모순어법이에요. 우리는 '좋아서 죽겠다' 같은 모순어법을 많이 쓰는 민족인데, 정작 창조적 파괴는 잘 못해."

창조와 파괴. 이번 인터뷰에서 이어령 교수는 창조와 파괴라는 두 톱니바퀴에 대한 이야기를 꺼냈다. '창조'와 '파괴'는 늘 붙어 다니지만 동시에 작용할 순 없어서 늘 시간 차를 두고 나타난다. 순서는 파괴가 먼저다. 새로운 것을 창조하려면 기존의 것을 파괴해야 한다. 어찌 보면 이어령 교수의 지난 80여 년의 시간도 창조와 파괴의 여정이었다. 기존의 것을 파괴하고, 그곳에 새로운 것을 창조했고, 그러고 나선 또 다른 걸 파괴하러 떠나, 어김없이 또 다른 새로운 걸 창조해냈다. 그는 창조가 끝난 자리에 죽치고 앉아 있지 않고 창조의 열매가 무르익기 전 미련 없이 일어나 다른 편견과 틀을 부수러 떠났다.

이어령 교수의 공식 이력은 대부분 〈우상의 파괴〉에서 시작한다. '22세에 〈우상의 파괴〉로 문단에 파문을 던짐' 같은 식이다. 대학을 졸업하자마자 《한국일보》 문화면 전면에 실린 이글을 통해 그는 일약 스타가 됐다. 〈우상의 파괴〉는 젊은 세대 기수론을 담은 일종의 선언문으로, 인습의 벽에 갇혀 시대의식을 담지 못하고 권위주의에 매몰된 기성 문단을 싸잡아 비판한 글이었다. 당시 문화 권력의 정점頂点에 있던 김동리는 물론 이런 문단 풍조를 맹종하는 젊은이들까지 비판의 대상이었다. '붓 깡패'라는 별명은 이즈음에 생겨났다.

평균 체온을 넘어선 문명의 미열

이어령이라는 이름을 세상에 널리 알린 건 〈우상의 파괴〉였지만 이보다 먼저 창조가 있었다. 한국 문단에 있어서는 〈우상의 파괴〉만큼이나, 아니 그 이상으로 중요한 사건이라 할 만한 창조다. 바로 작가 이상의 문학적 진면목을 널리 알린 것이다. 당시만 해도 이상은 별 조명을 받지 못하고 그저 난해한 작가, 기이한 행동을 하고 이상한 글을 쓰는 작가 정도로만 치부됐다. 이어령 교수는 대학교 4학년 당시 서울대《문리대학보》에 〈이상론李箱論-순수의식의 뇌옥半獄과 그 파벽破壁〉이라는 평론을 발표했는데, 정식 평론가가 아닌 대학생의 것이었음에도 이 글은 문단에서 널리 읽히며 이상을 다시 보게 하는 계기가 되었다. 딱딱한 논문 투가 아닌 시적詩的 문체로 쓴 그의 글은 쉽게 접근하기 어려웠던 이상이라는 벽의 높이를 확 낮췄다.

널리 알려진 더벅머리 이상의 사진이 세상의 빛을 볼 수 있게 한 사람 또한 이어령 교수다. 그가《문학사상》의 주간이었던 시절, 이상이 다녔던 경성고등공업학교 출신의 지인(원용석 전 농림부 장관)의 졸업앨범에서 찾아낸 사진이었다. 또한 그는 묻혀 있던 이상의 작품 상당수를 발굴해《문학사상》에 실었다. 당시 이상은 일본어로 써놓고 정식으로 발표하지 않은 작품이 많았는데, 만약 이 교수가 이상에 별 관심이 없었다면 우리가 아는 이상이라는 작가의 상당 부분은 세상에 알려지지 않은 채 역사 속에 영영 묻혀버렸을지 모른다. 1977년 문학사상사는 요절한 이상이 한국 문학계에 끼친 영향력을 높이 사 '이상문학상'을 제정했는데, 그 과정에도 이 교수가 중추적 역할을 했다.

이상이 이어령 교수에게 끼친 영향력은 막강했다. 그는 이상을 "동시대적 감각으로 나에게 감동을 준 최초의 작가"라고 표현했다.

"기존 소설가들은 농경 시대의 농촌을 기반으로 글을 썼어요. 이상만 그 틈에서 미운 오리 새끼처럼 자신이 숨쉬고 살아가는 도시 문명, 그 갈등과 자의식을 각혈하듯 토해냈지. 평균 체온을 넘어서는 문명의 미열, 그리고 그것을 냉각시키는 얼음찜질. 이 사이에서 한국말의 토착어가 문명어로 바뀌었어요. 이상의 소설 《날개》에선 '33번지 18가구'라는 숫자부터 나와요. '내 집'이 아닌 '내 방'이라는 표현이 많이 쓰이고. 33번지 18가구는 연립주택처럼 한 지붕 밑에 열여덟 가구가 이어진 방들에서 사는 것을 말해. 일본말로 '나가야_{ながや}'라고도 했지. 도시 문명의 시스템과 그 의식과 감각을 이상은 불과 네 개의 숫자와 네 글자의 말로 보여준 거예요."

그는 잠시 숨을 고르더니 "어때요?"라고 물었다. 그러고는 답을 듣기 전에 말을 이었다.

"다른 작가들은 당시 유행하던 '문패도 번지수도 없는 주막'의 세계에서 살고 있었지만 이상은 달랐어요. 도시의 문패와 번지수로 설명되는 자아를 노래했지."

당시 한국은 농경 사회에서 근대 사회로 진입하는 문턱, 문명사의 전환점에 있었다. 농촌이 도시가 되는 크나큰 변화의 소용돌이 한가운데를 지나는 사람들은 고통을 겪기 마련이다. 이어령 교수는 이를 "발뒤꿈치의 굳은살을 벗겨내는 모던(근대) 체험"이라고 했다. 한국 작가 대부분은 이런 시대의식을 외면한 채 여전히 농경 시대에 머물러 있었지만 이상은 달랐다. 짙푸른 녹음 천지인 세상을 보면서 다른 작가들이 전원을 예찬할 때 이상은 나른한 권태를 느꼈다. 팔공산에 곰이 나타났다고 하면 동물원에서 탈출한 곰을 먼저 연상했고, 여치 울음소리를 이발소의 가위 소리나 검표원이 차표 찍는 소리에 비유했다.

이상은 이어령 교수 안에 숨어 있던 예술가적 혼을 자극했고, 글쓰기 욕망을 꿈틀대게 했다. 이 교수는 "우리말로 된 내 글을 쓰고 싶다는 생각이 처음으로 들었지"라며 이렇게 말했다.

"보들레르Baudelaire와 랭보Rimbaud의 시에서 느끼던 경이를 한국 문학에선 이상의 작품 덕에 처음 느꼈어요. 눈이 번쩍 뜨였지. '우리말로도 이렇게 아름답고 지적인 작품을 쓸 수 있구나' 하고 깨달은 거야."

이상은 천리마, 이어령은 백락

이어령 교수는 진지한 이야기를 재미없게 이어가는 걸 참지 못한다. 그래서 청중의 역할이 중요하다. 청중의 반응에 따라 같은 이야기가 1분 만에 끝날 수도, 10분으로 늘어날 수도 있다. 이야기가 길게 이어진다는 건 그의 창조적 상상력이 날개를 달

았다는 얘기도 된다. 눈을 반짝이며 재밌게 경청하는 청중 앞
에선 이어령이라는 '언어의 마술사'의 날갯짓도 쉬지 않는다.
푸드덕거리고 오르고 올라 이제껏 없었던 새로운 발상을 해내
기도 한다. 하지만 아무리 대단한 이야기라도 상대가 별 감흥
이 없으면 날개를 펴기도 전에 힘없이 착지해버리곤 한다.

그래서인지 그의 강연이나 인터뷰에는 꼭 쉼표 같은 막간극
이 있다. 관객이나 인터뷰어와 벌이는 밀당이라고나 할까. 진
지한 얘기를 한바탕 하고 나면 그는 어김없이 실없는 농담이나
유머를 섞어 분위기를 전환하는데 이날도 그랬다. 이상에 대한
이야기가 너무 비장하게 이어진다고 생각했는지, 갑자기 씨익
웃더니 "웃긴 얘기가 있어"라며 모드를 전환했다. "항간에 떠도
는 소문이니 믿거나 말거나지만"이라는 단서와 함께.

"이상은 다른 사람의 시선은 아랑곳하지 않았다고 해. 머리
도 잘 안 감고, 잘 씻지도 않았대. 소개팅에 나갔을 때의 일화
야. 다방에서 커피를 시키고 각설탕을 잡았는데, 흰 설탕이 흑
설탕이 됐다더군. 후후."

다소 과장된 소문에 그도, 나도, 일행도 한바탕 웃었다. 자기
만의 세계가 분명하고, 그 세계가 일반인들에겐 기행奇行으로
비친 이상의 면면을 알 수 있는 에피소드였다. 하지만 그저 뜬
소문을 전하려는 의도의 이야기만은 아니었다. 한바탕 웃고 또
분위기 전환. 그는 웃음기를 거두고 말을 이었다.

"결국 이상은 탈옥수란 말야."

이상이 탈옥수라니. 일본 도쿄에서 불령선인不逞鮮人(일본에 복종하지 않는 한국인)으로 몰려 경찰에 연행되었던 이상의 이력을 잠시 떠올렸다. '그때 연행돼 교도소에서 탈출이라도 한 걸까?' 스치듯 생각하는 사이, 그의 말이 이어졌다.

"무슨 말인지 알겠어요? 우리도 모르게 갇혀 있던 고정관념이나 인습의 감옥에서 탈주한, 위험한 탈옥수란 말이에요."

이상의 본명은 김해경. 유교적 전통이 서슬 퍼런 세상에서 이상은 성姓까지 갈았다. 이상이 깬 고정관념의 틀은 지금의 기준으로도 파격적이다. 이어령이 쓴 첫 이상론의 부제가 '순수의식의 뇌옥과 그 파벽'이었던 것도 그 때문이다. 그는 "이상은 영화 〈빠삐용Papillon〉의 주인공이자 미국 드라마 〈프리즌 브레이크Prison Break〉의 마이클 스코필드 같은 존재"라며 웃었다. 지금으로부터 반세기도 전인 그때, 22세의 청년 이어령은 그런 장면을 떠올리며 이상론을 쓴 것이다. 모범생 젊은이들이 꿈꾸는 이상理想과는 전연 다른 이상異常. 한 청년이 더 이상以上 상상할 수 없는 이상李箱을 재창조해낸 이야기는 흥미진진했다. 그래서 물었다. "이상이 80세가 넘도록 살았다면 선생님과 비슷한 글을 남겼을까요?" 그는 고개를 저었다.

"아니야. 이상은 천리마고 나는 그 천리마를 알아본 백락伯樂에 불과해."

백락은 천리마를 알아보는 눈을 가진 중국 춘추시대 사람으로, 인재를 감별하는 재능을 가진 사람을 지칭할 때 쓰는 말이다. 백락에 얽힌 이야기는 이렇다. 어느 날 소금 짐을 끌며 농부와 함께 지나가는 한 마리의 말을 발견하고 그가 크게 탄식한다. "천리의 초원을 달렸어야 할 천리마가 주인을 잘못 만나 소금 짐이나 메고 있다니." 안쓰러운 마음에 백락이 자신의 옷을 벗어 덮어주자 천리마는 눈물을 흘리며 하늘을 향해 크게 울었다고 한다.

"알아봐주는 사람이 없으면 천리마는 결국 묻혀버리고 말아. 얼마나 안타까운 일이야. 천리의 초원을 달려야 하는 귀중한 천리마가 소금 짐이나 끌며 매질을 당한다고 생각해봐요."

이어령 교수는 한동안 허공을 응시했다. 그답지 않은 침묵이 한동안 흘렀다. 나는 침묵을 깨고 물었다. "선생님은 천리마인가요, 백락인가요?" 그는 대답 대신 씨익 웃기만 했다. 다시 물었다. "선생님이 백락을 자처하는 이유는 초원을 맘껏 달리지 못하는 천리마의 입장을 잘 알기 때문인가요?" 이번엔 답이 돌아왔다.

"그럴지도 모르지."

애매한 답변을 얼버무리듯 하더니 화제를 전환한다.

"세종대왕의 숱한 업적 중 내가 가장 높이 평가하는 것이 있어요. 노비나 다름없던 장영실을 발굴해 마음껏 능력을 펼칠 수 있도록 한 것이지. 지쳐서 자고 있는 장영실에게 어의御衣까지 벗어서 덮어준 일화는 백락과 천리마의 한국 버전이에요."

그는 목을 축이고 단호한 어조로 말을 이었다.

"우리 모두가 창조자가 될 수는 없어. 창조인은 기르는 게 아니라 발견하는 거예요. 창조적 인물을 알아보는 세상, 그것이 바로 창조적 세계지."

이상의 발굴을 시작으로 이어령 교수는 지난 수십 년간 숱한 천리마들을 발굴해냈다. 이에 대해서는 뒤에서 다시 다루기로 한다.

비평가의 도구는 펜이 아닌 망치

그런데 이어령 교수는 왜 이상처럼 시와 소설을 쓰지 않고 평론가로 데뷔했을까? 정면돌파식 질문에 그는 "허허" 하는 알 수 없는 웃음을 몇 번이나 터뜨렸다. 그러고는 매번 딴말로 돌린다. 사실 이 질문은 오늘 처음 던진 것이 아니다. 예전에도 몇 번 물었으나 이런 식으로 넘어가고, 또 넘어가곤 했다. 오늘은 꼭 답변을 듣고야 말겠다고 작정했기에 그가 말머리를 아무리 돌려도 나 역시 다시 돌아와 물었다. "왜 선생님은 평론가로 데뷔하셨어요?" 꼭 듣고야 말겠다는 내 의지를 읽은 걸까. 마침내 그는 "그게 말야" 하며 겸연쩍은 듯 말머리를 꺼냈다.

"처음엔 시를 썼지. 그런데 친구들이 보고는 '야, 이게 무슨 시야. 소설이지' 하는 거야. 그러면 소설을 써보자 싶어 썼지. 그랬더니 이번에는 '야, 이게 무슨 소설이야. 평론이지' 하더라고. '그러면 비평을 써보자' 해서 쓴 것이 〈이상론〉이었어. 그런데 이번에는 아무도 뭐라고 하지 않더라고. 그래서 평론가가 되겠다고 작심한 거예요."

치부 아닌 치부를 드러낸 고백에 피식 웃음이 났다. 하고 싶은 것과 잘하는 것이 반드시 일치하진 않는 법. 그가 애초에 쓰고 싶었던 건 시였지만, 그가 가장 잘하는 건 평론이었다. 이어령 교수에게도 그런 불일치가 있었다니, 새삼 그가 인간적으로 느껴졌다.

평론가 이어령의 이상론은 계속 이어졌다. 이상의 글들은 끊임없이 신선한 지적 충격을 안겼고, 그는 그 경이로움의 세계를 고스란히 글로 담아냈다. 1956년 〈나르시스의 학살 - 이상의 시와 그 난해성〉을 《신세계》에 발표했고, 이듬해에는 같은 제목의 평론 속편을 《자유문학》에 발표했다. 1959년에는 〈이상의 소설과 기교 - 《실화》와 《날개》를 중심으로〉를 《문예》에 두 차례에 걸쳐 실었다. 이즈음 그가 보였던 행보는 두 갈래로 나뉜다. 하나는 이상의 문학을 재창조하는 것, 또 다른 하나는 이상에 대한 종래의 비평들을 여지없이 난도질하는 것이었다.

"비평은 문학의 재창조이자 기존 비평들을 난도질하는 파괴 행위이기도 하지. 비평가의 진짜 도구는 펜이 아닌 망치예요. 자기 자신과 자유로운 문학적 상상력을 숨막히게 가두고 있는 벽을 부수는 망치질부터 시작하는 거지."

불을 지르지 않는 화전민은 씨를 뿌릴 수 없다

이상은 당시 기성 문단의 대척점에 있는 미운 오리 새끼 같은 존재였다. 오리들 틈에 낀 한 마리의 백조. 이어령은 이 백조에게 날개를 달아주고 싶었고, 그러기 위해서는 백조를 묻어버리려는 오리들을 상대해야 했다. 그래서 쓴 것이 바로 〈우상의 파괴〉다.

"문단 권력이 떡하니 존재하는데 이상 같은 사람이 신춘문예 같은 데 당선될 수 있겠어? 우상을 파괴하지 않으면 이상은 발굴될 수 없었어. 인습의 벽, 우상의 벽, 낡은 시대의 성벽을 깨부숴야 했어요. 그걸 부수지 않고는 한 발자국도 나아갈 수 없었지. 〈우상의 파괴〉는 이상과 전혀 다른 문단을 친 글이었어요. 이상에 대한 애정이 그 글로 이어진 거였지."

〈우상의 파괴〉는 파괴와 창조를 동시에 담고 있다. 인습의 벽에 갇힌 기성 문단을 '파괴'하려는 시도인 동시에 새 시대의 새 가치를 담자는 '창조'의 의미도 있다. 이 교수는 "한 손에는 곡괭이를 들었고, 한 손으로는 씨를 뿌렸다"라고 표현했다. 창조의 씨앗을 뿌리기 위해선 견고한 땅을 파헤치는 곡괭이가 필요했던 것이다.

"우리는 유산 상속자가 아니에요. 화전민 같았지. 화전민은 불을 지르지 않고는 곡식의 씨를 뿌릴 수 없어. 불을 질러서 태운 재 속에 씨를 뿌려야 하니까."

그렇다고 그가 전통을 부정한 것은 아니다. 그가 부수고자 했던 건 고정불변의 전통에 갇혀 새 가치를 창조하지 못하는 시대적 풍조였다.

"당시 나는 기독교 신도가 아니었지만 저 멀리 가나안 땅이 보였어요. 그곳엘 가야 하는데, 사람들은 우상을 숭배하는 재단을 차려놓고 움직이질 않아. 샤머니즘적 요소가 다분한 소설들이 그 예지. 전쟁터에 나간 이들이 죽어나가고 근대의 도시적 요소가 밀려오는데 과연 그들의 언어가 그런 시대상을 담았느냐, 젊은 세대에게는 젊은 세대의 언어와 문법이 필요하다는 얘기였어요."

기성 문단을 향한 날 선 비판을 하면서 동시에 그는 젊은 세대를 향해 창조의 기치를 내세우자고 선언했다.

"김동리나 서정주의 글이 좋다 나쁘다를 평한 게 아니에요. 그들의 작품이 아무리 훌륭해도 그건 김동리나 서정주의 작품으로 끝나. 우리는 두 사람의 김동리, 두 사람의 서정주를 원치 않는다는 것이지. 〈우상의 파괴〉에서의 우상은 일종의 은유야. 우상 자체가 아니라 우상을 믿는 사람의 어리석은 믿음을 파괴하자는 것이었어요. 문단 원로들을 향한 공격이 아니라 그분들을 우상으로 섬기는 내 또래의 젊은이들을 향해 던진 불화살이었지."

기성 문인 킬러, 붓 깡패의 독침

〈우상의 파괴〉는 서울대 재학 시절《문리대학보》에 〈이상론〉을 발표하고 8개월 뒤에 내놓은 글이다. 〈이상론〉으로 문단과 학계에 큰 화제가 되었지만, 사실 그는 그 전부터 이미 기성 문인 킬러로 정평이 나 있었다.

명사들이 대학에 초청 강연차 왔을 때, 대학생 이어령은 그들의 허위의 가면과 권위의 옷을 벗기곤 했다. 부산 피란민 시절에는 시인 J가 제임스 조이스James Joyce의 〈율리시스Ulysses〉 이야기를 했다가 그의 질문에 진땀을 흘린 일화가 있는가 하면, 서울 수복 뒤에는 쟁쟁한 비평의 대가들이 그의 질문 공세로 난처해하기도 했다. 특히 양주동 박사가 두보杜甫의 시 〈나그네 조으름이 어찌 일찍부터 오리오客睡何曾着〉를 잘못 해석했다가 이어령에게서 공격받은 일화는 유명하다.

그는 어렸을 때부터 질문대장이었다. 의문 나는 것이 있으면 늘 참지 못하고 질문을 던졌는데, 그의 질문은 권위에 대한 도전이나 반발이 아니냐는 오해를 사기도 했다. 이런 일화들은 1956년 5월 6일자《한국일보》문화면을 통해 터져 나온 〈우상의 파괴〉의 전주곡이었다. 이어령 교수는 〈우상의 파괴〉를 신게 된 뒷얘기를 들려줬다.

김규동의 시집《나비와 광장》출판기념회에서 있었던 일이다. 독자를 대표해 한마디 하라는 선배들의 요청을 받은 그는 덕담 대신 독침을 날렸다. 이 이야기는 문화계 인사들에게 퍼져나갔고, 당시 《한국일보》 문화부장이었던 한운사 씨의 귀에까지 흘러들었다. 이 에피소드를 들은 한 씨는 그에게 기고 제안을 했고, 〈우상의 파괴〉를 문화면 전면에 파격적으로 싣게된다. 당시 세간의 반응이 어땠냐는 질문에 이 교수는 멋쩍게 답했다.

"시인 바이런Byron이 했던, '자고 나니 유명인사가 돼 있었다'라는 말이 실감났지. 이튿날 다방에 갔더니 저명인사가 돼 있더라고. 내가 이어령인지도 모르고 '신문 읽었어? 이어령이 누구야? 아, 그 젊은 친구?' 하며 한마디씩 하는 거야. 시인 노천명은 수호자가 돼주겠다며 자신의 집에까지 초대해 음식 대접도 해줬어. 노천명뿐 아니라 사방에서 원군이 나타났지."

〈우상의 파괴〉에서 본격적으로 시작된 창조와 파괴의 굴곡진 여정. 그 여정은 어느새 60여 년이 흘렀다. 창조와 파괴의 두 바퀴는 그간 잘 굴러왔는가. 장영실은 자신이 만든 어가御駕의 바퀴대가 부러져 소식도 없이 역사의 뒤안길로 사라졌다. 하지만 이어령 교수가 이끄는 창조와 파괴의 두 수레바퀴는 아직도 건재하다. 이 수레바퀴가 소금 짐수레를 끄는 천리마인지를 말할 수 있는 자격이 내게는 없다. 하지만 무수한 고개를 넘어 지금 내 눈앞에 있다. 작은 기적이다.

04

타는 갈증으로 우물물을 마시지 말고, 우물을 파라

말하지 못한 등단작의 비밀

이어령 교수를 하나의 타이틀에 가두기는 쉽지 않다. 교수이자 언론인, 장관이자 문명비평가, 문화기획자이자 문학평론가⋯⋯. 자의로든 타의로든 숱한 외피를 쓰고 살아온 그임에도 내내 변치 않는 아이덴티티 하나가 있다. 바로 글쟁이다. 그의 80여 년 인생은 읽고 생각하고 읽고 써온 시간들의 응축물이었다. 그 스스로도 "내가 어떤 사람인지는 내가 쓴 글이 증명한다"라고 입버릇처럼 말해왔다.

　하지만 글쟁이로서 그가 가진 면면은 의외로 세상에 많이 알려져 있지 않다. 그간 이 교수는 다방면에 관여해왔지만, 그 다방면의 전문가들은 그를 반쪽의 이방인처럼 여겼다. 이는 문학계에서도 마찬가지였다. 문학인 이어령에 대한 연구 활동은 활발하지 않았고, 그 스스로도 문학인으로서 새겨온 족적들을 세세히 밝히지 않았다.

등단작만 해도 그렇다. 60여 년에 걸친 그의 글쟁이 인생에서 무엇이 등단작인지에 대해서는 공식적으로 알려진 바가 없다. 공식 이력에서 그는 문학평론 〈우상의 파괴〉로 혜성처럼 등장한 것처럼 거론되곤 한다. 그런데 과연 20대 초반에 쓴 〈우상의 파괴〉가 그의 첫 작품일까? 잠자고 있는 서랍 속 습작들도 분명 있을 테고 필명으로 몰래 쓸 수밖에 없었다든가 하는, 밝히고 싶지 않은 비밀 등단작도 있지 않을까?

이런저런 상상을 하다 보니 공식 이력 이전의 작품들에 대한 궁금증이 점점 더 커졌다. 풋내 나는 작품들의 세계를 훔쳐보고 싶어 근질거릴 지경이었다.

한편으론 '누구에게나 처음은 있고, 무엇이든 처음부터 잘하는 사람은 없다'라는 평범한 명제가 과연 이어령 교수에게도 통하는지 궁금했다. 천재들의 역량은 말 그대로 하늘이 내려준 것이니, 이어령 교수도 과연 첫 작품부터 눈부셨을까?

그에게 등단작에 대한 고백을 청하자 올 것이 왔다는 반응이 돌아왔다. 하지만 평소와 좀 달랐다. 어떤 질문에든 주저하지 않고 바로바로, 또 1.5배속의 빠른 말로 답을 내놓는 그만의 모습이 자취를 감춘 것이다. 이번 답변 중 그는 자주 쉬었고, 문장이 뚝뚝 끊겼으며, 허무한 실소 같은 웃음을 자주 보였다.

'슬프고도 우스운 출생의 비밀'. 자신의 등단작에 대한 이 교수의 표현이다. 출생의 비밀은 그의 청춘 시절 사랑 이야기에서 시작된다고 했다. 청춘이라니, 사랑이라니. 이런 키워드들은 어째 그와 좀 어울리지 않는 것처럼 느껴졌다.

"드디어 선생님 첫사랑 얘기를 듣게 되는 건가요?"

나의 짓궂은 질문에 동석한 연구실 직원들도 눈빛을 반짝거렸다. 그는 개구쟁이 소년처럼 웃었다. 장난기와 쑥스러움이 뒤섞인 표정이었다.

"청춘을 방공호의 어둠 속에 묻었던 시절인데 왜 자꾸 사랑 이야기를 하라는 거야? 그리고 사랑만은 창조하는 것이 아니라 누리는 거 아닌가. 소설에서라면 몰라도……."

청춘. 입에 담기만 해도 황홀한 두 글자. 그러나 이어령 교수의 청춘은 결코 황홀하지 않았다. 질문대장 꼬마 이어령, 최연소 대학 강사와 신문사 논설위원으로 활약하던 20대 후반 이후의 문필가 이어령에 대해서는 세상에 꽤 많이 알려져 있다. 그러나 꼬마와 논설위원 사이의 이어령에 대해서는 알려진 바가 거의 없다. 이성에 눈을 뜨고, 열정적 사랑을 하고, 창조적 영감을 받아 한 인간의 생애에 가장 불꽃같은 족적을 남기곤 하는 청춘의 시기. 그리고 왜 청춘이 없었겠는가. 아무리 슬픔과 비극의 시대라도 청춘은 청춘이다. 하지만 그는 자신의 청춘 시절 얘기를 잘 하지 않았고, 잃어버린 10년의 청춘 이야기를 꺼내면서도 말꼬리를 흐렸다.

시속 300킬로미터의 카레이서 시대에도 낭만은 꽃핀다

"우리 시대는 시속 300킬로미터로 달린 카레이서의 시대였어. 그 속도로 질주하는 카레이서들은 먼 지평선에 시선을 고정한 채 앞만 보고 달린다고 해요. 한순간이라도 좌우로 시선을 돌리면 차가 뒤집히니까 문자 그대로 좌고우면左顧右眄하지 않고 좌우지간 달리기만 해야 하는 거지. 그런데 우리 사회, 우리 역사를 지배한 건 아이러니하게도 좌냐 우냐의 싸움판이었어요. 광복이 되고 중학교에 들어가자마자 선생 학생 할 것 없이 좌우 진영의 싸움으로 동맹휴학이다 뭐다 하다가 6·25 전쟁이 터진 거지. 그 전쟁도 끝난 것이 아니라 지금껏 휴전 상태에 있고. 그 속에서 우파는 산업화로 땀을 흘렸고, 좌파는 민주화로 피를 흘렸고, 그 사이에 낀 젊음들은 눈물을 흘렸지."

이날 이어령 교수는 말이 느렸다. 기승전결이 꽉 짜인 이야기를 청산유수처럼 쏟아내던 '언어의 마술사'로서의 모습은 온데간데없었다. 기억력에서 둘째가라면 서러울 그였지만 학생 시절의 기억에는 낡은 필름의 흑백영화처럼 공백이 많았다. 전쟁과 분단으로 이어지는 외상·내상의 트라우마는 60년이 지난 후에도 여전해 보였다. 피 튀던 그 시절은 벌레 한 마리 잡지 못하는 여린 감성의 문학청년이 품은 기억 속에서 모두 불살라져 재만 남아 있는 눈치였다.

"그리스어로 진실의 반대말은 허위나 거짓이 아닌 망각忘却이라고 해요. 거짓된 것은 망각 속에 다 묻히니, 살아남는 기억만이 진실한 것이란 뜻이지."

그는 망각에 묻히지 않고 겨우 살아남은 청춘 이야기를 꺼내기 시작했다. 어두운 시국에 갇혀버린 찬란한 청춘.

"'전시戰時 학생증'을 가지고 다니던 당시의 대학생들에겐 두 개의 선택지밖에 없었어. 사람을 죽이러 전쟁터에 가거나 어두운 자취방에서 쥐를 잡거나. 첫사랑을 알기 전에 말이야."

전쟁 중 서울대 문리대 캠퍼스는 부산 대신동 언덕에 있었고 그는 그 주변에서 자취를 했다. 말이 자취지 작은 판잣집에서의 생활이었다. 당시 유일한 게임은 사랑 게임이 아닌 쥐잡기 게임이었다고 한다. 방으로 틈입한 쥐를 빨랫방망이로 때려잡는 일이 이따금 벌어졌다. 데모할 줄도 모르고 대자보 붙일 줄도 몰랐던 전시의 학생들은 시대에 대한 울분을 그렇게 토해냈다.

"분풀이할 곳도, 분풀이를 받아줄 곳도 없었으니 그렇게라도 한 거지. 그거라도 안 했으면 미치거나 자살해버렸을 거야."

그런데 쥐잡기라니. 그가 벌레 한 마리도 죽이지 못한다는 건 아는 사람은 다 아는 사실이다. 집에 바퀴벌레라도 나타나면 그는 "여보!" 하고 부인(강인숙 건국대 명예교수)을 부르는 것으로 유명하다. 그도 진짜 쥐를 잡았을까. "선생님도 방망이로 쥐를 잡으셨어요?" 묻자 그는 "잡긴 뭘 잡아. 시국이 그랬다는 거지"라며 너털웃음을 허허 내보였다.

이원이라는 필명으로 쓴 〈초상화〉

"전쟁은 사람만 죽이는 게 아니라 사랑도 죽이지. 사람과 사랑이라는 단어는 한 끗 차이잖아. ㅁ과 ㅇ 받침, 네모꼴과 동그라미의 차이."

'전쟁'과 '사랑'은 동서고금의 예술 작품을 통해 무한 반복되며 변주된 주제다. 이 주제는 이어령 교수와도 무관하지 않다. '초상화'라는 제목으로 그가 쓴 단편소설이자 등단작 또한 전쟁과 사랑을 소재로 했으니까. 서랍 속에 갇힌 그의 습작 소설이 세상의 빛을 보게 한 것 또한 전쟁이었다. 전후의 가난 말이다.

"전시의 문학청년들은 매문賣文을 했어. 배고픈 자취방 친구들이 소주 생각이 났는지, 아니면 중국집 자장면 생각이 났는지 내 습작 소설을 훔쳐다가 대학신문 현상소설에 응모를 한 거야. 당선 상금으로 빈자의 향연을 열었지. 그래서 본의 아니게 공개된 내 최초의 등단작은 1953년 '이원'이라는 필명으로 쓴 〈초상화〉라는 단편이에요."

그는 재밌는 생각이 떠올랐는지 느닷없이 웃음을 터뜨렸다.

"염치는 없었지만 총장님이 직접 시상하신다고 하니 시상식장에 안 갈 수가 있어? 친구 셔츠를 빌려 입고 여드름까지 짜고 갔지. 그런데 말이야, 총장님이 시상 후 연설에서 '환경이 어지러운 전시에는 미술학도들의 작품이 황폐한 인간성을 구제할 수 있다'는 식으로 말씀하시는 거야. 아연실색했지. 소설 제목이 '초상화'여서 미술 작품이 당선된 것으로 오해하신 거예요. 허허."

그는 이 생각만 하면 지금도 식은땀이 맺히면서 웃음이 나온다고 했다.

이 교수의 비공식 등단작인 단편소설 〈초상화〉는 어떤 내용일까? 내용을 묻자 그는 말을 돌렸다. 그것도 몇 번씩. 하지만 첫사랑 이야기 들려달라고 선생님을 조르는 여학생들처럼 나도 포기하지 않고 묻고 또 물었다. 제자의 끈질긴 떼쓰기에 그는 더 이상의 말 돌리기를 포기하고 쑥스러운 듯 줄거리를 털어놓으며 백기투항을 했다. "문학소녀가 첫사랑의 순수한 기억을 우동 한 그릇과 바꿨다는 이야기야"라며 들려준 〈초상화〉의 줄거리는 이랬다.

주인공이자 화자는 고등학교 미술부의 한 남학생이다. 그는 짝사랑하는 여고생에게 그녀의 초상화를 그려서 선물했다. 하지만 전쟁이 터지면서 서로 행방을 알 수 없게 되었고, 부산으로 피란을 간 남학생은 어느 날 우동가게에서 음식을 먹던 중

예전에 자신이 그려준 초상화가 벽에 걸려 있는 것을 발견한다. 놀란 무명의 미술학도는 우동가게 주인에게 그림의 출처를 물었다. 주인은 웬 여학생이 우동 한 그릇 먹고 나더니 "마지막 남은 것은 이 그림뿐이에요"라며 밥값 대신 놓고 갔다는 이야기를 퉁명스럽게 내뱉는다. 우동 값을 몇 배로 지불한 뒤 초상화를 가슴에 품고 가게를 나선 그의 볼에는 차가운 눈물이 흐른다.

줄거리를 털어놓으면서 그는 중간중간 뜸을 들였다. '영락없는 신소설' '멜로드라마' '이 부분은 신파'라는 자평을 추임새처럼 덧붙이면서. 하지만 이게 끝이 아니었다. "여기까지는 희망이 보이지. 하지만 엉망진창이 된 청춘물은 로맨틱할 수가 없어"라며 뒷얘기를 들려줬다.

"우동가게를 나온 남자는 자신이 그린 초상화를 마구 찢어버려. 그러곤 어둠이 몰려오는 골목길에 내던져버리지. 그러면서 막 울부짖는 걸로 얘기가 끝나요. 이게 전쟁의 실상이야. 꿈같은 동화는 없어요. 배고프면 사랑의 낭만도 우동 한 그릇 값밖에 안 되는 게 현실이야. 전쟁은 그 소녀가 마지막까지 품고 있던 낭만마저 앗아가버린 거지. 소녀의 꿈과 낭만이 우동 한 그릇조차 이기지 못하는 리얼리티를 담고 싶었어요. 전쟁 때에는 전사자보다 살아 있는 사람의 이야기가 더 비참한 법이지. 배고픔에 끌려 다니는 짐승이 된 것 같아 굉장히 속이 상했어. 모욕당한 기분이었고. 내가 읽었던 그 많은 시와 소설들이 한 줌

의 밀가루보다 하찮게 보이는 것이 분했어요. 굶주림은 경제의
문제가 아닌 자존심의 문제야."

'돌체' 다방에서 '카네이션'을 넣고 비비며

6·25 전쟁은 끝났지만 살아남은 자의 슬픔과 비애는 끝나지
않았다. 상흔이 할퀸 폐허 위에서 견뎌야 하는 배고픔의 시간
은 길고 길었다.

"전쟁이 끝나고 서울에 올라와보니 도시는 폐허가 돼 있었지.
명동이 특히 심했고. 그래도 잿더미 위에 남아 있는 빌딩에 다
방 간판이 붙고 '르네상스' '돌체' 같은 음악감상 전용 살롱이 생
겨났어요. 말이 뮤직홀이고 뮤직살롱이지 음악 소리보다 바늘
소리가 더 크게 들리는 구식 SP 판을 틀어대던 다방들이지. 우
린 벽만 앙상하게 남은 남의 집 빈터를 지나 음악감상실을 드나
들었어. 상상해봐요. 안방, 부엌, 마루 같은 흔적이 남아 있는 집
을 유령처럼 가로질러 모차르트를 들으러 가는 거야."

당시 명동에는 그가 언급한 돌체와 르네상스 외에도 봉선화,
에덴, 모나리자 등 유명한 클래식 다방들이 꽤 있었다. 음악다
방은 예술인과 지식인들의 감성 충전소이자 사랑방 역할을 했
다. 그런데 이어령 교수의 표현은 달랐다. "배고픔의 피난처, 슬
픔의 짐을 잠시 맡겨두는 보관소"였다고 했다.

"배고프면 우동가게 대신 음악다방을 찾아갔어요. 커피 한 잔을 시켜놓고 마담이 보지 않는 틈을 타 설탕을 듬뿍 넣고 비비는 거야. 놓고 간 카네이션(네슬레에서 만든 연유)을 붓고. 젓는 게 아니라 비빈다는 표현이 어울려요. 커피로 허기를 달래는 거지. 그런데 서울내기 친구들은 달랐어. 마담이 설탕을 가져오면 '노 슈거No sugar' 하고, 카네이션을 부으려고 하면 말없이 손으로 딱 막는 시늉을 해. '노 밀크'라는 제스처지. 디제이에 보내는 신청곡도 시골 문청들과는 달라. 베토벤이나 차이코프스키가 아니라 최소한 브람스, 무소르그스키였지. 쾨헬 번호 몇 번에 지휘자 누구라고 운운하면서."

서울대 교내학술지 《문리대학보》

음악다방을 들락거리던 대학교 3학년, 청년 이어령은 서울대 교내학술지 《문리대학보》의 창간을 주도했다. 문리대 학예부장을 맡으면서 학우들을 이끌고 시대의 감성을 대변하는 대학 학보를 만든 것이다. 200쪽이 넘는 두툼한 이 책은 그가 창간한 최초의 잡지다.

"나는 우물 파는 사람이에요. 갈증을 씻기 위해 우물물을 찾는 사람이 아니라 그 갈증으로 우물을 파는 사람, 남이 만든 길을 걷는 사람이 아니라 길을 내는 사람 쪽이지. 그래서 잡지에

투고를 하는 문청이 아니라 남의 글을 실어주는 잡지를 만드는 사람이 된 거예요."

그는《문리대학보》를 "폐허가 된 도시에 박은 지知의 말뚝"이라고 표현했다. 그는 이 학보에 T. S 엘리엇T. S. Eliot의 〈황무지The Waste Land〉를 완역해 수록하고 아서 J. 맥타가트Arthur J. McTaggart 같은 외국 교수의 영문 논문을 게재하기도 했다.

이 무렵 이어령 교수는 자신의 이름을 단 첫 책을 발간했다. 800여 쪽에 달하는《종합국문연구》(1955)로, 대학입시용 국어 참고서 성격의 책이었다. 대학 재학 중 그는 경북 문경고등학교에서 국어를 가르쳤는데, 교과서를 보급하는 문경의 한 서점 경영자가 '서울에서 천재가 내려왔다'는 소식을 듣고 그에게 제안해 출간한 것이다. 당시 학과 동기였던 안병희 박사와 함께 쓰고, 지도교수였던 이승녕 박사의 감수를 받아 출간한《종합국문연구》는 베스트셀러가 됐다. 한 유명 비평가는 고등학교 시절 이 책에 수록된 서정주 시의 해석을 읽고 문학평론에 뜻을 세우게 됐다고 밝히기도 했다.

이어령 교수의 등단작 〈초상화〉와 첫 책인《종합국문연구》 탄생의 이면에는 공통점이 있다. 바로 전쟁과 가난이다. 〈초상화〉는 친구들이 자장면을 먹기 위해 몰래 응모시켜준 소설이었고,《종합국문연구》는 등록금을 마련하기 위해 쓴 대학입시 교재였다.

하지만 수만 쪽에 달하는《이어령 전집》에선 이 두 책 모두

언급조차 되지 않는다. 왜일까. 왜 이제껏 그의 등단작은 알려지지 않았을까. 배고프면 우동가게 대신 다방에서 설탕프림 커피를 걸쭉하게 타 마셨던 그의 자존심에서 단초를 읽는다. 전쟁과 가난 때문에 매문해야 했던 작품을 등단작으로 순순히 인정하기는 쉽지 않았으리라.

셰익스피어를 마신 사나이

이어령 교수는 "오늘은 여기까지 합시다" 하고 일어섰다. 그런데 몇 발자국 가다가 다시 돌아와 앉았다.

"그런데 말이야, 진짜 로맨스가 있긴 하지. 내가 그때 집사람을 토향上香이라는 지하다방에서 매일 만나다시피 했거든."

나는 귀가 쫑긋했다. 개인사는 웬만해서 말하지 않는 이 교수인데 이날은 '전쟁과 청춘'이란 소재에 얹어 아내와의 데이트 시절을 털어놨다. 그의 아내 강인숙 교수는 이어령 교수와 서울대 국문과 동기다. 강 교수는 부부의 이름을 한 글자씩 딴 영인문학관의 관장이기도 하다. 강인숙 교수의 영인문학관과 이어령 교수의 한중일비교문학연구소는 둘 다 종로구 평창동에 있다. 부부는 '따로 또 같이'의 삶을 존중해주면서 60년이 넘는 시간 동안 학문적 동지처럼 지내왔다.

"그때는 집사람을 클래스메이트로 만났어요. 내가 수업에 잘 안 들어가니까 집사람이 수업 시간에 나눠준 프린트물을 가져다주고 그랬지. 그런데 그렇게 만나도 돈이 있어야 말이야. 자존심은 있어서 돈은 무조건 남자가 내는 걸로 알았거든. 하루는 집사람하고 토향에서 커피를 마시다가 주머니에 손을 넣어보니 비어 있어. 커피 값이 없다고 하면 창피하잖아. 가장 빨리 돈을 만들 수 있는 방법은 영어사전 콘사이스를 파는 거였지. '나 잠깐 저기 다녀올게' 하고 집에 뛰어가 콘사이스를 갖고 나와선 명동에서 팔았어. 나중에 돈이 생길 때 다시 사면 되니까. 그 돈으로 차를 마시고 밥을 사 먹으면 셰익스피어를 먹는 거야. 영어 단어 수천 수만 개를 먹는 셈이니까. 다 먹고 나면 둘이 앉아서 종이에다 낙서하고 그랬어. 시도 쓰고 그림도 그렸지. 그게 아직도 영인문학관 자료 보관소에 남아 있어요."

카페에서 커피를 사이에 두고 시도 쓰고 그림도 그리는 문청들의 연애. 전쟁과 가난 속에서도 심장은 멈추지 않고, 사랑 또한 그렇게 흐른다. 하지만 이어령 교수의 기억 속 청춘 시절의 연애는 화사하지 않았던 것 같다.

"사랑하기엔 전쟁이 우리를 너무나 가난하게 했고, 가슴 설레기에는 전쟁이 우리를 너무나 늦게 만들었지."

시속 300킬로미터로 질주해야 했던 카레이서는 좌우 어디에도 눈을 주지 않고 자리를 떴다.

05

'말'에 '말'을 걸면 세상에 없던
'새 말'이 나온다

'흙 속에 저 바람 속에' 너머에는

2020년 현재 이어령 교수는 80대 후반이다. 한국인의 평균수
명 81.3세를 훌쩍 넘긴 나이임에도, 심지어 암으로 병색이 짙은
데도 불구하고 그의 왕성한 지적 활동은 도무지 퇴보할 기미를
보이지 않는다. 일반적으로 노화가 진행될수록 단기 기억력은
감퇴하고, 최근 정보를 입력해 처리하는 판단력도 급속히 저하
된다고들 하는데 하물며 창조력은 오죽할까.

오늘은 작정하고 파고들며 물었다. "80대에도 도대체 사그라
지지 않는 창조력의 원천은 뭔가요?" 하고. 그는 답변 대신 질
문을 던졌다. "김 기자, 80대는 20대에게는 없는 걸 가지고 있

어. 그게 뭘까?"

또 역습이다. 이어령 교수는 즉문즉답을 잘 하지 않고, 모든 질문에 대한 그의 답은 거의 기승전결로 펼쳐진다. 질문 하나에 대한 답변은 짧게는 1~2분, 길게는 30분 넘게 이어진다. 언젠가 오찬을 겸하여 그와 가진 인터뷰 자리에선 이런 일도 있었다.

그의 단골집인 평창동 한식당에서 주문을 한 후 밥상이 막 차려질 때 내가 질문 하나를 툭 던졌다. 인공지능과 관련된 가벼운 질문이었다. 때마침 성찬이 다 차려져 식사를 시작할 참이었는데 이 교수는 숟가락을 들다 말고 대답을 시작했다. 아차차! 다들 막 들어 올린 숟가락을 다시 내려놓았다. 여기저기서 꼬르륵 소리가 동굴 속 울림처럼 퍼졌지만 이 교수는 기승전결을 끊지 않고 이어갔다. 마침내 답변이 끝나 시계를 보니 20분이 훌쩍 지나 있었다.

모든 질문에 대한 그의 답은 대개 이런 식으로 이어진다. 같은 질문이라도 똑같은 표현으로 똑같이 답변하는 그를 나는 본 적이 없다. 이 교수는 매 순간 두뇌를 총동원해 새로운 표현과 새로운 발상을 찾아내려 애쓴다. 답변이 매번 기승전결로 펼쳐짐에도 그 구성요소는 항상 바뀌는 이유다. 그는 떠오르는 생각이나 흐름을 따르지 않고, 늘 두뇌 속 새로운 길을 내는 개척자처럼 뇌즙을 쥐어짜듯 생각의 지도를 창조해나간다.

20대에게는 없지만 80대에게는 있는 것

이어령 교수가 인터뷰 도중 말허리 잘리는 것을 극도로 싫어한
다는 점은 널리 알려져 있다. 설사 그런 상황이 벌어져도 그는
굴하지 않고 이어가던 답변에 마침표를 찍고야 만다. 내가 던
진 말들 역시 마찬가지여서 열에 아홉은 그저 공중에 흩어졌
다. 시간이 흐르면서 말허리 질문을 밟히지 않는 법을 터득하
긴 했다. 아니, 밟히지 않는 법이라기보다는 밟히지 않는 질문
의 유형을 알아냈다는 표현이 맞겠다. 포인트는 바로 '생각의
흐름'. 그는 생각의 흐름을 방해하지 않는 질문은 받아주지만
그것의 방향을 바꾸는 질문은 여지없이 밟아버린다.

하루는 그에게 물었다. "왜 말허리를 자르는 질문은 무시하
시나요?" 그러자 이런 답이 돌아왔다. "그 말에 먼저 대답을 하
면 그전에 하려 했던 말을 자꾸 잊어버리거든."

나이듦의 결과일까? 일면 그렇게 볼 수도 있다. 나이가 들수
록 단기 기억력은 소멸하니까. 하지만 그의 진짜 대답은 따로
있었다. 한 문장으로 표현하면 '말語 위에 서서 말言에 말辭을 건
다'는 건데 다소 긴 이야기라 이에 대해서는 잠시 후 상세히 다
루려 한다.

다시 맨 앞의 질문 이야기로 돌아오자. "80대에도 도대체 사
그라지지 않는 창조력의 원천은 뭔가요?"라는 질문에 이 교수
는 답변을 하는 대신 물었다.

"김 기자, 80대는 20대에게는 없는 걸 가지고 있어. 그게 뭘까?"

"음…. 8020에 대해 하신 말씀은 생각나요. 80대와 20대가 함께 어울려서 사는 이상형의 공동체 말이에요."

"세대가 더불어 사는 건 중요한 문제야. 인류는 점점 고령화될 테니 말이야. 그런데 왜 8020이 더불어 살아야 할까? 80대가 되어도 사그라들지 않는 게 있어. 잘 들어봐요. 나는 어려서부터 기억력 좋은 사람으로 유명했어. 누군가 '이런 구절을 어디선가 읽었는데, 무슨 책이더라?' 하면 책 제목과 그 문구가 있는 위치까지 기억하곤 했으니까. 신문에 칼럼을 쓸 때도 머릿속에 있는 자료를 꺼내기만 하면 됐어. 그런데 그건 다 옛날 얘기야. 40대 이후로는 기억력이 엉망이거든. 그때부터 서재에 컴퓨터를 한 대 두 대 늘려가기 시작했지."

"컴퓨터가 기억의 저장소가 됐군요."

"그런 셈이지. 그런데 기억력이라는 건 우리가 창조적인 삶을 사는 데 그다지 중요하지 않아. 신동이라고 하면 과거엔 천자문 빨리 외우고, 요즘엔 구구단을 빨리 외우는 아이잖아. 한데 어때요? 기억력만 좋은 신동이 머리만 믿다가 망한 경우가 많지. 기억력은 나이가 들면 감퇴하지만, 창조력은 계속 남아요. 내가 요즘 칫솔질을 했는지를 자꾸 잊어. 그러면 어떻게 알아내는지 알아? 솔을 쓱쓱 만져보고 젖어 있으면 한 거고, 안 젖어 있으면 안 한 거지. 추리력이자 유추력이야."

추리력과 창조력은 오히려 단단해질 수 있다는 그의 말에 나이 듦에 대한 모종의 기대감이 피어올랐다. 한편으로는 이어령 교수 역시 '세월을 피해갈 수 없구나' 하는 서글픔도 들었다. 그런데 또 분위기 전환이다.

"사람은 어차피 죽는 거야. 육체는 사라져서 아무것도 안 남아. 남는 건 생각이고 언어지. 으리으리한 성城도 제왕의 의자도 부서져 사라졌지만 그들이 남긴 입김 속의 언어는 신라 향가와 고려가요로 읽을 수 있잖아. 언어는 불멸이야. 오늘은 말에 대한 이야기를 해보자고."

80여 년에 걸쳐 이어령 교수가 쌓아온 창조물은 유무형을 망라하지만 그 최고봉은 역시 '말'이다. 우리가 무심코 사용하는 말 중에는 그가 만든 것들이 많다. 그는 낡은 말에 숨결을 불어넣어 새로운 개념어를 탄생시키는 데 귀재다. 딱딱한 행정용어도 그의 손에 닿으면 황금의 언어로 바뀐다. 도시의 자투리땅에 세운 작은 공원을 '쌈지공원'이라 이름 붙인 것이 대표적인 예다. 정보사회의 키워드로 제시한 학술용어 '디지로그', 새천년 밀레니엄 베이비를 칭하는 '즈믄둥이'도 그가 낳은 표현이었고, '동북아'로 굳어져가던 동아시아 지역의 명칭을 '한·중·일'로 유행시킨 사람 역시 그였다. 동아시아라고 하면 대개들 중국과 일본을 떠올리지만 한국의 존재감을 부각시키려면 동아시아 대륙 - 반도 - 해양의 3종 세트로 가야 한다는 이유에서였다.

그 많은 '말 만들기' 중 최고봉은 무엇일까? 오늘은 창조 이력서에 등재할 만한 것을 하나 제시하고 그 생각의 비결을 공개해달라고 청했다. 이제껏 공개하지 않은 '말에 양념하는 솜씨'의 비법 말이다. 어쩐 일인지 이번엔 그가 단답형 즉답을 내놨다.

"'흙 속에 저 바람 속에'지. 그 짧은 문구 속에 참 많은 의미가 담겨 있거든."

그러고는 55년 전 일의 뒷이야기를 털어놓는다.

"《경향신문》 논설위원으로 있을 때의 얘기야. 편집국에서 '한국의 문화 풍토'에 대해 연재 형식의 글을 써달라고 했어. 1960년대 초의 일이었는데, 당시엔 칼럼이나 에세이란 말도 통용되지 않았지. 신문이나 책 제목은 으레 한자 투였고 사설도 '생각하는 바이다' 같은 독립선언문식이었어.

그 청을 받고선 지리 교과서같이 딱딱한 '풍토風土'라는 말을 세 살 때 배운 우리말로 풀어봤어. '풍'을 '바람'으로, '토'를 '흙'으로 바꿨지. 그랬더니 새 말이 됐어. 진짜 우리가 살아온 한국의 흙냄새, 바람결이 몸에 와 닿는 것 같은 말이 된 거야. 그리고 '바람 속에 흙 속에'로 하지 않고 '풍토'의 순서를 바꿔 '흙 속에 바람 속에'로 해봤지. 어때요? 말의 느낌이 한결 살아나지? 한국의 풍토론이 시적 감각어로 변신한 거예요. '풍토'라는 판박이 말의 굳은살에서 새살이 돋아나게 된 거야. 낡은 개념어를 우리 토착어로 바꾸고 순서를 바꾼 것뿐인데 완전히 새로운 감각의 언어들이 탄생했어요."

세 살 때 배운 토착어의 숨은 힘

"우리말을 살리는 것이 왜 그렇게 중요한 일인가요?"란 질문에 그는 "한자나 영어 같은 외래어들은 구두 신고 발을 긁는 것과 같잖아"라며 구두 위를 벅벅 긁어대는 시늉을 해 보였다. 순간 웃음이 터졌다. 이 교수에게서도, 내게서도, 동석한 모든 이들에게서도.

"상처 위에 생긴 딱쟁이가 떨어지면 여린 새살이 나잖아. 한자와 그 많은 외래어들은 한국인의 마음에 난 상처를 덮은 딱지 같은 거예요. 그게 떨어지면 그 안에서 나온 새살의 감촉과 예민한 신경줄 같은 뜻이 살아나는 거고. 한국말이라고 다 그런 건 아니에요. 아무 데나 만진다고 간지러워? 아니잖아. 간지럼 타는 부분이 따로 있듯, 같은 뜻의 센서티브한 말들이 있어요. 좋은 말이라도 자꾸 쓰면 굳은살이 박이지. 일상어는 발뒤꿈치처럼 굳은살이 박인 언어고."

모국어로 생각하기. 이어령 교수가 가진 창조력의 씨앗은 지극히 당연한 이 말 속에 녹아들어 있다. 1900년대 중반까지만해도 한자의 벽이 높았고, 1900년대 초반에 유행했던 한자어 병용 표기의 흔적이 여전했다. 최남선이 쓴 한국 최초의 신체시 〈해海에게서 소년에게〉라든지 이인직의 소설 《혈血의 누淚》가 대표적인 예다. 전자는 '바다에서 소년에게'의 의미이고, 후자는 '피의 눈물'이다. '사람이 길에 서서'라는 말을 '인人이 로路에 입学하여'라는 식으로 쓰는 일도 허다했다.

이와 관련된 웃지 못할 에피소드가 있다. 2012년 한국에서 개최된 국제펜PEN 대회 당시의 일이다. 노벨문학상 수상작가 오르한 파묵Orhan Pamuk, 르 클레지오Le Clezio 그리고 한국 대표로는 이어령 교수가 주제 강연을 했다. 그런데 이 교수의 발표문 가운데 최남선의 〈해에게서 소년에게〉를 주최 측에서 'From the Sun to Boys', 즉 '태양에게서 소년에게'의 뜻으로 표기해버렸다. 바다를 바다라는 우리말 대신 해라는 한자로 말해야만 했던 개화기 한문 문화의 슬픈 유산이 빚은 해프닝이었다.

이어령 교수는 한자의 벽에 갇혀 있던 우리말을 과감히 불러냈다. 이때의 우리말은 그저 우리말을 살리기만 하는 말이어서는 안 된다는 것이 그의 생각이다. 경영을 '살림살이', 자본을 '밑천'으로 바꾸는 데는 동의하지만 전화기를 '번갯불 딱따구리', 공처가를 '아내 무섬쟁이', 이화여자대학교를 '배꽃 계집 큰 배움터' 식으로 바꾸는 건 패착이라는 것이다.

다시 말해 모국어 중에서도 토착어를 살려야 한다는 것이 그의 지론이다. 토착어란 세 살 때 어머니의 품에서 옹알이를 할 때부터 몸에 익힌 모국어다. 이 교수는 앞서 "내 인생의 첫 책은 어머니의 모습"이라며 "어머니의 말, 어머니가 읽어주셨던 그 많은 모음과 자음에서 상상력을 길렀다"라고 밝힌 바 있다. 그는 모국어로 생각하는 것이 왜 창조력과 영감의 원천이 되는지 설명했다.

"세 살 먹은 어린아이도 알아들어야 하는 말이어야 해요. '맘마' '지지' 같이 이가 나오면서 배우기 시작하는 '근지러운 말', 어머니의 육체성이 있는 말, 학교에서 암기한 말이 아니라 맨몸으로 어머니에게서 배운 말들 말이야. 그래야 피와 살이 있는 거지."

1초만 멈춰 서도 새 뜻과 새 음성이 나오지

언어의 마술사가 가진 첫 번째 비결은 밝혀졌다. 세 살 때 배운 토착어여야 한다는 것. 그래도 의문은 가시지 않는다. 한국인이라면 누군들 모국어로 생각하고 말하지 않을까. '언어의 마술사'의 비밀 도구는 아직 다 공개되지 않았다. 마술사의 비결이 하나일 리는 없지 않은가. '무엇을'은 밝혔으니 '어떻게'를 밝힐 차례가 온 듯하여 다시 묻자 그는 두 번째 비결을 털어놓았다.

"나는 말 위에 서서 말에 말을 걸었어요."

말 위에 서서 말에 말을 걸다니. 몇 번 되새겨보지만 알 듯 말 듯 잡히지 않는다.

"대부분 사람들은 별생각 없이 말을 흘리지. 스케이트 타듯이, 말 위에서 미끄러지듯이 말이야. 그런데 나는 말 위에 멈춰서서 말에 말을 걸어요. 그 차이라는 거지. 사람들은 휙휙 주마

105

간산走馬看山 식으로 말을 보는데, 나는 재미난 말이 있으면 멈춰서서 봐요. 1초만 멈춰 서서 생각해봐도 새 뜻이 나오고 새 음성이 나와."

듣고 보니 '풍토'가 다시 보였다. 풍토의 사전적 의미는 '어떤 지역의 기후와 상태'다. 대부분의 사람들이 풍토라는 말을 사전적 의미로 흘리듯 말할 때, 그는 '풍'과 '토'라는 말 위에 멈춰 서서 단어의 의미를 묻고 생각하고 새로운 해석을 내놨다. 그리고 그 '흙'과 '바람'에서 변하는 것과 변하지 않는 고정불변의 문화코드를 읽어냈다. '흙'이 고정불변의 상징이라면, '바람'은 한순간도 머물지 않는 변화의 상징이다.

"흙은 고정돼 있어서 못 움직여요. 일본인이 아무리 약탈을 해가도 흙은 약탈할 수 없어. 흙 속이라는 건 땅속이라는 거야. 땅속에는 우리 선조들의 혼이 묻혀 있지. 그런가 하면 바람은 끊임없이 변하는 거예요. 동쪽에서도 불고 서쪽에서도 불어오잖아. 서양에서도, 일본과 중국에서도 바람은 불어 들어와요.

그래서 내가 국토대장정을 나서는 대학생들에게 이런 강연을 한 적이 있어요. '너희가 한 발 한 발 밟는 흙 속에는 우리 선조들의 혼이 서려 있다. 우리 선조들의 눈물과 피와 땀이 있다. 백년 후 너희도 흙이 되어 땅속 어딘가에 묻힐 거 아니냐. 그러니 그 국토의 끝에서 끝까지 한 발 한 발 밟는다는 건 얼마나 큰 감동이냐. 결국 흙 속에 저 바람 속에 우리의 운명이 있고, 과거와 미래가 있고 오늘이 있는 거다'라고."

'흙 속에 저 바람 속에'라는 말의 맛에선 '저'라는 대명사도 한몫을 한다. '저'라는 대명사가 있고 없고의 차이는 크다. '저'가 삽입되면서 그 전엔 보이지 않던 것이 눈에 보이고 추상적인 것이 몸짓의 언어로 바뀐다. 그렇게 그는 길들여진 언어의 원뜻을 불러내 마치 처음처럼 낯설게 한다. '흙 속에 저 바람 속에'는 완전한 문장이 아니다. 그것들 속에 무엇이 있는지에 대해선 그냥 빈칸으로 남겨둔다. 독자는 이 여백의 '빈칸 메우기'를 통해 독서에 적극적으로 참여하게 된다. 창조적인 글은 작가와 독자가 서로 협력해서 만들어가는 상상물이라는 것이 이 교수의 생각이다.

"흙 속에 저 바람 속에 뭐가 있는진 독자의 상상에 맡기는 거야. 뒤에 무슨 말을 넣든 그건 각자의 자유예요. 만약 '흙 속에 저 바람 속에 슬픔이 있다'라고 해봐. 메아리가 없잖아. 빈칸이 있어야 독자를 끌어들이는 힘이 생기는 거지. 빈칸 없이 정확하게 말하면 끌어들이는 힘을 못 가져요. 사용설명서나 안내문을 봐봐요. 상상력이 비집고 들어갈 틈이 없지. 빈칸이 있는 말은 한국 음식과 비슷해요. 한국 음식 하나하나는 완성품이 아니야. 밥은 싱겁고 반찬은 짜. 싱거운 밥이 맵고 짠 김치와 입속에서 어우러질 때 진정한 맛이 나는 거예요. 먹는 사람이 적극적으로 참여해야 비로소 완성되는 게 한국 음식인 거지."

언어의 고속도로에 '갓길'을 만들다

한자말을 뒤집어 새살을 돋게 하는 말의 창조는 '흙 속에 저 바람 속에'에서 그치지 않았다. 고속도로의 표지판에서 자주 보이는 '갓길'이란 말도 같은 경우였다. 지금은 표준어로 굳어진 '갓길'은 초대 문화부 장관 시절 그가 제안해 바꾼 말이다. 원래의 말은 '길어깨(노견路肩)'였다. 1991년 10월 9일자 《동아일보》에는 다음과 같은 기사가 실렸다.

"국어학계에서는 한글날을 맞아 일본식 한자말의 무분별한 유입을 특히 우려하고 있다. (…) 지난 2일 내무부가 국무회의에 제출한 도로교통법 개정안에 포함돼 있던 '길어깨(노견)'라는 말이 대표적인 예다. 길어깨는 영어의 'Road Shoulder'를 일본에서 글자 그대로 '노견'으로 직역한 말을 다시 우리말로 바꾼 것이다. 이날 국무회의에서는 이어령 문화부 장관이 노견이라는 단어가 일본어의 직수입판임을 지적한 뒤 '갓길' '길섶' '곁길' 등 좋은 우리말이 있음을 제시, 국무위원들의 토론을 거쳐 다행히 '갓길'로 고치기로 결정했다."

이 교수는 그때의 일을 회상하면서 다시 흥분했다.

"바꾸지 않으면 법안을 통과시킬 수 없다고 고집을 부렸지."

상식적인 상황은 아니었지만 당시 이상연 내무부 장관이 문화에 대한 관심과 이해가 깊어 가능한 일이었다 한다.

만약 한자 단어 '노견'을 그대로 한글로 표기했다면 어떻게 됐을까? '늙은 개'나 '길거리를 배회하는 개'의 뜻으로 읽히지 않았을까? 이 교수가 '갓길'이란 단어를 만들 당시의 이야기를 펼쳐 보이기 시작하자 나는 적잖이 흥분됐다. 바로 이거다. 그의 뇌 회로에서 번쩍, 하고 새로운 말이 탄생했던 순간의 이야기.

"'노견'을 노변路邊이라고 한 글자만 바꿔봐. 누구나 다 알아든지. 그런데 새 개념이어야 하니까 '노변'의 순서를 뒤집어본 거야. '변로'가 되지? 이걸 순우리말로 바꿔본 거예요. 어때? '갓길'이 되잖아. 수백만 명이 고속도로를 지나면서 갓길이란 말을 볼 텐데 '노견' '길어깨'라고 하면 너무 이상해서 경기가 들 것 같지 않아? '갓길'이라고 하면 누구나 한 번에 알아듣고 편안한 마음으로 운전할 수 있지."

'갓길'이라는 새 언어의 탄생 과정을 듣다 보니 기시감이 든다. '흙 속에 저 바람 속에'의 조어 과정과 닮아도 너무 닮아 있어서다. '풍토'의 어순을 바꾸고, 한자어를 토착어로 바꿔 숨결을 불어넣기! 그만의 보물창고에 꼭꼭 숨겨놓은 창조의 공식 한 페이지를 훔쳐본 것 같은 짜릿함이 일었다. 한편으로 토착어에 대한 그의 극진한 애정은 그의 창조력에 있어 보이지 않는 큰 원동력이 된다는 것도 알 수 있었다.

참, 사소한 발견이 하나 더 있다. '노견'에 대해 말하던 중 이 교수는 또 한 번 "노견을 어떻게 '길어깨'라고 쓸 수 있어?" 하며 목청을 한껏 높였다. 이 교수가 흥분하는 지점에서 자주 쓰는 말을 뜯어보면 그가 어떤 부분을 참지 못하는지가 보인다.

흥분했을 때의 그는 꼭 "그게 말이 돼? 어떻게 그럴 수 있어 ?"라는 표현을 쓴다. 그렇다. 이 또한 '말'과 관계있다. 그는 '말이 안 되는 상황'을 참지 못한다. 논리에 민감하고 논리에 강한 탓이다.

언젠가 언어와 뇌에 관한 재미있는 연구를 다룬 기사를 본 적이 있다. 모국어를 배울 때와 외국어를 배울 때의 뇌 활성 부위는 서로 다르다는 연구 결과를 기사에서 보고 있자니 문득 이어령 교수의 뇌가 궁금해졌다. '모국어를 관장하는 그의 뇌 부위에선 신경 시냅스의 활동이 훨씬 활발히 일어나는 게 아닐까?' 싶었던 것이다. 이 교수가 살아 있는 동안 그의 뇌를 MRI로 스캔해보고 싶다는 엉뚱한 생각도 들었다. 사후에 뇌가 연구된 아인슈타인의 경우와 달리 말이다. 이 생각을 장난스레 전하자 그는 씨익 웃더니 한마디로 잘랐다. "안창살이라고 맛이 다 같어?"

이어령 교수는 이날 인터뷰를 마치고 다음의 글을 보내왔다. "고속도로를 달릴 때에는 눈앞의 경치를 볼 수 없다. 고장이 나야 갓길에 차를 세우고 멈춰 선다. 그래서 여러 가지 풍경과 이야깃거리가 생긴다. 창조란 잘 달리는 슈퍼카가 아니라 고장 난 구닥다리 차와도 같은 것이다. 남들이 정신없이 달릴 때 홀로 멈춰 선다. 그리고 비로소 본다. 느낀다. 생각한다. '갓길' 역시 이런 생각의 과정을 거쳐 탄생했다."

06

체제적 체제에 갇히면
그것이 바로 창조의 무덤이다

《새벽》《세대》《문학사상》의 선봉에서

"다음 인터뷰는 분위기 전환을 위해 식사를 하면서 갖자고."

그로부터 2주 뒤, 종로구 평창동에 있는 이어령 교수의 단골 한정식 집에서 마주앉았다. 허언虛言을 하지 않는 그다웠다. 3층 창밖으로 보이는 5월의 신록에 눈이 시렸다. 약속 시간에 정확히 나타난 이 교수는 의자에 앉기도 전에 입을 뗐다.

"인공지능이 말이지⋯⋯."

인공지능에서 구글 딥마인드Google DeepMind로, 구글의 기업문화에서 한국의 폐쇄적 문화로 이어지는 이야기의 향연은 20여 분간 이어졌다. 자연스럽고 쉼이 없다. 인터뷰 본론으로 들어가기 전에는 꼭 이런 예열 시간이 있다. 서론이자 징검다리의 시간이다. 서론을 끝낸 그는 말 속도를 늦췄다.

흑백논리를 강요당하는 양 진영 사이에서

"오늘 이야기는 조금 골치 아픈 것일 수 있으니 참고 들어요. 일본 사람들이 서구 문명을 들여올 때 한자말로 잘못 옮긴 것이 많아. 철학을 그리스에서 들여올 때 '지혜사랑'이라는 '필로소피philosophy'의 뜻을 살려 '애지愛知'라고 번역했으면 일반인들에게도 쉽게 다가갔을 텐데 그만 '철학'이라는 딱딱한 말로 옮기는 바람에 일부 사람들의 전유물이 되고 말았어. 민주주의도 그래. 원래 데모크라시democracy는 민주제도를 의미하는 말이잖아. 제도는 군주제, 관료제, 귀족제처럼 '크라시-cracy'가 붙지만 사상 내지 주의主義는 '이즘-ism'이 붙어요. 캐피털리즘captalism, 소셜리즘socialism 이런 식으로. 그런데 그걸 '민주주의'라고 하는 바람에 제도와 사상이 뒤범벅이 되어 본래의 의미가 희석되고 만 거야. 개화기 때 도쿄대학에서는 민주주의를 '하극상'으로 가르쳤다던데, 그게 더 알아듣기 쉬웠으려나? 후훗."

  그는 종종 이렇게 웃는다. 어려운 이야기를 심각하게 하다가도 재밌는 발상이 떠오르면 꼭 개구쟁이 아이처럼 짓궂게 웃는 것이다. 진짜 말하고 싶은 것은 다른 데 있다는 듯 그는 웃음기를 거두고 다시 말을 이었다.

"법이나 제도는 투표로 바꿀 수 있어. 하지만 세상에는 투표로 해결할 수 없는 영역이 많아요. 대부분의 문화와 과학이 그렇지. 제도는 법이나 혁명으로 하루아침에 뒤엎을 수 있지만 문화는 달라요. 미국이 금주법을 만든 이후 지하에 술집 20만 개가 더 생겼다고 하잖아. 한 나라의 언어나 풍습, 사고방식은 100년이 걸려도 안 바뀌지. 고정관념과 인습에서 벗어나려면 '창조적 상상력'이 필요해요. 반反체제든 친체제든 '체제적 체제'에 갇히면 창조의 무덤이 되는 거야. 문학도 마찬가지고."

올 것이 왔다. 본격 인터뷰 전 준비 미팅을 하면서 내가 많이 보인 반응은 "그것도요?"였는데, 가장 동공이 커졌던 지점이 바로 이 '문학'이었다. 한국의 현대문학사는 이어령 교수에게 빚진 부분이 많다. 시인 이상의 발굴은 시작에 불과했다. 무엇보다 그는 6·25 전쟁과 좌우익의 이념 전쟁, 4·19 혁명으로 이어지는 격동의 세월 속에서 체제·반체제의 정치에 휘말리지 않고 어떤 이슈에 대해서든 문화적 접근법으로 일관해왔다.

문학이나 기호론으로 현실을 바라보는 이어령 교수의 문화적 접근법은 많은 이의 오해를 샀다. 흑백논리의 선택을 강요당하는 좌우 이념의 싸움에서는 문인도 예외일 수 없어서 한쪽에 서지 않으면 살아남기 힘들다. 회색으로 몰리고, 박쥐처럼 양쪽에서 미운털이 박혀 따돌림당하기 십상이기 때문이다. 그러나 작가 조정래의 말을 빌리자면 이어령 교수는 한국에서 드물게 양 진영에서 두루 존경받는 존재다. 문학의 본령을 흔들림 없이 지켜내면서도 시대를 외면하지 않았기 때문이다. 그는 줄곧 문화와 문명이라는 큰 테두리에서 세상을 읽고, 해석을 하고, 시대를 내다봤다. 알파고로 촉발된 인공지능의 위험성까지 읽어내면서 말이다.

이런 이야기를 들으면서 나는 '임금님 귀는 당나귀 귀'라고 외치고픈 충동에 입이 근질거릴 때가 여러 차례 있었다. 하지만 그는 이런 얘기들을 자신의 책에 담기를 꺼렸다. 자화자찬으로 비춰질까, 또 민감한 정치적 담론에 휘말려 수용자들의 입맛대로 해석될 여지를 남길까 우려해서였다. 그런데 오늘, '문학인으로서의 창조와 참여의 방식'을 그가 먼저 화두로 꺼낸 것이다.

예술가의, 문인의 사회참여 방식은 과연 어떠해야 할까? 이어령 교수는 이에 대해 이미 차고 넘치도록 세상에 피력해왔다. 그 족적은 그가 직접 쓴 글뿐 아니라 잡지 편집과 출판 기획에 기울여온 수십 년 간의 이력에도 뚜렷이 새겨져 있다. 그가 시대정신의 피력에 특히 활용했던 창구는 문학잡지였다.

잡지《새벽》과《세대》

문학잡지를 빼놓고 이어령 교수의 이력을 논하긴 힘들다. 그는 갓 대학을 졸업한 후 4·19 혁명 전까지 잡지《새벽》의 편집위원을 맡았고 5·16 군사정변 직후에는 잡지《세대》의 창간을, 이어 1970년대에는 한국 문학계의 거대한 분수령이 된《문학사상》창간을 주도했다.

창간호부터 화제에 오른《문학사상》은 한국의 잡지 역사상 최초로 창간호를 3쇄까지 찍는 이변을 낳았다. 당시 '이들을 위하여'란 제목의 권두언卷頭言을 싣고 구본웅이 그린 시인 이상의 초상화를 발굴해 표지화로 사용한 창간호는 지성계에 참신한 충격을 던졌다.《문학사상》을 창간하기까지의 뒷얘기는 얼마나 많을까. 그는 씨익 웃으며 말했다.

"그중에는 아슬아슬한 잡지 출판의 뒤안길 비사秘史가 있지. 당사자들과 몇 사람만 아는 진실."

이 교수는 고故 김재순 전 국회의장 이야기를 먼저 꺼냈다.

"김재순 씨는 정치가로 널리 알려져 있지만 굉장한 독서가였고, 문화적 열정이 대단한 분이셨어.《새벽》의 주간을 맡았던 시절엔 젊은이의 가슴에 불씨를 놓아 4·19 혁명이 일어나는 불쏘시개 역할을 했지."

그 현장에 바로 이어령 교수가 있었다. 그는 임화수의 고려대생 습격 사건 당시《새벽》의 편집을 맡아 이승만, 이기붕의 독재정권에 대항하는 지성인들의 지상紙上 데모를 주도했다. 권두논문을 통해〈사회참여란 무엇인가〉〈잠자는 거인〉 등의 글을 썼고, '지성에 방화하라'는 과격한 슬로건을 내건 기획을 했다. 김재순 주간이 그에게 편집에 대한 전권을 넘겼기에 가능한 일이었다.

4·19 혁명 직후의 한국 사회는 정치 만능의 시대였다. 웬만한 이슈들은 정치 분야로 수렴됐고, 각 분야 명망가들은 하나둘 정치인이 돼갔다. 하지만 그는 정치와 거리를 두었고, 그 대신 문학과 문화의 본령에서 사회를 이야기하고 창조를 모색했다.

이 교수는 1963년《세대》의 창간에 있어 중추적 역할을 했다. 군사정변 직후였던 당시 상황에서 언론 자유를 보장받는 매체가 태어날 수 있었을까. 어용지가 아니면 어려웠을 일이다.《세대》는 태생적으로 군사정권 세력과 무관할 수 없다. 최전선에서 '저항의 문학'을 부르짖다가 군사정권의 어용지 창간을 주도하다니, 시대적 배경만으로 보자면 이어령 교수의 전향처럼 보인다. 적어도 겉으로는 그렇다. 하지만 이어령 교수는 이 구도를 뒤흔드는 말을 툭 던졌다.

"역사의 아이러니는 도처에 나타나는 법이지."

역사의 아이러니라. 출간 당시 숨겨진 맥락이 있었음을 암시하는 말이었다. 엄혹한 시대에도 권력에 휩쓸리지 않고, 굳건한 뜻을 끝내 관철하고야 마는 모종의 전략 같은.

《세대》탄생의 배경은 이렇다. 이 잡지의 창간을 애초에 주도한 이는 정권과 친분이 있었던 이광훈 전《경향신문》논설위원이다. 이광훈과 이어령은 문단 선후배 관계로, 이광훈을 비평가로 추천한 이가 바로 이어령이었다. 이광훈은 '잡지를 창간하게 됐다'며 이어령에게 손길을 내밀었고 이어령은 그 손을 맞잡았다. 그렇게 탄생한 잡지가 바로 《세대》다.

어용의 길? 트로이 전술!

고개가 갸우뚱했다. 이런 전후 상황을 그가 몰랐을까?

"몰랐을 리 없지. 트로이 전술을 구사한 거야."

자신의 신분을 위장해 적진의 한가운데로 틈입하는 트로이 전술. 어용지 모양새로 창간된 《세대》였지만 창간 이후 그는 어용의 길을 걷지 않았다. 그가 《세대》의 정체성을 분명히 했음은 창간호에 실린 권두언의 제목에서부터 드러난다. '지성의 등화관제燈火管制'. 등화관제란 전시戰時에 적에게 노출되지 않기 위해 등불을 통제하고 전등과 촛불 등의 사용을 제한하는 것을 말한다. 서슬 퍼런 군사문화의 잔재가 남아 있는 현실에서 당당히 목소리를 내지 못하는 지식인을 우회적으로 비판한 것이다. 그는 이 글에서 한국의 문화계를 '병영화 시대의 밀리터리 캠프'에 비유하며 지성의 촛불이 꺼질 듯 흔들리는 풍전등화의 상황을 담아냈다. 의식의 척추를 찌르는 비수 같은 언어로 말이다.

《문학사상》에서는 또 어땠는가. 창간사에서 그는 문학인의 사회참여 방식은 어떠해야 하는지를 '종의 언어' 같은 비유를 통해 녹여냈다. 전설처럼 회자된 이 글을 외우고 다닌 학생이 여럿이었다. 일부만 보자.

"(…) 남과 다른 생을 살고자 하는 이웃들을 위하여 우리는 역사의 새로운 언어와 문법을 만들어가는 이 작은 잡지를 펴낸다. 그리하여 상처진 자에게는 붕대와 같은 언어가 될 것이며, 폐를 앓고 있는 자에게는 신선한 초원의 바람 같은 언어가 될 것이며, 역사와 생을 배반하는 자들에게 창끝 같은 도전의 언어, 불의 언어가 될 것이다. 종鐘의 언어가 될 것이다. 지루한 밤이 지나고 새벽이 어떻게 오는가를 알려주는 종의 언어가 될 것이다."

장미는 장미 자신을 위해 피어난다

시인 김수영과 벌인 3개월간의 지상紙上논쟁을 통해서도 그는 문학의 사회참여 방식에 대한 자신의 견해를 조목조목 피력했다. 《조선일보》와 《사상계》(1953~1970년에 간행되었던 월간 종합잡지)를 통해 주고받은 이 논쟁은 세간에 큰 화제가 되면서 당대를 뒤흔들었다. 겉으로 보자면 김수영은 참여시인, 그와 논쟁을 벌인 이어령은 그 대척점에 있었으나 실상은 달랐다. 소위 '불온시 논쟁'의 일부를 보자. 먼저 김수영의 글이다.

"나는 이 글을 쓰면서 최근에 써놓기만 하고 발표를 하지 못하고 있는 작품을 생각하고 고무를 받고 있다. 또한 신문사의 신춘문예 응모 작품에 끼어 있던 '불온한' 내용의 시도 생각난다. 나의 상식으로는 내 작품이나 '불온한' 응모 작품이 아무 거리낌 없이 발표될 수 있는 사회가 되어야만 현대 사회라 할 수 있을 것 같고, 그런 영광된 사회가 반드시 머지않아 올 것이라고 굳게 믿고 있다."

이에 대한 이어령의 비판은 매서웠다.

"만약에 불온한 시를 써서 책상 서랍에 넣어두는 것이 시인의 사회참여라고 생각한다면 그것이야말로 '종이호랑이'에 불과하다. 참여론자는 '영광된 사회'가 와서 서랍 속에 보류된 자신의 불온한 시를 해방시켜줄 것을 원하고 있는 예술이 아니라, 거꾸로 그 '불온한 시'가 '영광된 사회'를 이루도록 행사시키는 데서 그 의의를 발견하는 일종의 전사인 것이다."

참여문학을 외친 쪽은 오히려 이어령이었던 것이다. 하지만 문학의 사회참여 방식에 대해서는 결이 좀 다르다. 소설가 남정현의 〈분지糞地〉, 한승헌 변호사의 〈어떤 조사弔辭〉가 필화 사건에 휘말려 반공법 위반으로 기소됐을 때 이 교수는 법정에 서서 그들을 감쌌는데, 당시 발언에서도 그의 문학관이 읽힌다. 전자는 1967년 2월, 후자는 1975년 4월에 일어난 일이었고 당시는 군부 독재의 서슬이 시퍼렇던 시절이었다. 이어령 교수는 두 사건에 대해 각각 증인과 감정인 신분으로 법정에 서서 그들을 옹호했다.

먼저 〈분지〉 사건부터 보자. 법정에 선 이 교수는 소설 〈분지〉에 대해 반미도, 친미도 아니라고 단언했다. 그리고 그 유명한 '달을 가리키는 손가락' 발언을 이어나갔다.

"작가는 달을 가리키는데, 보라는 달은 보지 않고 달을 가리키는 손가락만 보는 격이다. 작가 남씨가 가리키는 달은 주체적인 한국 문화이며 어머니로 상징되는 조국이다. 장미의 뿌리는 장미꽃을 피우기 위해 있는 것이므로, 설령 어느 신사가 애용하는 파이프를 만드는 데 장미 뿌리가 쓰였다고 해서 '장미 뿌리는 파이프를 위해서 자란다'고 말할 수는 없다."

그의 증언으로 법정의 분위기는 완전히 역전됐다. 훗날 남정현은 당시 분위기에 대해 《64가지 만남의 방식》에서 이렇게 회고했다.

"이어령 증인의 증언으로 말미암아 비로소 법정이 문학 재판을 하는 장으로서의 품격을 갖추게 되고, 그럼으로써 피고에게 일방적으로 불리하게만 진행되던 재판의 판세가 역전됐다. 참으로 감동적인 국면의 대전환이었다. 일방적인 승리로 마감될 것 같던 맥빠진 경기에서 한 예기치 않은 선수가 시의적절하게 천금 같은 홈런을 날림으로써 단숨에 국면을 전환시켰을 때의 그 흥분과 환호성. 당시 방청석에선 그런 분위기가 손에 땀을 쥐게 했다."

분위기 반전에 위기의식을 느낀 검사의 반격에도 이어령 교수는 품격을 잃지 않고 답변을 이어나갔다. 검사가 본인은 이 소설을 읽고 엄청난 용공성에 놀랐는데 증인은 놀라지 않냐고 다그치자, 이 교수는 또 한 번의 순발력 있는 멋진 은유로 장내를 휘어잡았다.

"나는 놀라지 않았다. 병풍 속의 호랑이를 진짜 호랑이로 아는 사람은 놀라겠지만, 그것을 그림으로 아는 사람은 놀라지 않는다. 〈분지〉는 어디까지나 소설이지 신문기사가 아니다."

검사는 남정현에게 7년을 구형했지만 판사는 "형의 선고를 유예한다"라는 판결을 내렸다. 무죄나 다름없는 선고였다. 반공법 위반 사건에는 여간해서 무죄를 선고하기 어려웠던 당시 분위기를 감안하면 파격적인 판결이었다.

한승헌 변호사의 사건 때에도 그랬다. 한 변호사의 부탁을 받은 이어령 교수는 기꺼이 감정인 자격으로 법정에 섰다. 이때 역시 이 교수는 변호인과 방청객에게는 감동을 주는, 그러나 검사에게는 당혹스러운 증언으로 맞섰다.

이어령 교수가 지키고자 한 것은 특정 문학이 아니라, 문학 그 자체였던 것이다.

문학계의 보이지 않는 손

이어령 교수가 한국 문학계에 '보이지 않는 손'으로 크게 작용한 부분이 있으니, 바로 전집 편찬이다. 신구문화사의 《세계전후문제작품집》(전 10권, 1960년), 삼성출판사의 《제3세대 한국문학전집》(전 24권, 1983년)과 《한국해금문학전집》(전 18권, 1988년)

등 한국 현대문학사에 굵직한 자취를 새겨온 전집 출간의 한가운데에는 그가 있었다. 신구문화사의 초창기부터 당시까지 출간과 운영을 주관해왔던 원선자 전 신구대 교수는 신구문화사의 기념비적 출판기획물인《세계전후문제작품집》에 대해 이렇게 회고한다.

"이 전집의 편찬 당시 이어령 교수가 기획부터 작가와 작품 선정의 전 과정을 담당했다. 한국에 잘 알려지지 않은 외국 작가들을 대거 소개하는 계기가 된 전집이다. 당시 신구문화사는 종로에 있는 작은 건물의 한쪽을 빌려 쓰던 작은 출판사였는데, 이 전집이 출간되고 방문 판매를 통한 영업을 대대적으로 하면서 비약적으로 발전했다. 이후《한국의 인간상》《현대문학전집》《한국 인명사전》전집을 줄줄이 내놓으며 한 번 더 도약했고 이것이 1974년 신구대학을 설립하는 데 발판이 됐다. 전집류를 출간할 때마다 이어령 교수가 도움을 많이 주셨다."

그런가 하면 삼성출판사의《제3세대 한국문학전집》은 한국 현대문학의 대표적 전집으로 명성을 날렸다. 최인호, 김원일, 송기숙, 이문구, 윤흥길, 한승원, 이청준 등 간판스타들의 작품이 이 전집에 실렸다. 삼성출판사 김종규 회장은 다음과 같이 회고한다.

"어마어마한 센세이션을 몰고 왔던 전집이었고 300만 부 이상 팔린 것으로 기억한다. 이어령 교수가 상임편집위원을 맡아서 전집 편찬의 거의 전 과정을 도왔다. '제3세대'도 이어령 교수가 이 전집을 기획하면서 만든 용어다."

한자 세대가 1세대, 일본말을 배운 세대가 2세대라면 제3세대는 그 이후에 태어난 순수한글 세대를 일컫는 용어였다. 이어령 교수가 명명한 '제3세대 문학'은 광복 이후에 태어난 문인들을 지칭하는 학계 용어로 자리 잡았다.

이 교수는 잡지《새벽》을 만들면서 또 하나의 획기적인 시도를 했다.《새벽》에 무려 600매에 달하는 폴란드 작가 마렉 플라스코Marek Hłasko의 소설 〈제8요일The Eighty Day of the Week〉을 전재했고, 전체 분량 중 3분의 2를 할애해 최인훈의 중편소설 〈광장〉을 싣기도 했다. 전례 없던 이런 시도들은 폭발적인 반응을 얻었고, 내용은 물론 형식적 틀 면에서 문학잡지의 비약적 발전을 이끌었다.

문학은 지열 같은 것

수십 년간 한국 문학계에 남겨온 발자취를 더듬던 이어령 교수는 '문학의 사회참여 방식'에 대해 직접 언급했다.

"혹자는 내가 참여문학을 안 했다고 하는데 사실과 달라요. 참여하는 방식이 달랐을 뿐이지. 그리고 정치사회란 과연 뭘까. 바다의 파도가 바다일까, 아니면 심해 밑바닥이 바다일까. 사람들은 바다 표면에서 그때그때 이는 파도를 바다라고 생각하지. 하지만 진짜 바다는 우리 눈에 보이는 바다의 밑에 있어요. 침묵하고 어둡고 스스로 빛을 발하지 않고선 짝을 찾지도 못하는 심해어深海魚들이 사는 그 해저에 진짜 바다가 존재하는 것이지."

그렇다. 이어령은 내내 문학을 통해 사회참여를 해왔다. 직접적으로 뜨겁게가 아니라, 간접적으로 뭉근하게 말이다.

"문학이 언론이 되면 안 돼요. 언론은 하루를 위해서 사는 하루살이들의 사명이지. 물론 언론도 아주 귀중하지만 그 대상은 법과 제도의 세계예요. 수학으로 치면 문학은 산수算數가 아닌 대수代數고, 그것도 미지수 x가 하나도 아닌 두세 개 겹쳐 있는 고차방정식을 푸는 행위지.

한용운의 〈님의 침묵〉을 봐요. 그 '님'을 '일제강점기의 조국'으로 한정하면 그건 언론의 언어지 시의 언어가 아니에요. '님'은 다층적인 언어거든. 하느님, 별님, 해님 같은 초자연적인 것에서 어머님, 아버님, 서방님 같은 가족의 호칭에 이르기까지, 심지어 '밤손님'이라며 도둑에도 '님'자를 붙이는 것이 한국인이야. '님'의 그런 다의성을 왜 납작하게 눌러 단순한 의미로 만들려 하느냔 말이지. 그러니까 〈님의 침묵〉은 '님'이라고 부를 수 있는 모든 것에 대한 침묵이에요."

점점 흥분해가던 어조의 그는 고추장을 보리굴비에 쓱쓱 발라 한 점 입에 넣고는 시골 할아버지풍으로 이어 말했다.

"그러니까 내가 사회참여를 반대하는 게 아니란 말이야. 다

성多聲이 아닌 단성單聲으로 수렴될 수밖에 없는 정치적 사회참여를 멀리한 것이지. 정치는 대개 제도, 체제만 갖고 이야기하잖아. 나는 비체제자非體制者예요. 체제가 바뀌어도 문화는 안 바뀌지. 문화란 타는 불꽃이 아니라, 마그마처럼 끓고 있다가 화산으로 폭발하는 지열과 같은 거야. 산불과는 비교가 안 돼. 문화가 그렇게 무서운 거야."

그는 수십 년 동안 한국의 문화를 다지고 한국 문학의 기틀을 세우는 데 큰 역할을 했다. 창조의 텃밭을 쉼 없이 만들고 다져온 것이다. 그러나 그는 "나는 창조를 한 게 아니다"라고 선을 그었다. 문화에서의 창조란 문화 패러다임을 획기적으로 바꾸는 것인데, 자신은 그저 카테고리 안에서 수정한 사람에 불과하다는 얘기였다.

비장하게 들렸다. 팔순이 넘은 지금도 여전히 그는 새로운 책과 문화행사를 기획한다. 자신이 직접 창조 활동을 못 하는 상황이 되면 외로운 사람들 편에 서서 그 창조적 역할을 돕는다.

역사의 뒤안길에는 그의 보이지 않는 손이 있어왔다. 그러나 보이지 않는 손을 누가 볼 수 있는가. 인터뷰를 하고 있는 내 눈에도 잘 보이지 않는 손을. 그러나 그 손길이 남긴 지문은 시간이 지날수록 점점 더 선명해져, 먼 훗날 또렷이 보일 것이라고 믿는다.

07

어린아이의 눈으로
세상을 보라

일본어로 쓴 일본 문화론《축소지향의 일본인》

'이어령' 하면 이 책을 빼고 논할 수 없다. 일본 문화 비평서인 《축소지향의 일본인》. 일본어로 먼저 써서 한국어로 번역 출간한 이 책은 여러모로 기념비적이다. 외국 베스트셀러 목록에 오른 한국인의 첫 저작물이라는 점이 그렇고, 외국인이 쓴 일본 문화론論의 고전인 루스 베네딕트Ruth Benedict의《국화와 칼The Chrysanthemum and the Sword》, 롤랑 바르트Roland Barthes의《기호의 제국 L'empire des Signes》과 비견된다는 점도 그렇다.

1982년 출간돼 30여 년이 지났지만 이 책의 인기는 여전하다. 두고 읽을수록 '깊은 맛'이 난다는 서평이 줄을 잇는다. 일

본을 대표하는 사상가이자 문명비평가인 가라타니 고진柄谷行人은 노마 히데키野間秀樹가 엮은《한국의 지知를 읽다韓國·朝鮮の知を讀む》라는 책에서 한국의 지를 만나게 해준 단 한 권의 책으로 이어령의《축소지향의 일본인》을 꼽았다. 그런가 하면 도쿄대학교의 하가도루芳賀徹 교수는 이 책을《국화와 칼》보다 우위에 뒀다. "베네딕트의 일본론은 일본의 문화와 문학, 일본인의 마음을 모르고 쓴 데 비해 이 교수는 서양인이 미치지 못하는 해박한 지식을 바탕으로 썼다"는 것이 하가도루 교수의 평이다.

일본 사회에 '이어령 신드롬'을 몰고 온《축소지향의 일본인》. 이 한 권의 역작이 탄생하기까지 얼마나 많은 뒷얘기가 있었을까. 일본 유학 한 번 간 적 없는 토종 한국인이 어떻게 일본인의 허를 찌르는 일본 문화 비평서를 남기게 됐을까. 우문인 줄 알면서도 다짜고짜 물었다. "일본인의 콧대를 꺾은 '축소지향'이라는 키워드는 어떻게 잡아내셨어요?"라고.

세렌디피티, 우연한 행운

이어령 교수는 단답형 질문을 좋아하지 않는다. 그래서 그런 질문에는 대개 염화시중拈華示衆의 미소를 보인 후 무뚝뚝한 표정으로 답을 하지 않기 일쑤다. 사지선다형, OX형 질문은 질색하는 그다. "사지선다형 시험에 길들여진 이들에게는 맞선 볼 때에도 네 사람의 상대를 앉혀놔야 한다"라는 그의 농담은 꽤 알려져 있다. 그런데 어쩐 일인지 '축소지향'의 키워드를 잡아낸 비결을 묻는 이번 질문엔 단답형 답이 돌아왔다.

"우연이지."

세렌디피티serendipity. '준비된 자에게 따르는 우연한 행운'이라는 뜻의 이 단어는 이런 경우에 딱 들어맞는다. 천고의 진리, 세상을 바꾼 발명품 중에는 우연의 소산이 많다. 보리수 밑에서 한순간 진리를 깨달은 석가모니, 큰 바위 밑을 지나다 퍼뜩 생각이 떠올라 글을 쓴 니체도 그렇지 않은가.

《축소지향의 일본인》탄생의 우연은 프랑스 출장길에서 시작된다. 1973년 이어령 교수는 프랑스로 향하던 중 일본에 이삼일 머문 적이 있었다. 계획에 없던 일이었다. 지인을 만나러 간 그는 일본인들의 사사로운 술자리에 동석하게 된다. 화제는 이자야 벤다산ｲ ｻﾞ ﾔ ﾍﾞﾝ ﾀﾞ ｻﾝ이 쓴《일본인과 유태인日本人と ユ ﾀﾞ ﾔ 人》. 일본에서 태어난 유태인인 저자가 두 나라의 문화와 민족성 등을 풀어낸 책이다. 이 교수도 일본 문화에 대해 한마디 거들었다. 생면부지의 일본인들 사이에서 어색한 분위기를 모면하기 위한 농담식 대화였다.

"길 위에 우주인이 떨어뜨리고 간 물건이 있다고 합시다. 지구에는 없는 물건이죠. 그걸 주운 사람이 프랑스 사람이라면 눈으로 샅샅이 뜯어보고, 독일 사람이라면 귀에 대고 흔들어볼 겁니다. 프랑스의 시각 문화 대對 독일의 청각 문화죠. '뛰고 나서 생각한다'는 스페인 사람은 어떻게 할까요? 우선 발로 깨버리고 그 속을 보겠지요. 의회민주주의의 창시국인 영국은 정반대예요. 그게 뭐든 집으로 가져가 가족들의 투표로 어떻게 할지를 결정합니다. 군자君子의 나라에 사는 중국인은 우선 점잖게 사방을 둘러보며 아무도 없는지를 확인합니다. 그리고 괴춤*에 그걸 감추고 집으로 가져가서 생각하지요. 골동품처럼 모셔두고 그것이 뭔지 알 때까지 기다리는 겁니다. 자, 다음은 일본 사람입니다. 어떻게 할까요?"

호기심으로 좌중이 조용해진다.

"그 물건을 10분의 1 크기로 축소해서 만들어봅니다. 그리고 손바닥 위에 올려놓고 '나루호토(아, 그렇구나)!' 하며 무릎을 칩니다."

당시 트랜지스터라디오와 손바닥 계산기로 유명해진 일본 문화를 비꼰 농담이었다.

12세까지 배운 일본말로 한 '일본 문화론' 특강

좌중에선 웃음이 터져 나왔다. 사람들의 시선이 이어령 교수에게 고정됐다. 놀라움과 경이로움이 배인 눈빛이었다. 그 자리에는 일본 출판사 가쿠세이샤學生社의 사장도 있었다. 그는 이

---

* 홑바지나 아랫도리 속옷, 바지의 허리를 접어서 여민 사이.

교수에게 귀엣말로 이야기했다.

"선생님, 그 이야기를 책으로 써주시지 않겠습니까?《일본인과 유태인》보다 훨씬 더 재미와 의미가 있을 것 같군요."

이어령 교수는 당시 상황에 대해 이렇게 회고했다.

"꿈에도 없던 계획이었지. 그것도 초등학교 때 배운 일본어로 책을 쓰게 되다니 말이야. 그때는 그냥 한 귀로 흘려듣고 말았어."

일이 더 커진 것은 프랑스에서 돌아오던 중 다시 일본에 들렀을 때였다. 마중 나온 가쿠세이샤 사장이 이번엔 강연을 요청했다. 자신이 속한 로터리클럽의 회원들 앞에서 특강을 해줄 수 있냐는 것이었다. 도쿄대 법문학부 출신의 그는 각계 저명인사들과의 인맥이 넓었다. 얼떨결에 '일본 문화론' 특강을 맡게 된 이어령 교수는 일본 도쿄 팰리스 호텔에 마련된 강연장에 섰다. 한국에서 온 무명 교수의 강연장에 꽤 많은 청중이 모였다. 이어령 교수는 특유의 재치와 입담으로 말을 시작했다.

"여러분, 지금 여러분 앞에서 하는 이 일본말은 내가 초등학교 6학년 때까지 식민지 교실에서 배운 것입니다. 사람은 자신이 사용하는 언어의 한계를 벗어나 사고하기 힘듭니다. 그러므로 나는 지금의 40대 교수가 아니라 12세 초등학교 학생으로서 여러분에게 이야기하고 있는 것입니다."

그는 자신이 어떻게 일본말을 배웠는지, 한국말을 사용하면 어떤 벌을 받았는지 이야기를 이어갔다. 한 마디 한 마디 일본

말을 하면서 멍들어간 한국의 어린이로 자란 이야기를 말이다. 장내가 숙연해졌다.

그러나 일본 문화론 강연이 이어지자 분위기가 확 바뀌었다. 루스 베네딕트 등의 일본 문화론을 비판하면서 곁들이는 이어령 교수 특유의 예리한 분석에 좌중은 놀라움을 감추지 못했다. 객석 여기저기에서 웃음과 탄성이 터졌다. 가끔 생각나지 않는 일본말이 있으면 청중에게 물었다. "왜 이러이러한 거 있잖아요, 그걸 일본말로는 뭐라고 하더라……" 하면 사람들은 퀴즈 풀듯 여기저기에서 이거요, 저거요 답했고, 답이 맞으면 모두가 신나서 손뼉을 쳤다. 일본 지식인들 사이에서 이어령식 강연의 신화가 탄생한 순간이었다.

그 후 이 강연에 대한 기사가 로터리클럽 회보에 실렸고, 이것이 당시 주한일본대사인 스노베 료조須之部量三의 눈에 띄게 된다. 스노베 대사는 이어령 교수를 김옥길 당시 이화여대 총장과 함께 관저로 초청, 그 자리에서 이 교수에게 책 출간을 제의했다. 일본 외무성 소관인 국제교류기금에서 연구위원으로 초청할 테니 그 강연의 내용을 꼭 책으로 써달라는 것이었다. 이렇게 해서 이 교수는 도쿄대학 비교문화 객원연구원으로 1981년부터 1년 반 동안 도쿄에 머무르며 본격적으로 《축소지향의 일본인》을 집필하게 된다.

다다미방에서 쓴 《축소지향의 일본인》

이어령 교수가 '우연'이라고 말한 그 순간부터 《축소 지향의 일본인》이 완성되기까지는 꼬박 8년이 걸렸다. 전화벨 소리도 초인종 소리도 들리지 않는 객지의 다다미방에서 읽고 쓰고, 쓰고 읽느라 무릎이 오그라들어 화장실 가기도 힘들었던 1년, 그리고 그 이후 퇴고에 퇴고를 거듭해 탄생시킨 책이었다.

《축소지향의 일본인》에 대한 반응은 뜨거웠다. 5개월간 16쇄를 찍은 이 책은 한국어, 영어, 프랑스어, 중국어판 번역 출간은 물론 일본어 문고판, 일영 대역판(일본어를 영어로 번역한 책)으로도 출간됐다. 강연회 요청과 원고 청탁, 인터뷰가 쇄도했다. 일본에서는 이 책이 출간되기 직전 《마이니치》 신년특집호에 관련 기사가 전면 게재됐다.

《축소지향의 일본인》은 서정적 문체가 돋보이는 아름다운 책인 동시에 호전적好戰的인 일본인을 향해 날 선 비판을 가한 책이기도 하다. 예리한 시각으로 정치, 역사, 문화, 사회, 종교 각 분야에 '축소지향'의 메스를 들이대고 일본 특유의 섬세한 문명을 조목조목 읽어내면서도, 일본인이 지향해야 할 가치를 문명사적 시각으로 제시한다. 책의 일부를 보자.

"일본은 확대지향적이었을 때 언제나 패배했다. 도요토미 히데요시豊臣秀吉가 임진왜란을 일으킨 것이나 태평양전쟁을 일으킨 것 모두 실패하고 말았다. 그들은 확대지향성을 가슴속

에 방목하고 있는지도 모른다. 일본은 그들의 축소지향성이 확대지향으로 변할 때 주변 국가에도 위험을 주었다. 그들의 뛰어난 문화는 모두 축소지향에서 비롯된다. 확대지향이 될 때 그들의 섬세한 성품은 변질되고 만다. 참다운 대국이 되고 싶으면 더 작아지지 않으면 안 된다. 오니ぉに(도깨비)가 되지 말고 잇슨보시いっすんぼうし(난쟁이)가 되어야 일본은 더욱 빛날 것이다."

《축소지향의 일본인》은 일본의 출판사인 주오코론신샤中央公論新社가 시리즈로 펴낸 주코신쇼中公新書 중 《외국인이 쓴 일본론 명저外国人による日本論の名著》라는 책에도 소개되어 있다. 도쿄대 하가 도루 교수는 이 책에 실린 《축소지향의 일본인》의 서평에서 이렇게 썼다. "수재秀才 교수의 박식과 재기와 위트, 화려한 변설辯說 가운데 펼쳐지는 번득임……. 때로는 쓰리게 다가오는 아픔, 그러면서 '아, 그래, 맞아'의 지적 쾌감에 한 번 잡으면 놓을 수 없는 책." 같은 책의 저자 소개글에는 "한국대사관이 3년 동안 할 일을 이어령 혼자서 해치웠다"라고 되어 있다.

《축소지향의 일본인》의 가치와 인기는 현재진행형이다. 일본의 사상가 가라타니 고진은 2013년 《경향신문》과의 인터뷰에서 "한국 학자 이어령이 쓴 《축소지향의 일본인》을 최근 다시 읽었다"라며 이렇게 말했다.

"일본이 '재팬 애즈 넘버원Japan as number one'으로 통하던 시절에 쓰인 이 책은 현재의 일본인들에게 매우 시사적이다. 피크를 지났으니 이제 어떻게 바람직하게 축소하느냐를 염두에 둬야 할 시기임에도 지금 일본에선 다시 성장을 해야 한다는 이야기가 나오고 있다. 이어령의 책은 '일본은 축소할 때 좋은 모습이 된다'라는 메시지다."

지성의 한류

우연은 우연을 낳는다. 이번엔 오사카에서 벌어진 우연이다. 일본의 주류회사 산토리サントリ의 주최로 열린 대형 국제 세미나에서 이어령 교수는 미국의 저명한 사회학자 대니얼 벨Daniel Bell의 대타代打로 서게 됐다. 대니얼 벨이 누구인가.《이데올로기의 종언The End of Ideology》《탈산업사회의 도래The Coming of Post-Industrial Society》등의 저서로 유명한 세계적 학자 아닌가.

건강 문제로 불참한 대니얼 벨의 자리에 선 이어령 교수는 일본의 지식인과 외교관, 언론인 들이 즐비한 자리에서 주눅 들지 않고 자신만의 일본 문화론 강연을 펼쳤다. 이 광경은 《니혼게이자이신문日本經濟新聞》에 대서특필됐다. '하루아침에 저명해진 이어령'이라는 제목으로. 그 유명세에 대해 이 교수는 "국내에서도 누리지 못한 놀라운 충격파였지"라며 이렇게 말했다.

"한번은 지하철을 탔더니《후지》라는 시사잡지의 표지 전면에 내 사진이 실린 거야. 지하철에서 많이 읽는 잡지라 여기저기에 내 사진이 선거포스터처럼 깔려 있었지. 쑥스럽더라고. 몽타주로 수배된 인물처럼 숨을 곳이 없길래 결국 지하철에서 내리고 말았어.”

그가 일본 사회에 끼친 역할은 '지성知性의 한류'라 할 만하다. 《축소지향의 일본인》출간 이후 그에겐 일본 측에서 보낸 러브콜이 쏟아졌다. 나라현奈良縣의 헤이조쿄平城京 천도 1300년 기념 행사가 열린 2000년 당시 그는 나라현 고문을 맡았고, 나라현 지사로부터 나라현립대학교 총장(일본에서는 '학장'으로 부른다)직을 제안받았다. 일본에 건너가 신문물을 전파했던 백제의 왕인王仁 박사처럼, 폐부를 찌르는 문명 읽기를 통해 일본 사회에 큰 메시지를 던진 그에 대한 은공의 표시였다. 이어령 교수는 이 제안을 줄곧 사양하다가 명예총장직을 수락했다.

선입견 없는 어린아이의 시선

그래도 여전히 의문은 남는다. 어떻게 토종 한국인이 수천 년 이어진 일본 문명론의 정곡을 찌르는 책을 쓰게 됐을까. 정치와 경제, 역사와 문화의 방대한 문명사를 어떻게 축소지향의 키워드로 풀어낼 발상을 하게 됐을까. 그 생각의 창조 과정이 궁금했다. 그는 또 허허 하는 너털웃음을 먼저 보이더니 어린 시절 이야기를 꺼냈다. "그건 말이야……"하며 들려준 이야기다.

"어린 시절 모국어보다 일본어를 먼저 배우고 익혀야 했던 뼈아픈 역사의 상흔에서 빚어진 것이지. 하지만 이 설명만으로는 부족해요. 더 중요한 건 시선이지. 내가 일본 문화의 알몸을 볼 수 있었던 것은 아무런 선입견이나 편견 없이 어린아이의 시선으로 일본 문화를 대할 수 있었기 때문이에요. 가령 우리집 벽에는 붓과 책이 그려진 민속화가 걸려 있었는데, 일본 친구의 집 다다미방 벽에는 일본도日本刀가 있었거든. 어쩌다 부엌에 있어야 할 식칼이 방 안에 있으면 어머니는 불상지물不祥之物(상서롭지 못한 물건)이라며 얼른 치워버리셨어요. 그런 칼이 일본 친구네에선 벽에 걸려 있었으니 생활풍습 면에서 보자면 참으로 놀라운 차이였지. 하긴 서양 사람들은 아예 칼을 손에 들고 식사를 하지만.(웃음)"

편견 없는 어린아이의 눈으로 본 일본 문화는 그의 머릿속에 차곡차곡 쌓였고 예리한 관찰력, 방대한 독서량, 독창적 사고력과 어우러지면서 시너지를 낳았다. 일본 문화의 본질을 꿰뚫어보는 그의 시각, 한국 문화가 일본 문화나 중국 문화와 어떻게 다른지 식별할 수 있는 이 교수의 통찰력이 그 시너지의 결과다. 이것은 후일 문화론으로 발전하고, 21세기 문명론으로 이어지게 된다.

새하얀 원고지 위에서 숨을 거두게 하소서

인터뷰 며칠 후 이어령 교수는 짧은 글이 적힌 이메일을 보내왔다. '가급적《축소지향의 일본인》관련 꼭지의 마지막 부분에 실어주면 좋겠다'는 요청과 함께. 그는 "글을 쓴다는 것, 책 한 권을 만든다는 것은 이런 것"이라며 "내 진실한 마음이 묻어 있는, 짧지만 애절하기도 한 글이니 꼭 이 부분을 넣어주면 고맙겠어요"라 적었다.

《축소지향의 일본인》의 집필 과정은 무릎이 오그라들 정도로 고됐지만 그의 후기는 덤덤하다. 그래서 더 가슴 아리게 다가오는 글이다.

"탈고하는 날 나는 처음으로 겸허하게 무릎을 꿇었다.

'감사합니다. 내가 다시 글을 쓸 수 있게 해주신 것을 감사드립니다. 나는 아무것도 원치 않습니다. 다만 소원이 있다면 보잘것없는 이 하얀 원고지 위에서 숨을 거두게 하소서.'

그러나 집으로 장거리 전화를 걸었을 때 한 말은 단 한마디, '나 글 다 썼어……'였다. 감격도, 기대도, 열정도, 아무것도 남아 있지 않았다. 그것은 다 사위어버린 숯덩어리와도 같은 것이었다."

2장

창조의
기록들

고정관념은 상상력의 최대 적이다.

08

채우지 말고 비워라

굴렁쇠 소년의 탄생

본격 인터뷰가 여러 차례 진행됐지만, '이어령' 하면 떠오르는 창조의 트레이드마크는 아직 등장하지 않았다. 88서울올림픽의 '굴렁쇠 소년' 말이다. 88서울올림픽 개회식에 등장한 굴렁쇠 소년 영상은 두고두고 회자된다. 국내뿐 아니라, 전 세계인들에게도 감동을 안긴 영상으로 손꼽힌다. 2004년 아테네 올림픽 개막식에 등장하는 종이배 소년은 굴렁쇠 소년이 모티프가 됐다. 에게해를 상징하는 호수에 한 소년이 종이배를 타고 등장하는데, 이 퍼포먼스를 기획한 디미트리스 파파이오아누 Dimitris Papaioannou는 "굴렁쇠 소년에서 영감을 받았다고 탄생한 장면"이라고 밝혔다. 그는 "서울올림픽 개막식 장면에서 어린 소년이 혼자 굴렁쇠를 굴리며 그라운드를 가로지르던 순간이 제겐 너무나 강렬하게 다가왔다"고 말했다.

사실 그간 몇 번 재촉했다. 굴렁쇠에 숨은 이야기가 듣고 싶다고. 그때마다 그는 "아직 때가 아니야"라며 손사래를 쳤다. 오늘도 나는 '굴렁쇠' 이야기를 꺼냈다. 그러자 이 교수가 "내가 말하면 자화자찬이 될 테니 남들이 쓴 글을 읽어보고 그냥 지나갑시다"라고 하는 것이 아닌가. 창조의 결정판, 그리고 이어령이라는 이 시대 최고 지성인의 뇌를 파헤치는 이번 보물지도 해독에서 가장 중요한 장면인데 그냥 넘어가자니. 속으론 2~3회에 걸쳐 풀어낼 준비를 해왔던 터라 맥이 탁 빠졌다. 아니, 기가 막힐 정도였다. 있을 수 없는 일이었고, 있어서도 안 되는 일이었다. 나는 전에 없이 반발했다.

"안 되죠, 선생님! 요리를 먹는 게 아니라 알려지지 않은 비밀 레시피를 공개하는 게 이번 책의 취지잖아요. 굴렁쇠를 건너뛰다니요. 그건 시그니처 메뉴의 레시피를 공개하지 않는 것과 같아요. 독자들 마음이 어떻겠어요? 코스 요리에서 메인이 빠진 느낌이 들지 않겠어요? 있을 수 없는 상황이에요. 굴렁쇠 아이디어를 어떻게 떠올리셨는지, 무엇을 왜 보여주려고 하셨는지 낱낱이 말씀해주셔야지요."

다소 격앙된 반발에 이어령 교수는 당황하는 기색이 역력했지만 동시에 재밌다는 표정도 지어 보였다. 즉흥적으로 튀어나온 표현과 아이디어가 마음에 들었을 때 나오는 예의 그 표정이다. 인터뷰를 레시피에 비유한 표현에 흥미를 느낀 듯했다.

씨익 웃은 그는 한동안 뜸을 들이더니 대답 대신《어느 노정객과의 시간여행》이라는 책을 언급했다. 김재순 전 국회의장의 일생을 대담 형식으로 묶은 이 책에는 정치·문화계 비화가 꽤 많이 등장한다. 그중에는 김재순 전 국회의장이《새벽》편집위원으로 이어령 교수를 모셔오게 된 회고담도 있고, 88서울올림픽 당시의 이야기도 나온다. 해당 대목을 보자.

"이 선생이 아니면 한 소년의 움직임만으로 어찌 세계인을 감동시킬 수 있었겠습니까. 고요한 아침의 나라답게 물리적 힘이 아니라 오히려 정적靜寂으로 세계를 정복한 위대한 순간이었다고 생각합니다."

올림픽에 대한 언급은 이게 전부였다. 사실 굴렁쇠 퍼포먼스에 대해서는 이보다 감동적이고 상세한 평이 많다. 그런데 이 교수는 왜 하필 이 책을 내밀었을까.

정적의 힘을 보여주려 했지

책에서 눈을 떼자 그가 말문을 열었다.

"우리는 지금 목청 큰 사람들이 지배하는 세상에서 살고 있잖아. 소음이나 폭탄 터지는 소리보다는 정적의 힘이 얼마나

143

강한 것인지 세계인들에게 보여주려 했지. 개회식 당시의 장면을 떠올려봐요. 굴렁쇠 퍼포먼스가 있기 바로 직전, 우리를 에워싸고 있는 이념의 벽과 빈부의 벽, 분단의 벽들을 부수는 태권도 공연 장면이 펼쳐지고 그 담들이 모두 무너진 자리에서 새싹이 나요. 그 틈 사이에 잠시 필름이 끊긴 영사막의 공백처럼 텅 빈 공간이 나타나지. 초록색 잔디 위로는 햇빛이 꽂히고 정적이 흐르고. 그때 하얀 티셔츠와 반바지를 입은 어린아이 하나가 나타나 굴렁쇠를 굴리며 그곳을 대각선으로 가로질러요. 군중도 아니고, 주먹 쥐고 시위하는 어른들도 아닌 어린아이 하나. 그건 지구상 모든 사람의 기억과 잃어버린 시간 속에 나타난 생명이에요. 더 이상 설명하면 정적은 깨지고 굴렁쇠는 그냥 자전거 바퀴에 불과해져. 너무 눈부셔 잠시 환각에 빠진 것 같은 순간으로 그 정적을 재현한 것뿐이에요."

'정적의 재현'이라……. 이 교수는 굴렁쇠 소년에 대한 해설을 말줄임표와 여운 속에 남겨두고 싶어하는 듯했다. 그의 심중이 이해됐다. 구구절절한 설명은 시적 언어를 산문의 언어로 바꿔버리는, 장르의 오역이 될 수도 있다. 숱한 함의가 함축된 시를 단 하나의 뜻으로 해석해버리는 격처럼 말이다.

이유는 또 있다. 이어령 교수는 이 인터뷰의 기획 단계부터 자화자찬이 될 것을 우려하고 경계했다. 회고록 같은 건 절대 쓰지 않겠다는 그의 생각은 여전히 확고했지만, "나처럼 생각하면 누구나 나 같은 발상을 할 수 있다는 걸 말하고 싶다"며 시작한 터였다.

　이게 딜레마다. 굴렁쇠 소년 퍼포먼스의 발상 과정을 털어놓으려면 "내가 말이지" 하며 세세히 밝혀야 하는데, 그는 그런 얘기가 자화자찬으로 들릴 것을 우려해 입을 꾹 다물고 있는 것이다.

　그래도 밝힐 건 밝혀야 한다. 상상의 여지를 막아버리는 정답지 같은 해설이 아닌, 아찔한 정적을 뚫고 순수하디 순수한 굴렁쇠 소년이 등장하기까지, 이 이전 단계에서 그의 머릿속에서 일어났을 무수한 길항작용들을 들어야 한다. 화제를 돌려서 질문을 다시 던져봤다.

　"김영태 시인은 굴렁쇠 소년 퍼포먼스에 대해 종이가 아니라 잔디밭 위에 쓴 '일행시一行詩'라고 평했죠. 한 줄짜리 시. 읽으면서 고개가 끄덕여졌어요. 어떻게 그런 발상을 해내셨지요?"

　그는 조금 쑥스러운 듯 답했다.

　"피에르 레스타니Pierre Restany라고, 베니스 비엔날레의 심사위원장을 지낸 저명한 미술평론가 알지? 그 사람도 그 발상에 대해 묻더군. 프랑스에서는 서울올림픽 중계방송을 할 때마다 굴렁쇠 소년 장면이 타이틀로 나왔다고 해요. 눈요기를 시켜주는 스펙터클한 올림픽 행사가 아니라 그냥 그 자체가 행위예술이었다는 게 그분의 칭찬이었지. 내가 그 아이디어는 내것이 아닌 우리 조상님들의 작품이라 했더니 그분이 의아해하는 표정을 짓더군. 그래서 이렇게 말했지.

'당신들은 캔버스 전체를 꽉 채워서 그림을 그립니다. 그래서 화가의 사인을 그림 위에 하지요. 하지만 우리 선조들은 비단 폭에 선 하나 긋고 매화꽃 몇 송이를 그립니다. 일지매一枝梅지요. 공백이 많아 그 위에 시도 써 넣고 낙관도 여러 개 찍습니다. 나는 옛사람들이 한 대로 한 겁니다. 초록색 잔디 위에 붓이 아니라 굴렁쇠를 굴리는 아이의 움직임으로 그림을 그렸던 것이지요.'"

1분짜리 시

창조의 순간은 시간도 공간도 멈추게 한다. 1분간의 굴렁쇠 퍼포먼스는 온 지구를 일시정지 상태로 만들었다.

"사람들은 정적 속에서 진짜 소리를 듣게 돼. 아무 소리도 없는 고요함 속으로 침잠하는 순간 자신의 어리석음, 큰 목청, 큰 정치의 공허함, 사치의 경제가 빈 항아리로 울려오는 소리를 듣지."

굴렁쇠 퍼포먼스 순간으로 돌아가보자. 1988년 9월 17일 오후 1시 10분. 전 세계인의 시선이 대한민국 서울에 쏠려 있었다. 제24회 서울올림픽 개회식이 시작되고 2시간 정도 지난 시점, 무용단들의 화려한 군무에 이어 태권도 선수단이 격파 시범을 보인 뒤 퇴장했다.

텅 빈 운동장, 10초간 정적이 흘렀다. 넓디넓은 운동장을 원거리에서 비추는 카메라. 짙푸른 잔디가 돋보였고, 태양의 고도가 정점에 달한 시각의 가을볕은 유독 따사로워 보였다. 그때였다. 어디선가 '삐이' 하는 고음이 희미하게 들리더니 운동장의 대각선 끝에서 손톱만 한 흰 점이 나타났다. 카메라가 점점 다가가면서 그 흰 점의 정체를 드러냈다. 소년이었다.

빨간 챙이 달린 흰 모자에 흰 반소매 티셔츠, 흰 반바지를 입은 꼬마 소년은 무심한 듯 굴렁쇠를 굴린다. 운동장 한가운데에 다다른 꼬마는 멈춰 서더니 굴렁쇠를 어깨에 메고 관중석을 향해 손을 흔들어 보였다. 큰 박수가 터져 나왔다. 예측 못한 퍼포먼스에 관객들은 함박웃음을 감추지 않았다. 벅찬 감동으로 가슴에 가만히 손을 대는 외국인 관중도 있었다.

그야말로 '1분짜리 시'였다. 그 시를 쓴 이가 바로 이어령 교수다. 이 교수는 서울올림픽 개폐회식의 총괄기획을 맡았다. 화려함 대신 소박함을, 채움 대신 비움을, 군중 대신 단 한 명의 아이를 내세운 이 장면은 관객들에게 두고두고 남을 감동을 안겼다. 텅 빈 공백을 관객들은 저마다의 감동으로 꽉꽉 채웠다. 김영태 시인은 이 퍼포먼스에 대해 이렇게 평했다.

"이어령 씨는 그 넓은 운동장에 시를 썼다. '정적'이라는 이 시는 태초의 빛을, 그리고 벽을 넘어 화합의 어우러짐에서 잠실벌의 숨죽임으로 남지 않았던가."

굴렁쇠 소년 윤태웅. 그는 '바덴바덴 소년'으로 불린다. 1981

년 9월 30일, 독일 바덴바덴에서 차차기 올림픽 개최지를 발표하는 날 태어났기 때문이다. 후안 안토니오 사마란치Juan Antonio Samaranch 국제올림픽위원회 위원장이 "서울Seoul!"이라고 외친 그 벅찬 순간에 태어난 아이 가운데서 뽑힌 호돌이 윤태웅 군은 어느덧 성인이 돼 연극과 뮤지컬, 영화 등 다양한 장르를 오가며 개성 있는 연기를 선보이는 배우로 활동 중이다.

"굴렁쇠 소년은 꼭 그날 태어난 아이여야 했어요. 운이 좋았지. 윤태웅 군이 참 끌밋하잖아. 중산층 가정에서 볼이 오동통한 아이로 잘 자라줬지. 당시 굴렁쇠 굴리는 연습을 할 곳이 마땅치 않아 평창동 우리집 잔디마당에서 시켰어요. 우리는 어렸을 때 굴렁쇠를 많이 굴리고 놀았는데, 윤 군은 한 번도 굴려본 적이 없다고 하더라고. 나를 '할아버지, 할아버지' 하며 잘 따랐어요. 그런데 사실 좀 나는 억울했어. 50대 중반이니 할아버지 소리를 들을 나이는 아니었거든.(웃음)"

윤태웅 군은 '이어령 할아버지께'로 시작하는 손편지를 자주 써서 보냈고, 편지는 성인이 된 후에도 이어졌다. 이 교수는 그 손편지들을 지금도 고이 간직하고 있다.

윤 군을 회상하던 이어령 교수는 잠시 눈을 감았다. 그리고 차분히 입을 열었다. 무수한 해석을 낳은 그날의 퍼포먼스에 대한 설명은 그렇게 드디어 시작되었다.

"한낮은 존재의 절정이야. 그림자가 사라지는 시간. 짙푸른 잔디에 햇볕이 꽉 차지. 사람들로 떠들썩했을 땐 보이지 않던 햇볕이, 텅 비면 보여. 사마란치가 '서울'이라고 외친 그 순간에 태어난 아이가 그때 등장하지. 그때부터 8년간 우리는 고층빌딩도 짓고, 놀라운 경제발전도 이뤘지만 내가 보여주려 했던 건 운동장도, 시설도 아니었어. 바로 그 8년 동안 한국의 아이가 이렇게 잘 자랐다는 걸 생명을 통해 보여주고 싶었지."

그때까지만 해도 외국인들의 눈에 비친 한국의 이미지는 그다지 밝지 않아서, '한국' 하면 전쟁고아와 분단국 이미지를 떠올리는 경우가 대다수였다. 한국의 비쩍 마른 전쟁고아는 퓰리처상 수상작의 단골 피사체였고, 한국은 언제 전쟁이 터질지 모르는 불안한 나라로 인식됐다.

이 교수는 이런 외국인의 편견을 1970년대 초반에 프랑스에서 직접 겪었다고 했다. 때는 크리스마스 즈음, 어느 곳의 벽에 붙어 있던 포스터가 그의 눈에 들어왔다. '이들에게는 노엘Noel이 없다'라는 문구와 함께 땟국물 흐르는 옷차림을 한 한국 아이들의 사진이 있었다.

"굉장히 충격적인 장면이었지. 이후로도 그 사진이 두고두고 잊히지 않았어. 올림픽 개회식을 기획하면서 '한국' 하면 따라붙는 전쟁고아의 이미지를 깨부수고 싶다는 생각이 들었지. 그 편견을 일순간에 날려버리려면 강렬한 장면이 필요했고."

그가 보여주고자 한 것은 생명이었다. 순진무구한 생명의 존귀함, 폐허를 딛고 피어난 기적.

"올림픽은 육체의 꽃밭이에요. 영혼이 아닌 육체의 향연이지.

그런 올림픽의 정신을 바탕으로 생명을 보여주고 싶었던 거야."

굴렁쇠는 원이다. '동양에서 개최하는 올림픽'을 상징하는 기호로 단 하나의 원만큼 강력한 것이 또 있을까. 서양이 직선적 사고가 강하다면 동양은 원형의 사고가 강하다. 서양은 처음과 중간, 끝을 선형으로 인식하는 종말론이 지배적이지만 동양은 영원회귀의 철학이 지배적이다.

"굴렁쇠는 원이잖아. 그건 지구이기도 하고, 올림픽 마크의 둥근 원이기도 하고, 동양의 사상이기도 해요. 어린이가 굴렁쇠를 굴리는 것에는 미래의 한국, 미래의 지구를 움직이는 의미도 담겨 있어."

굴렁쇠 장면에서 많은 이들이 갑론을박한 부분이 있다. 바로 배경음으로 삽입된 단음의 '삐이' 소리. 운동장 전체에 퍼진 고음의 소리는 낯설었다. 음향 효과라 하기엔 전위적이었고, 음향 실수라 하기엔 타이밍과 조화가 기막혔다. 누구는 음향 실수라 했고, 누구는 효과음이라고 했다. 결론부터 말하자면 후자다. 이어령 교수는 이 소리를 '정적의 소리'라고 했다.

"정오의 정적을 표현하고 싶었어요. 텅 빈 정적. 그렇다고 아무 소리도 안 나는 건 침묵이지 정적은 아니거든. 정적은 무음이 아니야. 음악을 넣지 않는 대신 아주 높은 헤르츠hertz의 단음을 내기로 했지. 소리로 정적을 나타낸 거야. 그 정적 속의 한 아이, 인간 존재 자체를 보여주고 싶었어요."

결과적으로는 폭발적인 찬사가 쏟아졌지만 사실 굴렁쇠 소년 퍼포먼스는 기존 올림픽 사상 전례 없는 콘셉트의 기획이었다. 시각적으로나 청각적으로나 파격적이고 전위적이었기 때문이다. 이 기획에 반대하는 사람은 없었을까? 이에 대해 묻자 그의 얼굴에선 웃음기가 싹 사라졌다.

"왜 없었겠어? 많았지. 처음에도 많았지만 뒤로 갈수록 반대가 격해졌어요. 반대하는 이유도 다양했지. 세계의 축전인 올림픽 대회에 여덟 살짜리 꼬마가 등장한 예가 있었냐, 굴렁쇠를 굴리고 가다가 애가 '엄마!' 하고 도중에 가버리면 어떻게 하냐, 가다가 오줌이라도 싸면 어떻게 하냐면서. 모두가 반대하는 걸 보고 '이거 성공하겠구나' 하고 자신을 얻었어."

정오의 햇볕, 꼬마 이어령의 눈물

이어령 교수가 올림픽 개회식에 쏟은 세심함은 이뿐이 아니다. 굴렁쇠 소년이 홀연히 사라진 후 어린이들이 등장하는 장면이 생각나시는지. 샛노란 옷을 입고 '야! 놀자!'의 콘셉트로 해맑게 우르르 뛰어 들어오는 장면 말이다. 이 장면을 위한 의상은 세 차례나 다시 제작됐다고 한다. 이어령 교수가 "이 색은 아니다" "저 색도 아니다"라며 다시 만들라고 했기 때문이다. 이유는 이랬다. "칙칙한 노란색이어선 안 됐어. 샛노란색이어야 했지."

그의 기획은 굴렁쇠 소년을 TV로 중계하는 장면에도 녹아들어 있다. 그는 이 장면의 의도가 제대로 전달되기 위해서는 카메라의 각도가 중요하다고 판단했다. 그래서 국내는 물론 중계권을 가진 미국 방송팀에도 의도를 충분히 전했다.

"텅 빈 운동장에 아무도 없이 어린이 혼자 등장하잖아. 공백과 침묵의 느낌과 의미가 충분히 전달되길 바랐지."

멀찍이 위에서 부감하듯 원거리에서 비추다가 꼬마를 향해 점점 클로즈업한 뒤 다시 새까만 점으로 저 멀리 사라져버리는 카메라 앵글은 이렇게 해서 탄생했다. 수십 년이 지난 지금도 '88서울올림픽' 하면 상징처럼 방영되는 그 장면. 단 몇 초에 불과한 장면이 작품으로 기록되기까지의 이야기는 기대대로 흥미진진했다.

이쯤에서 피어나는 질문 하나가 있다. 올림픽 개폐회식 총괄감독은 대개 무대감독이나 영화감독 등이 맡는다. 하지만 이 교수는 인문학자였고, 무대감독은커녕 무대연출 비슷한 것 한 번 해본 적 없었다. 그런데 어떻게 처음 맡은 기획에서 이런 장면을 연출해냈을까. 이를 물었더니 그는 "나는 인문학자로서 철학을 가지고 만들었을 뿐이야"라며 또 즉답을 피한다.

"헌데 어린 시절의 강렬한 기억 한 컷이 있지."

그는 우엉차를 천천히 마시며 말을 이었다. 시선은 이쪽을 향했으나 초점은 까마득한 어린 시절을 좇는 듯 흐렸다.

"내가 말이야, 어렸을 때 되게 청승맞았나 봐요. 굴렁쇠를 굴리다가 눈물을 흘린 기억이 있거든. 예닐곱 살 때의 일로 기억해. 윤태웅 군 또래였지. 정오의 햇빛 속에서 좁은 오솔길을 따라 혼자 굴렁쇠를 굴리며 가고 있었는데, 갑자기 울컥해지더니 눈물이 주르륵 흐르더라고. 그 어린아이가 도대체 무엇을 느낀 것일까? 어린아이에게도 영성靈性이 있었던 모양이야. 지금 생각해보면 존재의 근원적 슬픔이 아니었을까 싶어."

그랬다. 개회식의 굴렁쇠 소년은 이어령 자신의 어린 시절 모습이기도 했다. 정오의 햇빛 속에서 까닭 모를 눈물을 주룩주룩 흘리던 꼬마의 감성, 뙤약볕의 정적이 주던 그 존재론적 슬픔. 기억의 우물 속 깊이 저장됐던 그 감성은 훗날 창조적 영감의 질료가 되었다.

창조 뒤의 외로움

그래도 여전히 여운은 남는다. 대중 다수는 '이어령' 하면 굴렁쇠 소년을 먼저 떠올린다. 88서울올림픽의 굴렁쇠 소년은 그가 의도했든 안 했든 이어령의 가장 대표적 창조물로 꼽히고, 이 교수 자신은 전 세계 다양한 분야의 명사들로부터 칭찬과 감동의 피드백을 차고 넘치게 받았다. 그런데 정작 그 창조의 배경에 대한 설명이 너무 짧다.

창조의 아이템에 따라 인터뷰의 분위기는 편차가 크다. 어린 시절 어머니 이야기를 할 땐 숙연해지고, 캠퍼스 강의에서 못다 한 창조 이야기를 꺼낼 땐 다소 격앙되며, 초대 문화부장관 시절을 얘기할 땐 관료적 냄새가 풍긴다. 천재적 재능을 가진 이들을 발굴한 이야기나 한국예술종합학교 설립 이야기에선 아이처럼 신나 하고.

그런데 오늘, 굴렁쇠 이야기를 할 때의 그는 또 다르다. 말을 자꾸 아끼고, 길게 이어갈 듯하다가도 말꼬리를 흐린다. 달변가, 다변가답지 않게 오늘 그의 언어는 산문이 아닌 시의 언어처럼 함축적이고 축약적이다. 그는 '말에 멈춰 서서 말에 말을 거는' 확장적 사고를 거두었고, 심지어 굴렁쇠의 의미를 명확하게 규정짓는 것을 피하는 듯한 느낌까지 풍겼다. 그래서인지 그가 굴렁쇠 이야기를 하면 할수록 굴렁쇠의 상징은 명료해지기보다 오히려 조금씩 더 아련해졌다. 좋아하는 상대 앞에선 오히려 말문이 막히듯, 자신이 가장 아끼는 창조의 정수 앞에서 그는 말을 잃어버리는 것 같았다. '말'이라는 존재의 집은 창조의 심연을 가두기엔 너무 좁은 걸까.

며칠 후 그는 인터뷰 후기를 보내왔다. 이번 에피소드의 끝자락에 실어줬으면 좋겠다는 요청과 함께.

"창조 뒤에는 늘 외로움과 정적, 그리고 암흑이 온다. 한밤의 태양이 아닌 대낮의 어둠이 있다. 딱 한 번밖에 못 하는 것이기 때문에 이벤트는 아름답고 절실하다. 되풀이되지 않는 시간이요, 다시 점유할 수 없는 공간이다. 사람들은 일회성 행사에 왜 그 많은 돈을 낭비하느냐고 묻는다. 이 물질주의자들에게 반문하고 싶다. 당신이 태어날 때, 죽을 때도 한순간이다. 그것을 위해 당신은 전 생애를 바치고 있지 않은가."

09

오래된 정원에서
새로운 생각이 꽃핀다

88서울올림픽 개폐회식

"대한민국은 88서울올림픽 전과 후로 나뉜다"라는 말이 있을 정도로 한국인에게 88서울올림픽의 의미는 남다르다. 특히 일제강점기와 6·25 전쟁을 몸으로 겪어낸 세대에겐 그 이름만 들어도 울컥하는 감동의 드라마로 각인돼 있다. 그만큼 88서울올림픽은 한국이 좌절과 역경을 딛고 세계 속의 국가로 도약하게 한 결정적 사건이었다.

88올림픽과 관련해 궁금한 속얘기들은 아직 숱하게 남아 있다. 굴렁쇠 소년, 특이한 점화 방식과 성화대, 나타났다 사라지는 인스턴트 대형 무대 등 당시의 개폐회식에선 기존 올림픽의 그것들에서 볼 수 없었던 장면이 많이 등장했다. 또 개인적으로는 tvN 드라마 〈응답하라 1988〉에 나왔던 '88올림픽 개회식 비둘기 사건'의 진상도 알고 싶었다. 드라마에서는 개회식 때 타 죽은 비둘기를 주인공 덕선이가 가방에서 꺼내는 장면이 나왔는데, 시청자들은 이를 의심 없이 역사적 진실로 믿어버리는 분위기였다.

본격적으로 인터뷰에 들어가기 전, 어김없이 워밍업 시간이 온다. 오늘의 예열 시간은 다음 인터뷰에서 다룰 창조의 키워드들을 함께 짚어가며 논의하는 '예습'의 콘셉트로 진행됐다. 이어령 교수는 연구실 직원에게 종이 한 장을 가져오라 했고, 그것을 테이블 위에 내려놓고선 잠시 멈칫했다. 무언가를 적으려던 그는 종이에 시선을 고정하더니 이내 말을 꺼냈다.

"종이는 하얀 뇌예요. 이건 내 기억이잖아. 내 기억을 여기에 담으니까. 흑판은 검은 뇌지."

종이가 하얀 뇌라니, 의외였다. 그의 서재에는 일곱 대의 모니터가 있고, 거실에는 스마트폰과 태블릿 PC 등 일곱 대의 기기가 자리한다. 둘째가라면 서러운 얼리 어댑터 이 교수는 컴퓨터 사용에 아주 능하다. 그런데 디지털이 아닌 아날로그의 정수 '종이'를 뇌에 비유하다니. 나는 "그러면 컴퓨터는 뭔가요?"라고 물었다.

"PC는 디지털로 된 실리콘 뇌인 거고, 이건 유기물로 된 섬유신경의 뇌지."

그러더니 그 하얀 뇌 위에 검은 볼펜으로 키워드를 적어나갔다. 바람개비, 밀레니엄 베이비, 대전엑스포 재생조형관, 97무주·전주 동계유니버시아드의 한복 입은 스키어, 3세대 아파트, 디지로그, 생명자본주의 등. 그가 이제까지 창조해온 것들이다. "그 반짝이는 창조적 아이디어는 언제 어떻게 머릿속에서 탄생하는 걸까요?" 메모하는 광경을 보며 뻔한 질문을 나도 모르게 흘려버렸다. 사실 독백에 가까웠지 딱히 답을 요구하는 질문은 아니었는데, 이 교수가 후훗 웃더니 한마디한다.

"좋은 아이디어는 엘리베이터에 타서 내리기 전까지 말할 수 있는 것이어야 해요. 또 만인이 납득하는 아이디어는 아이디어가 아니지. 낡은 생각이라는 증거니까."

그의 답에서 이런 핵심어들을 뽑아낼 수 있겠다. '번쩍'과 '외로움', 그리고 '리스크'. 창조적 아이디어는 번쩍 떠오르는 것이고, 남들을 설득하기 힘든 외로운 것이며, 그만큼 리스크가 있을 수밖에 없다는 얘기였다.

가난이 물려준 의외의 선물

88서울올림픽 폐회식의 무대를 기억 속에서 다시 꺼내보자. 운동장에 뿌연 안개가 피어오르더니 인공의 달이 뜬다. 어슴푸레한 달빛 아래로 거대한 자벌레 같은 조형물이 경기장 양쪽에서

뻗쳐 나와 눈 깜빡할 사이에 거대한 다리를 만든다. 태극 문양의 S자형 즉석 무대가 설치된 것이다. 그 위로 사람 키의 세 배가 넘는 농기農旗의 대열이 노 젓듯 파도를 만들면 그 사이를 가르고 무희들의 춤 행렬이 시작된다. 배경음악은 〈심청가〉의 뱃노래. 구슬프면서도 신명나는 한국의 리듬에 맞춰 만남과 이별의 오작교 장면이 펼쳐진다. 이 공연 작품의 제목은 '떠나가는 배'. 어스름한 안개 속에서 펼쳐지는 장면은 몽환적이면서도 아름다웠다.

"폐회식에선 선수 전원이 마당에 있기 때문에 고정 무대를 만들면 옹색해요. 그래서 생각한 것이 칠월칠석에 까치가 견우직녀의 다리를 놓은 오작교였지. 트랜스포머 무대를 경기장 전체에 만들었다가 허무는 거예요. 기능적인 차원에서만이 아니었어. 개회식이 만남의 기쁨이라면 폐회식은 헤어짐의 아쉬움이에요. 회자정리會者定離의 드라마가 견우직녀의 이야기이고, 그들의 사랑을 위해 다리를 놓아준 것이 까치잖아. 우리가 까치가 되어 올림픽 출전 선수들의 이별 무대를 꾸며주는 거야. '님도 보고 뽕도 딴다'는 한국인의 양의적兩意的 창조성이지."

무대의 소재는 가벼운 스티로폼. 높이 2미터 정도의 네모난 스티로폼 상자를 만들고 그 안에 여섯 명이 한 조가 되어 들어간다. 6인 1조의 상자들이 운동장 양쪽에서 S자 선을 따라 조르르 입장하고, 그것들이 한복판에서 서로 이어지면서 트랜스포머 무대가 완성된다. "상자 속에 들어가 있는데 앞이 어떻게 보이죠?" 내 질문에 그는 개구쟁이 같은 표정으로 답했다.

"아, 그건 말야, 상자 앞에 구멍을 뚫어놨어. 깜깜한 밤이니 관중석에 있는 관중이나 그라운드에 있는 선수들에게는 그 구멍이 안 보이지. 그런데 내내 미안한 부분이 있어요. 누가 상자 속에 있으려고 하겠어. 비상시마다 헌신적으로 일하는 우리 국군장병들이 동원됐지. 올림픽 부대라고 명명한 국군장병들이 그날 기꺼이 무대가 되어준 거예요. 이름만 올림픽 부대였지 보상이나 대가도 없었어. 그 어두운 상자 안에서 까치 노릇을 해준 젊은이들, 사랑의 가교를 만들어준 젊은이들을 생각하면 지금도 머리가 숙여져요. 참 고맙지."

최첨단처럼 보였던 트랜스포머 무대가 실은 아날로그적 발상의 산물이었고, 그 발상의 원천은 우리의 옛것이었다. 그는 "이게 다 조상님 아이디어지. 까치가 은하수에 다리를 만드는 발상. 그걸 잠시 빌려온 거잖아"라며 허허 웃었다.

이 장면을 몽환적으로 만드는 것은 뿌연 안개다. 잠실 운동장에 모인 관객들은 새하얀 안개가 좍 깔렸다가 금세 사라지는 것을 보고 놀라워했다. 꿈인지 생시인지 분간이 안 가게 만드는 장면이었다. 이 교수가 이 안개 제작에도 관여했을까? "안개는요?" 묻자 그는 "그건 좀 말하기 그런데……"라며 잠시 뜸들이다 말을 이었다.

"넓은 그라운드에선 드라이아이스가 안 먹힌다 하더라고. 그래서 생각해낸 것이 소독약 분무차야. 소독약 뿌리고 다니는 기계 있잖아. 그걸 시청에서 빌려다가 약간 개조하고 소독약 대신 향수를 넣었지."

분무차 이야기를 들으니 어린 시절의 기억이 떠올랐다. 여름이면 어디선가 등장한 분무차, 아니 방구차가 동네방네 뿌연 소독약을 뿌리며 다녔고, 나는 아이들과 함께 뭐가 그리 재미있었는지 꺄르르 꺄르르 웃으며 그 꽁무니를 쫓곤 했다. 그런데 최첨단으로 연출한 무대에 이런 아날로그적 발상이 숨어 있을 줄이야.

이어령 교수는 쓸쓸한 어조로 말했다.

"결국 많은 아이디어는 조상님들, 그리고 그분들이 물려주신 그 가난에서 나온 것이지. 가장 현대적인 것이 되려면 가장 오래된 정원이 필요해요. 아주 오래 묵은 정원에서 기막힌 꽃이 피는 거지. 선조들이 만든 오래 묵은 정원 속에 오래된 미래가 있는 거예요."

우주수, 성화대로 변신하다

가난이라……. '궁하면 통한다'고 했던가. 88올림픽 폐회식은 한정된 재원 안에서 행사를 치르기 위해 다양한 아이디어가 총동원된 결과였다. 무선조종 기술로 만들어냈을 법했던 S자형 트랜스포머 무대는 스티로폼을 뒤집어쓴 국군장병들이, 최첨단 무대효과 같았던 안개는 소위 '방구차'가 만든 것이었다니. 화려한 무대 뒤의 비밀을 알게 되자 피식 웃음이 났고, 한편으론 마술의 트릭을 알아차린 뒤처럼 허탈감과 후련함도 들었다. 겉으로는 특수기법을 도입한 최첨단 무대처럼 보였던 덕에 웃지 못할 해프닝도 벌어졌다.

"싱가포르였나? 건국의 날 행사에 쓰겠다며 그 무대장치를 좀 빌려달라고 해요. 속으로 난감했지. 스티로폼 상자를 이어 붙인 건데 그걸 어떻게 빌려줄 수 있겠어. 올림픽이 끝난 뒤 당시 노태우 대통령도 내게 오작교를 어떻게 만들었는지 물었는데, 내 대답을 듣고는 '그거 당분간 비밀로 해둬요'라고 농담을 하시더군. 모두들 웃었지만 웃음의 끝은 씁쓸했어. 과학기술 대국이었다면 스티로폼 오작교 무대는 없었을 테니까."

하지만 당시 국민소득 4500달러에 불과했던 한국은 맨손으로 해냈다. 오직 아이디어 하나로.

통쾌하면서도 가슴 아린 이야기는 또 있다. 성화대 이야기다. 풍선 조형물로 된 우주수宇宙樹(월드트리)가 성화대로 변신하면서 점화하는 장면인데, 깜짝 쇼에 가까운 이 장면은 관중의 박수 갈채를 이끌어냈다.

"올림픽 개회식장에 들어선 사람들이 다 의아해했어요. 성화대가 보이지 않는다고. 그도 그럴 것이 이만익 화백에게 부탁해서 대형 풍선으로 만든 우주수로 성화대를 감싸놨거든. 풍선이 날아가야 비로소 성화대의 모습이 보이게 한 거지."

대부분의 성화대는 경기장의 높은 곳에 있고, 성화봉송 주자가 관중과 카메라의 관심을 한몸에 받으며 높은 성화대에 올라 점화하는 것이 일반적인 장면이다. 하지만 88올림픽 성화대는 맨땅에 불쑥 솟아 있다. 원래는 경기장 지붕 위에 올리려 했으나 의도대로 안 됐다면서 뒷이야기를 들려줬다.

"건축가 김수근 씨 알지? 이분이 주경기장을 설계하면서 지붕의 선을 한국의 도자기처럼 곡선으로 틀었어요. 나는 성화대를 지붕에 세우고 싶었지만, 그렇게 하면 그 선의 흐름이 죽는다고 설계팀이 반대했어요. 할 수 없이 운동장 마당에 직접 세워야 했지."

문제는 맨땅에 서 있는 성화대에 어떻게 점화를 할 것인가였다. 사다리를 타고 기어오르자니 옹색했고, 헬기를 타고 내려올 수도 없는 노릇이었다. 당시 영상을 보자. 세 명의 일반인이 횃불을 들고 점화대 하단부에 연결된 원반에 오르면 원반은 서서히 위로 올라간다. 마치 엘리베이터가 올라가는 듯 부드러운 그 움직임은 유압을 이용한 최첨단 기술처럼 보인다. 적당한 높이에 이르자 원반이 멈추고, 원반에 올라 있던 세 사람이 횃불로 성화대에 점화를 한다. 그런데 이 과정에도 웃지 못할 비밀이 숨어 있었다고 한다.

"사실 그거, 두레박 원리야."

이 교수는 한마디 툭 던졌다. 이번에도 조상님의 아이디어였던 것이다.

"유압을 이용해야 하는데 당시엔 그런 기술이 없었지. 궁리 끝에 시골에서 도르래를 이용해 두레박을 끌어 올리던 광경이 생각났어요. '그래, 성화대에 도르래를 만들고 피아노 줄을 이용해 원반을 끌어 올리자' 했지."

한 가닥의 피아노 줄은 4톤의 하중을 견딜 만큼 탄탄하다. 안전에는 문제가 없으니 도르래 원리를 이용, 원반에 피아노 줄을 감은 뒤 지하에서 그 줄을 당겨 원반을 올리기로 했다. 하지만 막상 만들어놓으니 다들 불안해하는 눈치였다고 한다. 원반무게에 세 사람의 무게까지 피아노 줄이 감당할 수 있겠느냐, 만에 하나 끊어지기라도 하면 대형 사고가 되지 않겠냐는 분위기였다. 이때 박세직 위원장과 이어령 교수가 나섰다. 두 사람이 직접 타서 시범을 보이기로 한 것이다.

"그런데 균형을 잡으려면 세 사람이 타야 되겠더라고. 그래서 천지인天地人, 지덕체智德體를 상징하는 세 사람이 점화했어요. 올림픽 사상 최초의 다자多者 점화였지. 후후."

이번 웃음은 "허허"가 아닌 "후후"였다. 의도치 않은 '최초'의 상황에 대한 복잡한 심경이 그 웃음에서 느껴졌다.

편견과 소문의 벽을 넘어서

이때다 싶었다. 88올림픽 개회식에는 흑역사로 회자되는 사건이 있다. 일명 비둘기 통구이 사건. 인터넷 포털사이트에 '88올림픽'을 입력하면 연관 검색어로 '88올림픽 비둘기'가 뜬다. 폭발적 인기를 끌었던 tvN 드라마 〈응답하라 1988〉에서 다뤄져 또 한 번 관심이 몰린 덕이다.

88서울올림픽 개회식의 영상을 보면 성화대에 불을 붙이기 직전, 평화를 상징하는 새하얀 비둘기 떼가 하늘 높이 날아오르다가 다시 제 집으로 돌아가는 장면이 있다. 이때 몇 마리의 비둘기들은 날아가지 않고 성화대 위에 계속 앉아 있었는데, 그 비둘기들이 그렇게 있다가 불에 타버렸다는 소문이 퍼진 것이다. 어디까지나 확인되지 않은 소문에 불과했지만 이를 실제인 것처럼 보도한 기사도 있었다.

이 에피소드를 꺼내자 이어령 교수는 표정이 굳어졌다. 그리고 나지막이 말했다.

"가난이 죄라니까."

그는 비둘기가 성화대 위로 멋지게 날아오르지 않고 그곳에 가만히 앉아 있었던 장면에 대해 "다 돈 때문"이라고 했다.

전말은 이렇다. 주최 측에서는 비둘기들을 멋지게 날리기 위해 순백색의 비둘기만 골랐다고 한다. 회색빛이 조금이라도 도는 비둘기는 탈락시켰는데, 그렇게 솎다 보니 선별된 흰 비둘기의 개체수가 턱없이 적었다. 그렇다고 고가의 순백색 비둘기를 넉넉히 채울 수는 없었다. 예산이 충분치 않았기 때문이다. 게다가 계획한 장면을 연출하려면 비둘기들이 멋지게 비상하다가 적절한 타이밍에 제 집으로 돌아오게끔 훈련시켜야 했는데 이 또한 자주 할 수 없었다. 날아오른 뒤 어디론가 사라져 돌아오지 않는 비둘기들이 꼭 있었기에, 가뜩이나 모자란 비둘기 수는 한 번 연습할 때마다 점점 더 줄어들었다. 사정이 이렇다 보니 개회식 전까지 이 훈련을 충분히 받은 비둘기 수도 적었다. 애초의 시나리오는 점화 순간에 멋지게 날아오른 후 집으로 돌아가는 것이었으나, 경기장 주변에 잔류한 비둘기가 많았던 것도 그 때문이다. 그리고 실제로 몇 마리는 점화 순간까지도 성화대 위에 뭉그적거리며 앉아 있었는데, 바로 이 장면이 그 소문을 낳았다.

그 비둘기들은 정말 드라마에 나온 것처럼 통구이가 됐을까? 이 교수는 드라마 속 장면을 두고 "있을 수 없는 이야기"라고 했다.

"비둘기는 생물이잖아. 불이 붙을 아슬아슬한 순간에 날아갔지. 만약 타죽었다면 비둘기는 고열에서 흔적도 없이 사라져서 숯검정이 됐을 거야."

그 순간 그는 안도의 숨을 쉬었지만 이후 여러 곳에서 전화를 받았단다. '비둘기가 점화 시에 타 죽은 것이 사실이냐'고 묻는 전화 말이다. 질문하는 이들에게 이 교수는 이렇게 답했다 한다.

"모든 것이 녹화되어 있으니 보면 아실 겁니다. 그게 사실이라면 중계권을 가진 방송사에서 먼저 보도했을 테지요. 서울발

특종 기사로 말입니다."

일본 기자에게는 다음과 같이 말했다.

"어떤 미련한 비둘기가 그 순간에 피하지 않고 불에 타 죽겠어요. 있다면 기네스북 등재감이요."

그러고 보니 이 교수가 만든 88올림픽 구호 '벽을 넘어서'가 새롭게 들린다. 그는 보이지 않는 숱한 편견과 소문의 벽을 넘어왔다. 검증되지 않은 가짜 소문, 하기도 전에 안 될 것이라는 부정적 편견들.

'벽을 넘어서'는 올림픽 개폐회식 대본의 표제이기도 하다. "손에 손잡고~ 벽을 넘어서~"라는 후렴구로 유명한 88서울올림픽 주제가 〈손에 손잡고〉는 두고두고 인기였다. 그룹 코리아나가 부른 이 노래는 올림픽 주제가 사상 가장 많은 인기를 누린 곡으로 꼽힌다. 1700만 장 이상의 앨범이 팔렸고, 노르웨이·스웨덴·스위스·독일 등 유럽 차트에서도 당시 몇 주간 1위를 차지했다. 아시아 최초, 최고의 기록이었다.

세계인의 가슴을 친 한국 문화

이어령 교수는 당시 '벽을 넘어서'의 의미를 이렇게 밝혔다.

"88서울올림픽은 분단국에서 치르는 올림픽이자 동서냉전의 막바지에서 치르는 올림픽이다. 1984년 로스앤젤레스올림픽은 소련 진영이, 그 이전의 1980년 모스크바올림픽은 서방측이 보이콧을 했다. 동서냉전이 아닌 열전을 벌일 한국 땅에서 제일 필요한 것은 무엇인가. 두말할 것 없다. 동서의 벽, 분단의 벽, 이념의 벽을 넘어서는 올림픽이 되어야 한다. 그리고 한국에 남아 있는 그 많은 남녀의 벽, 분단의 벽, 빈부의 벽을 넘어야 한다. 그러지 못하면 세계를 어우르는 마당을 만들 수 없고, 그 잔치를 치를 수 없다."

그는 '벽을 넘어서'라는 표제를 통과시키는 과정에서도 벽을 넘어야 했다. 그 구호에 반대하는 사람이 많았기 때문이다. 도둑도 아닌데 왜 벽을 넘느냐는 1차원적 질문부터 '장벽을 허물고'로 수정하자는 사람도 있었다. 실제로 '장벽을 허물고'라는 제목이 표지에 떡하니 쓰인 대본이 나돌기도 했다. 이 교수는 당시 사람들의 마음속에 있는 '고정관념의 벽', 언어의 의미를 1차적 뜻으로만 이해할 뿐 수사학적·다층적 의미로는 받아들이지 못하는 이들의 마음에 있는 그 벽부터 허물어야 했다. 88 올림픽을 회상하는 어느 인터뷰에서 그는 이렇게 이야기했다.

"'벽을 넘어서'는 단순한 구호가 아니다. 올림픽을 벽 넘기 하는 세계의 축제로 만들어서 보여준 거다. 많은 사람들이 88올림픽을 보면서 눈물을 흘렸다고 한다. 벽에 갇힌 사람, 벽에 부딪힌 사람들이 〈손에 손잡고〉를 부르는 장면을 보면서 말이다. 그 노래는 한국의 문화이자, 세계인의 가슴을 치는 곡이었다. 지금 다시 구호를 만들라고 해도 나는 '벽을 넘어서'로 할 것이다."

'벽을 넘어서'의 의미를 설명하던 그는 잠시 생각을 정리하는 듯했다.

"있잖아, 알고 한 것은 아닌데 '손에 손잡고, 벽을 넘어서'라는 가사의 이 노래가 퍼지면서 정말 독일 베를린 장벽이 무너졌어. 젊은이들이 벽을 넘어서 서로 오가게 된 거라고. 정작 우리의 벽은 그대로인데."

그러고는 한숨을 푹 쉬면서 몸을 일으켰다. 대화의 정점에서는 보이지 않던 모습을 그는 인터뷰 말미에서마다 이렇게 쓸쓸히 드러낸다. 때때로 힘없이 내뱉는 한숨, 촉촉해진 눈가에선 공적 공간에서 잘 보이지 않는 그의 사적인 면면이 드러난다. 비언어적 표현은 종종 말보다 강한데 이 교수의 경우엔 더욱 그렇다. 말로는 드러내지 않으려 하는 감정선과 진실의 이면이 그 속에선 영락없이 드러나기 때문이다.

오늘 그는 등 굽은 뒷모습을 보였다. 꼿꼿한 정면에서는 볼 수 없었던 80대 노인의 모습이 보이는 바람에 나는 흠칫 놀랐다. 잊고 있던 그의 나이가 새삼 실감났다. '아, 원래 80대셨지.'

뒷모습은 거짓말을 못한다고 했던가. 평소 대화에선 느껴지지 않던 나이가 뒷모습이나 사진에선 숨김없이 드러난다. 인터뷰에 동행한 사진기자가 이어령 교수를 촬영한 사진을 볼 때마다 나는 당황하며 "왜 이렇게 나이들어 보이게 나오셨지?"라는 말을 어김없이 뱉는다. 하지만 매번 돌아오는 주위의 반응도 한결같다. "아닌데요, 똑같으신데요."

　그의 마음에는 소년이 산다. 세상 모든 것이 궁금해 죽겠다는 호기심 많은 소년이. 그리고 그 소년은 눈동자를 통해 자신을 드러낸다.

10

글로컬리즘,
극과 극을 끌어안아 결합시켜라

88서울올림픽 주제가 〈손에 손잡고〉

"우리 것만 고집해서도, 외국 것에 경도되어서만도 안 돼. 글로벌리즘globalism과 로컬리즘localism이 합쳐져야 하지. 일명 글로컬리즘glocalism. 극과 극의 것을 배척하지 않고 끌어안아 결합시켜야 창조적인 아이디어가 나와요."

글로컬리즘. 이 생소한 조어에서 기시감이 느껴진다. 디지털과 아날로그를 결합한 디지로그 역시 이어령 교수가 탄생시킨 신조어다. 2006년 그는 후기 정보사회의 키워드로 '디지로그'를 선언하면서 차가운 디지털의 대척점에 있는 따듯한 아날로그를 끌어안아야 한다고 역설했다. 그 선언 후, 과연 그의 말대로 디지로그는 우리 사회의 현상이자 지향점으로서 탄탄한 뿌리를 내렸다. 극과 극을 끌어안아 새로운 가치를 이끌어냈다는 점에서 '글로컬리즘'과 '디지로그'는 꼭 닮아 있다. 오늘 인터뷰의 주제인 88올림픽 공식 주제가 〈손에 손잡고〉의 탄생 비화도 이와 관련이 있다.

한창 인터뷰 진행 중인 시기였던 2016년 7월, '현실치료상담 국제학술대회'에 관한 기사가 보도되었다. 그것을 읽던 나는 기사와 함께 실린 콘퍼런스 포스터에 눈길이 꽂혔다. '손에 손잡고 모두의 행복을 위하여Hand in hand for happiness'라는 문구가 있었던 것이다. '국제학술대회' '손에 손잡고' 등의 키워드에서 자연스레 이 교수가 연상되었고, '혹시 이 행사에도 이어령 선생님이 관여하신 걸까?'란 질문이 머릿속에 떠올랐다. 서당개 3년이면 풍월을 읊는다고, 이른바 '촉'이 온 것이다.

그래서 물었다. "이번 콘퍼런스의 모토와 88서울올림픽 공식 주제가 사이에 연관성이 있나요?" 하고. 질문을 들은 그가 씨익 웃더니 답한다.

"맞아요. 〈손에 손잡고〉 그 노래가 이번 행사를 한국에 유치하는 데 영향을 줬다고 해요."

역시나였다. 1988년에 열린 올림픽이 그로부터 28년 후인 2016년의 국제학술대회 개최에 영향을 줬다니. 그때 세계인에게 던진 화해의 메시지가 이 정도의 힘을 가졌었구나 싶어 새삼 놀라웠다.

사연인즉 이렇다. 2016년에 50주년을 맞은 현실치료상담 국제학술대회는 2년에 한 번씩 열리며 그동안의 개최지는 주로 북미와 유럽이었다. 2014년의 대회 역시 캐나다에서 열렸는데, 다음 개최지를 결정하는 자리에서 서울이 아시아 첫 개최지로 정해진 것이다. 당시 한국심리상담연구소(소장 김인자) 측은 유치 전략 중 하나로 88올림픽 주제가 〈손에 손잡고〉를 내세웠다. '손에 손잡고 벽을 넘어서 우리 사는 세상 모두 살기 좋도록'이라는 가사는 콘퍼런스 참가자들의 마음을 울렸고, 그들은 "저것이 바로 우리 학회가 지향하는 것"이라며 다음 번 개최지로 서울의 손을 들어줬다. 연구소 측은 이 노래 창조의 숨은 주역인 이어령 교수에게 학술대회 환영사를 요청했는데, 그는 일정이 맞지 않아 동영상으로 대신했다. 내용은 이랬다.

"주먹을 쥐면 우리는 절대 남의 손을 잡을 수 없습니다. 요즈음 얼마나 많은 사람들이 주먹을 쥐고 다닙니까. 여러분께서는 손을 활짝 펴서 그 손으로 옆 사람의 손을 잡고, 또 그 옆 사람의 손이 다른 사람의 손을 잡게 되는 축제의 장을 마련했습니다. 그래서 손에 손잡고 지구를 한 바퀴 돌 수 있는, 한국식으로 말하자면 강강술래를 출 수 있는 자리를 마련한 것이지요. 저에겐 참 감동스러운 순간입니다. 오래전 1988년의 그 함성 소리가 들리네요. 저는 그때 '손에 손잡고, 벽을 넘어서', 이것으로 세계의 모든 사람들이 한마당에서 오늘을, 미래를, 그리고 보다 나은 사람들의 삶을 위해 함께 노래하고 춤추는 축제의 장을 만드는 데 한구석에서 참여했던 사람입니다. 사방에서 테러로 아무 까닭 없이 사람을 죽이는 이런 시대에 가장 중요한 것은 무엇이겠습니까. 나의 두 손을 내밀어 남의 손을 잡는 것, 그렇게 손에 손잡고 벽을 넘는 것입니다."

〈손에 손잡고〉에 관한 세 가지 주문

올림픽 주제가 사상 최고의 인기곡으로 꼽히는 〈손에 손잡고〉. 이 곡의 작곡은 이탈리아의 작곡가 조르지오 모로더Giorgio Moroder 가, 작사는 미국의 작사가이자 뮤지션인 톰 휘틀록Tom Whiltlock이 맡았다. 영화 〈플래시댄스Flashdance〉〈탑건Top Gun〉 등의 OST를 만든 유명 작곡가 모로더는 전자음악, 테크노, 뉴웨이브 등의 유행에 큰 영향을 끼친 혁신적 인물이고, 휘틀록은 수많은 아름다운 가사를 탄생시킨 유명 작사가다. 이 두 사람은 〈탑건〉의 주제가인 〈테이크 마이 브레스 어웨이Take My Breath Away〉를 함께 만들어 골든글로브 상을 받기도 했다.

　사람들은 굴렁쇠 소년이 88올림픽에 찍힌 이어령의 가장 큰 지문이라고 생각하지만, 〈손에 손잡고〉에도 굴렁쇠 소년 못지않은 그의 커다란 지문이 찍혀 있다. 그의 지문을 처음 발견한 곳은 영인문학관에서 열린 시인 김남조 시인의 '동행' 전시회였다.

이 전시회에선 김남조 시인의 시가 수록된 88올림픽 선수단 수첩도 함께 전시됐다. 10여 개국 언어로 번역 배포된 이 수첩에는 선수들에게 필요한 정보 및 한국 문화에 대한 소개가 실려 있었다. 내 시선을 끈 것은 맨 마지막에 실린 〈아리랑〉과 〈Hand in Hand(손에 손잡고)〉의 악보였다. 왠지 냄새가 났다. 방송 중계 시의 카메라 앵글까지 세심하게 신경 쓴 그가 아니던가. 수첩 제작에도 그 손길이 닿았을 것 같아 이 교수에게 물었다. "혹 올림픽 선수 수첩도 교수님 아이디어인가요? 김남조 시인에게 시를 의뢰하고 수첩에 넣은 건요?" 역시 두 질문에 대한 답 모두 "응"이었다.

언젠가 《한국의 명문》에서 읽은 '벽을 넘어서' 관련 일화가 떠올랐다. 88올림픽 주제가 〈손에 손잡고〉의 가사에 나오는 '벽을 넘어서'에 이어령 교수가 기여한 이야기였다. 작사가는 분명 따로 있는데 이 교수가 어찌 알고 '벽을 넘어서'를 올림픽 슬로건으로 채택했을까 하는 의문이 들어 심문하듯 물었다. "작사가는 톰 휘틀록이었는데 어떻게 원문 작사에 'breaking down the walls(벽을 부수고)'라는 가사가 등장하지요?" 이어진 이어령 교수의 이야기에서는 보물섬 지도의 암호 하나를 풀어주는 듯한 새로운 비화가 드러났다. 그는 "그게 말이지" 하고 멈칫거리며 내막을 들려줬다.

그가 개폐회식 총괄기획을 맡은 초창기의 일이다. 사실 올림픽 주제가는 당시 공모를 통해 이미 정해져 있었다. 저명한 K

작곡가의 작곡, 유명 트로트가수 K씨의 노래로 음반까지 제작된 상태였던 것이다. 하지만 조직위원회 내부에서 그 곡을 지적하는 목소리가 하나둘 삐져나왔다. 세계인의 심금을 울리기엔 한계가 있다, 국내 음반사로는 세계 시장을 공략하기가 어렵다는 지적이었다.

이 교수가 조직위원회 측으로부터 작곡가가 방한하니 만나달라는 부탁을 받았을 때는 이미 작곡가 모로더를 비롯해, 작사가, 독일의 음반회사까지 모두 결정된 뒤라 그가 할 수 있는 일은 극히 제한적이었다.

"두 가지 제안밖에 할 게 없었지. 올림픽 주제가에서 가장 중요한 것은 우리의 혼과 메시지가 담긴 가사잖아. 그래서 먼저 모로더에게 강력한 조건을 걸었어. 올림픽 개최지인 '서울'이라는 말과 한국인의 혼이 담긴 노래인 '아리랑', 그리고 개폐회식 주제인 '벽을 넘어서'라는 키워드를 노랫말 안에 꼭 넣어달라고."

이제야 비밀이 풀렸다. 어떤 언어로 누가 작사를 하든 이 세 개의 한국말 키워드만 들어가면 우리가 작사한 것이나 다름없지 않은가. 한정된 상황에서 피워낸, 참으로 번뜩이는 묘수라는 생각이 들었다.

그렇다면 '손에 손잡고hand in hand'라는 문구는 누구의 작품일까. 이 교수는 "그건 휘틀록의 아이디어"라고 전했다. "손에 손잡고 벽을 넘어서"라는 세기의 명구名句는 작사가 휘틀록과 이어령 교수의 합작품인 셈이다. 평소 늘 "글로벌과 로컬을 합친 글로컬로 가야 창조의 문이 열린다"고 한 자신의 말을 스스로 증명한 사례였다.

"두 번째는요?"

다그치듯 물었다. 이번에는 멋쩍은 표정과 함께 힘없는 대답이 돌아왔다.

"작곡을 할 때 한국 고유의 사물놀이를 활용해 달라는 것이었지. 한국문화 특성 중에 신바람이 있잖아. 그 가락을 녹여서 세계인들이 어깨춤을 추도록 하고 싶었거든. 실제로 그 가능성을 타진하기 위해 모로더를 데리고 방송국 스튜디오에 가서 김덕수가 직접 실연하는 사물놀이를 들려주었어. 진지하게 듣더니 난색을 표했어요. 놀랍긴 한데 너무 강해서 자기 곡에는 맞지 않다는 거야."

에일리언 인텔리전스, 외계의 뇌를 만나라

그는 톤을 바꾸고 말을 이었다.

"내가 말하고 싶은 건, 우리 것만 고집하는 내셔널리즘(국가주의), 쇼비니즘(맹목적 애국주의)을 넘어섰다는 거지. 내셔널리즘만을 고집하면 창조가 안 나와. 내가 지난번 인터뷰에서 '내 아이디어의 8할은 조상님한테서 받았다'고 했잖아. 그런데 그것만 가지고는 안 돼요. 나와 다른 뇌가 만나야 창조가 나오는 거지. 결국 창조의 원천은 문화적 유전자가 다른 두뇌, 에일리언 인텔리전스alien Intelligence가 만나는 거야."

'에일리언 인텔리전스'라는 말엔 무수한 함의가 있는 듯한데, 이 교수는 이야기를 건너뛰면서 말을 쏟아낸다. 그 말을 멈춰 세우고 질문을 하면 또 다른 창조의 세계가 펼쳐지곤 한다. 질주하던 말에게는 보이지 않던 또 다른 세계가, 잠시 숨 고르기를 하고 주위를 둘러보면 피어나는 것이다. "말馬을 타면서 주마간산식으로 지나치지 않고, 말馬에 말言을 걸면 창조가 나온다"라던 그의 말을 떠올리며 물었다. "에일리언 인텔리전스는 뭔가요?" 달리던 말이 멈추고 말을 잇는다.

"외뇌外腦, 바깥 뇌지. 외계인은 바깥에 있는 사람이야. 서양인에게는 우리가 외계인이고, 우리에게는 서양인이 외계인이에요. 원래 '에일리언'은 그저 자국인에 대응하는 외국인을 가리키는 말이었어. '지구인'이라는 건 외계인이 있어야 가능한 개념이지. 지구를 처음으로 객관화한 것은 UFO를 의식하면서부터잖아. 바깥을 상정하고 바깥을 의식해야 내가 누군지, 또 네가 누군지 알게 돼요. 남을 통해 나를 발견하는 거지. 그게 창조의 시작이에요. 나와 다른 존재를 아는 것."

펜데레츠키 교향곡 제5번 〈한국〉

그는 "100퍼센트 국산인 것이 우리 주위 어디에 있느냐?"고도 했다. 그러더니 무수한 예를 든다. 자동차, 가로등, 도로, 밥상의 먹거리, 비행기……. 자국의 힘만으로 탄생시킨 것은 거의 없다는 것이다. 〈손에 손잡고〉와 유사한 그의 공적이 하나 더 있다. 크시슈토프 펜데레츠키Krzysztof Penderecki를 아시는지. 〈히로시마 희생자에게 바치는 애가Threnody to the Victims of Hiroshima〉로 유명한 폴란드 출신의 작곡가다.

펜데레츠키의 교향곡 제5번은 〈한국Korean〉인데, 이 곡의 탄생에도 이어령 교수가 숨은 손 역할을 했다. 그가 초대 문화부 장관 시절인 1991년, 광복 50주년을 기념해 펜데레츠키에게 한국인을 위한 교향곡을 만들어달라고 의뢰했던 것이다. 우리 민요 〈새야 새야 파랑새야〉의 선율이 변용되고 전통악기 편종이 등장하는 등, 펜데레츠키의 음악적 언어로 녹여낸 〈한국〉은 분명 한국적인데 한국의 것 같지 않은 색채를 띤다. 한국인이 부르는 〈새야 새야 파랑새야〉는 구슬픈 한恨의 감성이지만, 펜데레츠키의 교향곡에 나오는 〈새야 새야 파랑새야〉는 경건하고 웅혼하다.

"문화부 장관 당시 펜데레츠키를 한국으로 초청해서 이렇게 말했어. '당신은 왜 히로시마 원폭 피해자들을 위한 진혼곡을 만들었습니까? 일본은 전쟁을 일으킨 사람들입니다. 진짜 희생

179

자는 따로 있습니다. 일제치하에서 저항하다가 만주벌판에서 억울하게 희생당한 우리나라의 의병들입니다. 누명을 쓰고 효수당한 그들이야말로 당신의 진혼곡으로 잠재워야 해요.'"

작품 구상에서 마무리까지 총 9개월 만에 탄생한 교향곡 〈한국〉. 펜데레츠키가 작곡하고 직접 지휘해 초연한 이 곡은 꾸준한 사랑을 받고 있다. 부산필하모닉, 청주시립교향악단 등 국내 유수의 오케스트라가 이 곡을 연주했다.

무거운 표정으로 웅장한 레퀴엠 이야기를 하던 이 교수는 모드가 바뀌었다. 예의 그 개구쟁이 표정 모드다. "내가 재미난 얘기 하나 해줄게. 글로벌리즘이 뭐냐 하면……" 하고 말머리를 꺼낸 그는 새로운 이야기보따리를 풀었다.

"다이애나 왕세자비 사망을 둘러싼 이야기가 인터넷에서 회자됐어. 다이애나 왕세자비가 영국에서 죽었어? 아니지. 프랑스 파리의 터널에서지. 옆에 앉은 동반자 남성은 이집트인이고 운전은 독일 출신이 했어요. 그런데 뒤쫓던 사람은 누구야. 이탈리안 파파라치잖아. 그리고 사고 후 수술은 미국인이 했고, 사용한 마취약은 남미제야. 그게 보도되는 걸 사람들이 모니터로 봤을 것 아니야. 그건 또 한국산이고, 모니터를 조종하는 마우스는 대만제, 추모할 때 뿌린 꽃은 네덜란드산이라는 얘기야. 그런데 이 유머를 누가 만들어 인터넷에 올렸냐 하면 캐나다인이야. 국적 시각으로 사건을 보다 보니 '어? 캐나다만 없네' 하고 만든 거지. 이게 글로벌이에요. 영국 왕실처럼 순혈주의를 내세우는 곳이 또 어딨겠어. 그런데 그 왕세자비의 죽음은 글로벌하다는 거지. 가장 로컬한 사건이 가장 글로벌한 사건이 됐어요. 참 아이러니하지.”

이 교수는 글로컬리즘의 예로 뮤지컬 〈라이온 킹The Lion King〉을 들었다. 〈라이온 킹〉의 성공은 기존 브로드웨이 스타일을 과감히 탈피했기 때문에 가능했다는 이야기였다. 〈라이온 킹〉은 광활한 초원 위에서 펼쳐지는 작품 특성상 무대화가 쉽지 않았으나 제작진은 연출가부터 무대감독, 음악감독에까지 이르는 모든 주요 스태프를 브로드웨이 밖에서 발탁하는 묘수를 뒀다. 연출은 아시아 무대극에 매료돼 인도네시아에서 가면극과 인형극을 배운 줄리 테이머Julie Taymor, 무대 디자인은 아프리카 짐바브웨에서 유년기를 보낸 리처드 허드슨Richard Hudson이 맡았다. 아기자기한 아시아 인형극과 아프리카 대륙의 광활함이 만난 〈라이온 킹〉은 혁신 그 자체이자, 브로드웨이에서는 절대 나올 수 없는 창조였다.

“전 세계에서 가장 창조적인 아이디어가 모인 곳이 어딘지 알아요? 바로 실리콘밸리지. IT 창업의 허브잖아. 그런데 실리콘밸리만큼 다양한 인종이 섞여 있는 곳도 드물어요. 인도인, 중국인, 한국인, 일본인, 체코인 등이 한데 모여 있어서 인종 전시장 같아. 임직원 국적이 101개에 이르는 기업도 있지.

이세돌과 겨룬 인공지능 알파고를 만든 구글 딥마인드 팀은 또 어떻고. 대표인 데미스 허사비스Demis Hassabis는 영국인인데,

아버지는 그리스인이고 어머니는 싱가포르계 중국인이야. 팀원들의 국적을 보면 더 재밌어. 캐나다, 미국, 프랑스, 그리스, 오스트리아, 벨기에, 대만 등 아주 다양해요. 그런데 우리는 어때? 우리나라 CEO 중에 외국인이 얼마나 있어요? 이런 순혈주의를 깨야 한다는 거지."

이웃나라 일본만 봐도 순혈주의를 탈피하려는 노력이 많다. 멀리 볼 것도 없이 이어령 교수에게 나라현립대학교 총장직을 제안한 경우만 봐도 알 수 있다. 내내 사양하다가 '명예'를 붙인 명예총장직을 수락했지만. 외국인에게 대학 총장직을 제안한 일본인의 개방적 마인드에 이 교수는 새삼 놀랐다고 한다. 그는 "우리의 경쟁 상대들은 상당히 글로벌해졌어요"라며 말을 이었다.

"인구 8000만 명밖에 안 되는 독일이 세계 경제대국 자리에 오른 비결이 뭔지 알아요? 이민자들을 적극적으로 수용한 정책의 힘이 적지 않아. 하지만 그런 독일에서도 이슬람 이민 수용은 꺼려요. 이슬람은 사촌끼리 결혼하는 나라잖아. 순혈주의도 보통 순혈주의가 아니지. 국가라기보다 혈연공동체라 글로벌 용광로에 녹이기 힘들어요."

'우리'라는 '우리'에 갇히지 말아야

이어령 교수는 '나' '우리' '한국'에 갇히지 말라고 강조했다. "우리we라는 우리cage에 갇혀버리면 새로운 것을 창조할 수 없어요. 에코 체임버에 갇히지 말라는 거지."

에코 체임버echo chamber, 반향실反響室이다. 소리의 울림을 좋게 하기 위해 메아리 같은 효과를 내는 에코 체임버에서는 나와 우리의 소리가 증폭돼 크게 들린다.

"한국 사람들만 있으면 에코 체임버가 돼요. 똑같은 사람들이 모여서 똑같은 노래를 합창해봐. 어떻겠어? 독 안에서 노래를 부르면 모두 명가수잖아.(웃음) 공명 현상 때문이지. 사상도 그래요. 같은 생각을 가진 사람끼리 모여 있으면 점점 확신이 생기면서 남들이 자기를 어떻게 보는지 모르게 되는 거야. 누구든, 어느 집단이든 마찬가지예요."

이어령 교수는 "한 나라의 언어를 안다는 것은 뇌가 그만큼 커지는 것"이라고 했다. 이때 중요한 것은 우리 것을 잃지 않으면서 외국 것을 받아들이는 자세다. 그래야 서로 다른 것들이 만나는 접점에서 스파크가 튀고 창조적인 순간이 찾아온다.

이 교수는 며칠 후 짧은 글을 하나 보내왔다. 이번 글은 한 편의 시 같다. '새'와 '둥지'에 담긴 함의가 가득해 읽고 또 읽어본다. 아름다우면서도 씁쓸하고, 서운하면서도 희망이 스며 있다. 이어령 교수가 '새'라면 조국은 '둥지'일 테다. 그에게 둥지란 어떤 존재인 걸까.

"새가 둥지를 가지고 있는 것은 멀리 날기 위해서다. 조국은, 민족은 가장 따뜻한 둥지이지만 날지 않을 때에는 감옥이기도 하다. 날기 위해 우리는 둥지를 갖는다. 그리고 거기에서 알을 품는다. 날개는 덮개가 되고 품개가 된다. 날개는 날기 위해서만 있는 것이 아니다. 덮고 품기 위해서 있다. 알을 까고 나온 새끼 새들은 미구未久에 둥지를 떠나 먼 하늘로 날아갈 것이다. 그리고 어미 새가 그랬듯이 어느 가지에 둥지를 틀 것이다. 이렇게 해서 둥지와 날개를 동시에 갖게 된 새는 행복해진다."

11
관료주의는
창조의 적이다

초대 문화부 장관 시절의 파격 행보

"목수의 심정이었지. 광야에 집을 지으러 가는 목수. 목수의 운명은 자기가 지은 집에서 살 수 없다는 것이에요."

이어령 교수는 초대 문화부 장관직을 맡았던 당시의 심경을 목수에 비유했다. 그간 이어령 교수를 만나면서 가장 이해되지 않는 이력이 바로 '문화부 장관'이었다. 사각형, 틀, 고정불변, 선입견과 편견, 권위주의, 관료주의. 그가 질색하는 것들인데 '관직'과 이어령이라니. 그의 평소 가치관과 사고방식대로라면 의외의 이력이다.

앞서 밝힌 '목수론'은 "선생님의 평소 사고방식에 비춰봤을 때 장관직을 수락하셨다는 건 의외입니다"라는 말에 대한 그의 답변이었다. 그는 취임 전 한 방송사와 가진 인터뷰에서도 목수론을 폈다. "나는 광야에 집을 지으러 가는 목수입니다. 문화의 초석과 네 기둥을 세우면 다음에 살 사람을 위해 떠날 것입니다."

이어령 교수는 1989년 12월부터 2년간 초대 문화부 장관을 맡았다. 당시 노태우 정부는 '보통 사람들의 위대한 시대를 연다'라는 기치 아래 문화 정책을 폈다. 88서울올림픽 성공을 통해 문화의 저력을 실감한 정부는 문화부를 문화공보부로부터 분리 출범시켰는데. 이어령 교수를 장관으로 발탁한 것은 이런 분위기와 무관하지 않았다. 정계와는 별 인연이 없었던 그의 발탁도, 우여곡절 끝에 그가 그 직을 수락한 것도 파격이었다. 이어령 교수는 '리스크가 컸지만 위험이 없는 곳엔 창조도 없다'며 이렇게 말했다.

"목 떨어질 각오로 일했기 때문에 두려울 것이 없었지. 수락하면서도 한시라도 빨리 물러나고 싶었다니까. 몸 던져 일하다 무슨 일이 생기면 옷 벗고 나오는 것도 일종의 봉사라고 봤어요."

행정용어로 변신한 '두레박' '부지깽이' '이끼'

맘속에 차곡차곡 쌓아둔 위시리스트를 펼치고 싶은 욕심도 한편으론 있었다고 한다. 문화에 있어서만큼은 이상주의자에 가까웠던 그는 취임 초부터 파격 행보를 이어갔다. 하나같이 '창조'로 수렴되는 행보들이었다.

장관 취임 직후 이 교수는 문화행정에서 딱딱한 관료주의의 벽을 허무는 일에 역점을 두었다. 관료주의야말로 창조의 최대 적敵이라 여겼기 때문이다. 관료주의 혁파는 당시로선 파격이었다. 지금이야 꽉 막힌 공무원 조직의 자정 노력에 대한 목소리가 하나둘 커지고 있지만, 당시는 공무원 조직 내부에 만연한 관료주의 혁파를 제기하는 사람조차 드문 시기였다.

이어령 장관은 '3불 3가' 운동을 제안했다. 3불不은 '문턱 없이 말하기, 생색내지 않고 말하기, 사심 없이 말하기'였고, 3가可는 '문화의 우물가에 두레박 놓기, 부뚜막의 부지깽이 되기, 바위의 이끼 되기'였다. 수직관계의 문턱을 없애고 소통할 수 있어야, 자랑하듯 떠벌리지 않아야, 계산 없이 솔직하게 터놓고 말해야 조직에 활기가 돌고 창조적 아이디어가 샘솟는다는 것이 3불 운동의 취지였다.

반면 3가 운동의 뜻은 단번에 알아차리기 쉽지 않다. '두레박' '부지깽이' '이끼'라는 상징어가 녹아들어 있어 물음표를 불러일으킨다. 이어령 교수에게 부연설명을 청했다. 수십 년 전의 발상이었음에도 그는 마치 어제 떠올린 듯 생생하게 설명했다.

"문화부의 비전을 세우면서 내가 중시했던 것이 있어요. 반드시 순수 토박이말이어야 한다는 것이지. 당시 기업이나 기관의 기치들은 대개 멸사봉공滅私奉公 같은 사자성어였거든. 이런 한자식 표현을 깨고 두레박, 부지깽이, 이끼 같은 우리말 표현으로 비전을 만든 거예요.

첫 번째 비전은 두레박이었지. 우물에 두레박이 없다고 상상해봐요. 물을 길려고 우물에 가는 사람마다 제각기 두레박을 챙겨야 할 거 아냐. 하지만 누군가 우물에 두레박을 놓아두면 여러 사람들이 이용할 수 있지. 문화 시설을 공유하는 문화공동체 작업을 두레박에 비유한 거예요. 그런데 잘 봐. 두레박의 속성이 참 특이해. 항상 물을 퍼 올리지만 자신은 늘 비어 있지. 채울 수 없는 갈증이 있는 거예요. 그렇게 영원한 갈증을 품은 두레박 역할을 바로 문화부가 해야 한다는 뜻이었지.”

그의 말은 쉼 없이 이어졌다.

“둘째는 부뚜막의 부지깽이가 되자는 것이었어요. 부지깽이는 겉으론 하찮아 보이지. 특별한 도구가 아니야. 그러나 불을 지피는 데 없어서는 안 되는 존재야. 불을 붙이고 불길을 일으키다 보면 부지깽이는 늘 그 끝이 벌겋게 달아오르지만 스스로는 타지 않아요. 문화부 공무원들이 바로 문화의 불을 지피는 역할, 아궁이 불이 활활 타오르게 하는 부지깽이 역할을 하자는 거였어요.”

두레박과 부지깽이. 생김새도, 소재도, 있는 장소도 딴판이지만 이 둘은 같은 운명을 지녔다. 스스로는 욕망을 채우지 않지만 늘 같은 자리에서 타인을 위해 묵묵히 봉사하는 존재. 그런데 세 번째 '바위의 이끼'는 좀 다르다.

"바위를 계란으로는 깰 수 없어요. 하지만 생명의 이끼로 몽땅 덮어버릴 수는 있지. 변하지 않는 견고한 현실을 생명의 이끼로 덮는 것. 그것이야말로 문화의 최종 목표가 돼야 한다고 봤어요."

권위주의를 부수려면 동심을 깨워야

토착어에 대한 이어령 교수의 애정은 극진하다. 단순히 국수주의나 애국주의 차원이 아닌, 창조적 상상력과 관련 있는 애정이다. 앞서 그는 '모국어로 생각하기'야말로 창조적 상상력의 근원이라고 밝힌 바 있다. 모국어 중에서도 세 살 때 어머니의 품에서 익힌 토착어, 그 숱한 모음과 자음의 향연이 지금의 자신을 있게 했다면서.

'두레박'과 '부지깽이' '이끼'는 그의 창조적 상상력을 거쳐 행정용어로 부활했다. 묻혀 있던 토박이말이 새로운 숨결을 얻어 개념어로 재탄생한 것이다. 그 부활의 과정 동안 그의 머릿속에서는 숱한 이미지와 상징, 기능과 역할 등이 서로 '번쩍'하는 스파크를 일으켰을 것이다.

"물, 불, 흙의 원리를 풀어 쓴 거야. 두레박은 수水, 부지깽이는 화火, 이끼는 토土잖아."

두레박과 부지깽이, 이끼는 가스통 바슐라르Gaston Bachelard가 말한 물질적 이미지의 4원소 '물, 불, 공기, 흙'에서 이 교수가 힌트를 얻어 길어 올린 개념어였던 것이다.

창조적 아이디어는 종종 사람들로부터 외면받거나, 의도대로 받아들여지지 못해 '저게 뭐지?' 하는 반응을 얻기 쉽다. 낯설기 때문이다. 그래서 물었다.

"세 가지 기치의 의도는 훌륭해요. 하지만 당시 정부기관에서 공식적으로 표방하는 기치가 되기엔 조금……."

질문이 채 끝나기도 전에 그가 답을 내놓는다.

"왜 아니었겠어? 난리가 났지. 문화부 내에서는 물론이고 언론에서도 비판적이었어. 난데없는 고어古語가 나돈다는 식의 비판이었지. 도시 젊은이들은 '부지깽이'가 고어인 줄로 알았던 거야."

그는 표정을 바꾸더니 말을 이었다.

"내 전략이 맞아떨어졌지. 낯설게 하기. 러시아 형식주의 문학 이론에 나오는 말이잖아. 습관에서 벗어나려면 고정관념을 깨야 하는데, 그러기 위해서는 친숙하거나 기계적으로 되풀이되던 것들에서 벗어나야 한다는 것이지. 공무원들의 견고한 관료주의의 벽을 깨려면 '낯설게 하기'가 필요했어요."

당시 이어령 장관은 초대 문화부가 가야 할 길에 대한 방향 설정과 관련하여 문화부 직원들에게 다음과 같이 이야기했다.

"미국의 천문학자 사이먼 뉴컴 교수는 '인간은 절대 공기보다 무거운 엔진을 달고 하늘을 날 수 없다'는 것을 역학적으로 증명하는 이론을 발표했습니다. 그런데 바로 얼마 뒤 라이트 형제는 동력으로 하늘을 나는 데 성공했지요. 꿈과 열정, 그리고 행동하는 사람은 이론과 과학보다 앞섭니다. 그것이 바로 우리가 만들어나가야 할 문화의 힘입니다."

문화부에 전화를 걸면 까치 소리가?

딱딱한 관료주의를 혁파하고 문화부에 새바람을 불어넣기. 이 미션은 문화부 안에만 머물지 않았다. 새바람은 밖에서도 느껴졌다. 문화부로 전화를 걸었을 때 들리는 착신음에 까치 소리를 넣은 것. 이 또한 이어령 교수의 아이디어였다. 컬러링서비스가 있는 지금이야 내가 좋아하는 음악을 컬러링 곡으로 손쉽게 넣을 수 있지만, 휴대전화조차 일반화되지 않았던 당시로서는 획기적인 시도였다.

"문화부에 전화를 걸면 까치 소리가 '까악 까악' 들리다가 '네, 문화부입니다' 하는 직원의 목소리가 들리게 한 것이었지. 까치는 반가운 손님이 온다는 예고잖아. 밖에서 걸려오는 전화는 문화부를 찾는 반가운 손님들이지."

또 하나 두고두고 회자되는 상징물이 있다. 알록달록 바람개비다. 이 교수는 문화부 청사에 바람개비를 달아놓게 했는가 하면, 문화부 공식 행사에도 바람개비를 적극 활용했다. 귀빈의 가슴에 꽃 대신 바람개비를 달아준 것이다. 중요한 행사마다 의례적으로 당연시하며 사용하던 꽃을 대대적으로 없애고 말이다.

"맞아요. 문화부를 상징하는 하나의 것으로 오방색 바람개비를 사용했어. 그것도 바람 부는 방향과 역방향으로 돌게 만들어서. 바람개비는 돌아야 바람개비잖아. 정방향의 바람개비는 정지해 있어도 돌지만 역방향의 바람개비는 저절로 돌지 않아요. 그걸 돌리려면 앞을 향해 뛰어야 하지. 그런 적극적인 역할을 문화부 직원들이 해주길 바랐어요."

우엉차 한 모금 뒤에 그의 이야기가 이어졌다.

"권위주의를 부수려면 유치해 보이는 아이들의 동심을 일깨워야 했거든. 문화부 공식 행사에 꽃 대신 바람개비를 활용한데는 두 가지 이유가 있었어요. 하나는 꽃을 죽이는 것에 대해 내가 가진 거부감이었어요. 꽃을 죽이는 것, 생명의 가지를 꺾는 것이야말로 비문화적이잖아. 또 하나는 권위주의를 부수겠다는 의도였지. 꽃 대신 바람개비를 귀빈들의 가슴에 달아줬더니 어땠는지 알아요? 목에 힘주고 점잔 빼던 사람들이 서로 상대방 바람개비를 후후 불어가며 좋아하더라고. 허허."

정자체를 벗어나, 명조체 대신 안상수체

딱딱한 관료주의 혁파는 서체에도 적용됐다. 이어령 교수는 문화부에서 사용하던 획일적인 명조체 대신 안상수체를 공식 서체로 지정했다. 안상수체는 다른 서체와 기본 형태 자체가 다르다. 사각형 안에 갇혀 있지 않고 정자체에서 벗어나 들쭉날쭉해서 교과서에서 배운 '바른 글씨'의 공식과 맞지 않는 글자가 대부분이고 규격 밖으로 모음과 자음이 삐져나가는 글자도 흔하다.

"한·중·일 삼국의 문자는 네모난 사각형 안에 갇혀 있어요. 획일적인 네모꼴 감옥에 갇힌 글자를 탈출시키고 싶었지. 그래야 아시아적 획일주의에서 벗어나 자유롭게 숨쉬는 문화의 창조적 상상력이 생길 것이라고 믿었어요. 안상수체의 글자들은 위, 아래, 옆으로 제각기 들쭉날쭉하고 형태가 다양해요. 집으로 치면 이층집, 삼층집, 옆으로 퍼진 집과 갸름한 집 모두가 있는 셈이지. 원고지 칸 속에 갇힌 한글의 모양을 혁파한 거야."

일반 기업에서도 잘 쓰지 않는 안상수체를 정부 차원의 공식체로 지정했을 때 공무원들의 반응은 어땠을까. 대답을 듣기 전부터 웃음이 났다.

"그야말로 난리가 났고 여론이 들끓었지. 하지만 흔들리지 않았어. 또 성공한 것이지. 명조체, 고딕체가 아닌 판에서 벗어난 자유로운 글자. 문화부가 해야 할 역할이 서체를 통해 상징

193

적으로 전달된 것이지."

초대 문화부는 국민들을 위해 다양한 이벤트를 마련했다. '움직이는 미술관' '우정의 문화열차' '효시상嚆矢賞 제정' 등이 대표적인 예다. '움직이는 미술관'은 대형 버스를 미술 전시실로 꾸며 병원, 공장, 공공장소 등 사람들이 많이 모이는 곳에 문화를 배달하는 사업이었다. 그가 회상하는 사업 배경은 이랬다.

"우리는 자장면도 배달해 먹는 '배달의 민족'이잖아. 사람들이 올 때를 기다리지 말고 우리가 사람들을 찾아가자고 했지. '꽃'이 아니라 꽃을 찾아가는 '나비'나 '꿀벌'이 되기로 한 거야. 그래서 문화부의 이동도서관과 미술관 버스에 나비를 그려 넣은 거고."

효시상은 말 그대로 한국에서 최초로 무언가를 시도한 사람에게 주는 상이다. 상으로는 판에 박힌 상패나 메달 대신 소리나는 화살인 '효시'를 증정했다.

그리고 1990년 1월, 그가 문화부 장관이 되자마자 개최한 신년음악회 무대에는 어린 바이올리니스트 한 명이 등장했다. 열한 살짜리 꼬마 사라 장의 한국 데뷔 무대였다. 당시 그는 미국에서 명성을 쌓아가던 천재 바이올리니스트였지만 한국에는 잘 알려지지 않은 상태였다. 사라 장이 바렌보임Barenboim 의 지휘로 카네기홀에서 연주한 공연 실황 자료를 보고 눈이 번쩍 뜨인 이어령 교수가 그를 꿈나무로 전격 발탁해 한국 무대에 서게 한 것이다.

성공 장관 1위

많은 이들은 이어령 교수가 88서울올림픽을 계기로 초대 문화부 장관을 맡게 되었다고 알고 있다. 개폐회식 총괄기획을 맡아 성공적으로 이끈 것이 확실한 검증대가 됐을 거라는 추측에서다.

하지만 사실 그는 88서울올림픽 이전에도 장관직 제의를 받은 바 있었다. 문화부가 문화공보부에 속해 있던 시절, 이 교수는 문화공보부 장관직 제안을 정중히 사양했다. '문화'는 알지만 '공보'에 대해서는 아는 바 없다는 게 이유였다. 그러다 문화공보부에서 공보부가 독립함에 따라 문화부도 별도로 신설됐고, 초대 문화부 장관직이 이 교수에게 다시 한 번 제안되었다. 하지만 그는 이 역시 처음엔 고사했다.

"꿈도 꾸지 않던 자리였어. 평소 정계와는 담을 치고 살았으니까. 그러다 나 같은 사람에게, 그것도 고사하는 사람에게 장관을 맡으라고 등 떠미는 세상이 하도 신기하고 고마워서 눈 감고 들어간 자리야."

그는 정치엔 문외한이었으나 문화 면에선 누구보다 전문가였다. 초대 문화부 수장으로서 그가 남긴 업적에 대한 후대인의 평가는 압도적으로 높다. 2001년《신동아》는 '대한민국 공무원의 경쟁력'을 특별기획 기사로 다룬 적이 있다. 노태우·김영삼·김대중 정부의 장관 성적표를 매긴 기사였다. 그 시기 동안 문화부를 거쳐간 아홉 명의 재임 장관 중 성공 장관 1위로 꼽힌 것이 이어령 교수다. 문화 전반에 대한 해박한 지식과 전문적 식견, 아이디어가 많고 이를 적극적으로 정책화함으로써 일반 국민의 문화인식을 높이는 데 기여했다는 점 등이 그 이유였다.

대한민국 초대 문화부 장관 이어령. 그는 스스로 두레박이 되어 목마른 사람들에게 문화의 물을 퍼다 날랐고, 부지깽이가 되어 불씨만 붙어 있는 문화의 열정을 활활 타오르게 했으며, 거대하고 견고한 관료주의의 바위에 푸르른 생명의 이끼를 입혔다.

12

창조적 상상력은
생활의 밑바닥에서부터 우러나온다

쌈지마당, 우정의 문화열차, 남산자락공원

"우리 어렸을 때를 생각해봐요. 팽이 돌리고 자치기하고 마당에서 뛰놀면서 인생과 예술을 배웠잖아. 문화는 그런 거지. 일상 속에 스며 있는 작은 감동과 아름다움."

오늘 이어령 교수는 유독 부드러운 표정이었고, 예리한 눈빛을 쏘며 학자적 논리를 펴기보단 인자한 할아버지 같은 표정을 자주 지었다.

"눈물겨운 이야기를 꺼내려 해요. 내가 문화부 장관을 하면서 세 번 울었는데, 그중 첫 번째로 날 울린 사건이지."

서울의 자투리땅에 만든 작지만 아름다운 공원, '쌈지마당'

의 이야기다. 초대 문화부 장관을 맡은 이어령 교수는 '찾아가는 문화 정책', 즉 대도시와 부유한 지역에 집중되어 있던 문화적 혜택을 지방과 소외된 지역에 전파하는 정책을 많이 폈다. 정책이라기보다는 이벤트에 가까운 행사였고, 거창하기보다는 사람들의 피부에 와 닿는 자잘한 규모의 것들이 많았다. 달동네 주민들이 쉴 수 있는 작고 소박한 문화 공간으로 출발한 쌈지마당도 그중 하나였다. 쌈지마당 마련에 필요한 자투리땅을 확보하는 데는 고건 당시 서울시장의 역할이 컸다고 한다.

"서울시 지적도地籍圖를 구해 와서 쓰이지 않고 있는 유휴 자투리땅을 전부 골라봤어. 330~660제곱미터 미만의 작은 공간. 그중 몇 곳을 달라고 서울시에 요청했어. 문화부로선 월권이었지. 당시는 지방자치제가 아니어서 서울시가 총리실 직속이었고, 서울시장도 관선 시장이었거든. 그런데 참 고맙게도 당시 고건 서울시장이 기꺼이 협조해줬어요. 쌈지마당은 단순히 쉬는 공간이 아니에요. 조각과 예술이 들어가는 복합문화 공간이지."

이렇게 해서 1991년 6월, 첫 번째 쌈지마당인 '중계쌈지마당'이 완공됐다. 연탄 실어 나르는 리어카 한 대조차 다닐 수 없는 작고 꼬불꼬불한 골목길 마을에 들어선 쌈지마당은 의외의 곳에 '짠!' 하고 나타난 마법의 예술 공원 같았다. 공원 전체를 돌로 쌓아 탄탄하게 조성함과 동시에 3대가 따로 또 같이 놀 수 있도록 3단으로 구성했다. 윗목에는 할아버지 할머니들이, 중앙엔 최만린 작가의 조각품을 설치해 아버지 어머니가 즐길 수 있도록 했고, 아랫목에는 아이들이 뛰어놀 수 있는 놀이터를 만들었다.

중계동의 쌈지마당 1호에 이어 창신동과 길음동에 각각 2호, 3호 쌈지마당이 들어섰다. 이어령 교수가 눈물을 보인 것은 중계쌈지마당 완공식 행사 당일이었다.

빈곤 너머에 있는 별과 달의 세계

"고건 시장한테 완공식에 나와달라고 했더니 이분이 농을 해. '선배님, 서울시장을 너무 우습게 보시네요. 10억짜리 건설 현장에도 테이프 끊으러 안 가는데 8000만 원짜리 공사에 나가겠습니까. 껄껄껄. 그래도 거긴 가야지요. 100억짜리엔 안 나가도 거기엔 나가겠습니다.' 이런 말을 하더니 기쁘게 행사장에 왔지.

그런데 행사가 끝나도 갈 생각을 안 해. '장관님 먼저 가세요. 저는 민원이 많아서 빠져나가기 힘들 겁니다' 하며 손사래를 치더라고. 거기에 무허가 건물이 많잖아. 시민들이 서울시장한테 하고 싶은 건의가 좀 많았겠어. 시민들에 빵 둘러싸여 나를 보고 손사래를 치는데, 고건 씨가 키가 크잖아. 혼자 삐죽이 서 있는 걸 보니 울컥하더라고.

그런 마음으로 공원 입구를 나오는데 아이들이 만든 플래카드가 보여. '이.어.령.문.하.부.장.과.님.감.사.합.니.다'. 노트를 한 장씩 찢어서 크레파스로 삐뚤빼뚤하게 써서 매달아놓은 거야. 서툰 글씨에 철자법도 다 틀렸고. 수녀님들이 운영하는 보육원이 근처에 있었는데 그곳 아이들이 만든 거였지. 아이들 마음이 어떻겠어요? 그걸 본 순간 눈물이 확 나더라고."

그렇게 말하는 그의 눈에 또 눈물이 고였다.

"그 아이들이 무슨 죄가 있어? 가난이 무슨 죄야? 부부싸움을 하면 가장 먼저 내쫓기는 게 아이들이잖아. 엉덩이 하나 들이면 꽉 차는 판잣집 같은 작은 집에서 내쫓기면 어디 갈 데가 있어야지. 그런데 쌈지마당이 생겼으니 그곳으로 갈 거 아냐. 상상해봐. 거기에 아름다운 조각품이 있고 휘영청 달도 떠 있는데, 기둥에 매단 풍경은 바람에 흔들려 짤랑거리고⋯⋯. 그런 곳에서 숨 트인 아이들은 달동네의 빈곤 너머에 있는 다른 세계를 보았겠지. 거기에서 미래의 모차르트와 피카소가 나올 수 있고 명작을 내는 시인, 작가도 배출될 수 있겠지."

'쌈지마당'이라는 공원 이름 또한 그가 지었다. 쌈지는 담배, 돈 등을 넣어 다니는 작은 주머니를 뜻하는 순우리말이다. 주머니 속의 주머니 같은 개념으로, 미니 보자기쯤 된다. 옷에 딱 붙어 있는 호주머니와 달리 쌈지는 주머니 속에 쏙 넣어 가지고 다닐 수 있어 효용가치가 높다. 작고 사소해 보이지만 쓰임새가 많은 쌈지. 그 쌈지의 의미를 따온 것이 쌈지마당이었다. 이 교수는 "참, 풍경風磬에 얽힌 작은 이야기도 있어요"라며 자세를 고쳐 앉았다.

"중계동 쌈지마당에 있는 최만린 작가의 작품에 작은 풍경을 달자고 했어요. 물고기 모양으로 된 작은 종 있잖아. 그랬더니 문화부 직원들의 반대가 심해요. 문패까지 떼어 가는 가난한 동네인데, 공공의 공간에 풍경을 달면 그게 남아 있겠느냐는 거지. 풍경 하나 가격이 얼마나 되느냐고 내가 물었는데 생각보다 비싸지 않았어. 그래서 그랬지. '떼어 가면 다시 달면 됩니다. 한번 달아봅시다.'"

마침 쌈지마당 근처에 문화부 직원 한 명이 살고 있었기에 풍경이 남아 있는지 출근할 때 확인하기로 했다. 그리고 회의 때마다 이 장관이 물었다. "풍경 있습니까?" 답은 늘 같았다. "네, 그대로 있습니다." 이어령 교수가 장관에서 퇴임할 때까지 풍경은 단 한 개도 없어지지 않았다고 한다.

쌈지마당은 그 후 어떻게 됐을까? 서울시 곳곳이 재개발되어 시간의 흔적을 지워가는데, 그곳 또한 개발의 거대한 조류를 피하지 못하고 사라져버렸을까? 놀랍게도 쌈지마당은 20여 년 넘도록 원형 그대로의 모습에 가깝게 남아 있다. 거기에서 한 발 더 나아가 '자투리땅에 들어선 한 뼘 동네공원'이라는 이어령 교수의 설립 취지를 따라 서울에만 쌈지마당이 30개 가까이 들어섰고 부산, 강릉, 춘천 등지에도 생겼다. 그가 1990년대에 퍼뜨린 쌈지마당의 불씨가 많은 이들의 공감을 얻어 들불 번지듯 확산하고 있는 것이다.

"당시 문화부는 예산이 적었기 때문에 큰 집을 짓거나 어마어마한 것을 만들 수 없었어요. 작은 돌 하나로 큰 것을 만들어야 했지. 쌈지마당은 호수의 중심에 던지는 작은 돌멩이 하나와도 같았어요. 그렇다고 가난한 사람에 대한 동정이나 포퓰리즘의 정치적 차원에서 만든 건 아니었어. 문화의 혜택이 덜 닿는 곳에 문화를 확산시키자는 취지였지. 문화라는 건 으리으리한 음악당보다 일상에 스며 있는 것에서 흘러나오는 법이거든. 평시조와 사설시조를 비교해봐도 그래요. 주로 양반들의 전유물이었던 평시조는 뻔해. 국화가 어떻고 매화가 어떻고 하는 붕어빵 같은 시조지. 그런데 사설시조는 어때요? 저잣거리에서 이름 모를 평민들이 써 내려간 사설시조 중 참신하고 기막힌 작품들이 얼마나 많아. 생활의 밑바닥에서 우러나오는 창조적 상상력이지. 이런 것이야말로 상처 난 곳에서 흘러나오는 생피 같은 것이에요."

마지막 삶이 한 폭의 그림에 담긴다면

그가 장관 시절 흘린 첫 눈물 이야기를 듣고 나니 나머지 두 번의 눈물이 궁금했다. 사탕 달라고 조르는 어린아이처럼 두 번째, 세 번째 눈물 이야기를 해달라고 재촉했다.

"두 번째 눈물은 움직이는 미술관 때문에 흘렀어."

'움직이는 미술관'은 문화 혜택이 잘 닿지 않는 사람들을 위한 '찾아가는 예술문화' 정책의 일환이었다. 미술품을 간절히 보고 싶으나 그럴 수 없는 처지에 놓인 사람들에게 작품을 보여주는 것이다. 수장고에 갇혀 있는 미술품을 꺼내 대형 버스에 싣고 지방이나 병원, 공단 등을 찾아가 기획 전시를 했다. 지금은 '찾아가는 도서관' '찾아가는 미술관' 등이 흔하지만 당시로선 획기적인 시도였다.

"움직이는 미술관이 국립중앙의료원을 찾아갔을 때였어. 병원 로비에서 '한국의 풍경' 그림 전시를 했지. 한 말기암 환자가 휠체어를 타고 내려와 작품들을 찬찬히 보더라고. 그러던 중 옥수수 밭이 있는 시골 풍경 앞에 멈춰 서서 한참 동안 쳐다봐요. 망연한 표정으로. 볼에는 눈물 자국이 있었어. 그 광경을 본 순간 나도 눈물이 왈칵 쏟아졌어요. 지금은 없는 고향의 옥수수밭, 강가의 풍경, 그리움⋯⋯. 마지막 삶이 한 폭의 그림 속에서 살아나고 있었을 거 아니야. 어두운 수장고에 갇혀 아무도 봐주지 않는, 한낱 천 조각에 불과했던 그림이 예술로 완성되는 순간이지. 이게 문화야."

삶의 끄트머리에서 더 간절하게 와 닿았을 아름다움의 가치. 그 앞에서 돌연 숙연해졌다.

세 번째 눈물 이야기를 묻자 분위기가 확 전환됐다. "그건 말야, 좀 긴 이야기니 나중에 하기로 해요." 길어도 좋으니 들려달라고 떼를 썼다. 그는 "억울해서 눈물이 찔끔 난 이야기인데,

이건 나중에……"라며 기어이 말머리를 돌렸다.

소외된 곳에 문화를 전파했던 그의 정책은 또 있다. 1990년 4월에 했던 '찾아가는 국악원' 사업으로, 25명의 국악인이 진도군에 있는 여섯 개 섬을 돌며 전통 음악을 들려주는 프로그램이었다. 전남 하조도초등학교에서 시작한 첫 연주는 파도소리와 어우러져 섬 주민들에게 색다른 감동을 안겼다.

1991년 10월에는 '우정의 문화열차'를 운행했다. 말 그대로 열차에 문화를 싣고 전국으로 나르는 행사였다. 열차 일곱 량을 통째로 문화열차 칸으로 꾸몄다. 설치미술가 양주혜가 알록달록 화려하게 열차를 디자인했고, 이 열차에 탄 한류스타급 예술인 200여 명은 닷새간 전국 각지[임진각, 문산역, 천안, 서대전, 이리(현 익산), 순천, 마산, 영주, 제천, 원주 등]를 순회하며 그 지역의 특색과 어우러진 음악 등을 선보였다. 그가 늘 간절한 마음으로 추진하던 '문화의 생활화'의 일환이었다.

문화 창조 영역에서 움직이는 이어령 교수의 보이지 않는 손길은 지금도 여전하다. 2020년 하반기에 완공 예정인 남산예장자락공원의 이름 역시 이어령 교수가 붙였다. 서울시 측의 의뢰를 받은 이어령 교수는 '자락'의 의미를 살려 '남산자락공원'이라는 이름을 선물했고, 사업 진행 과정에서 동네 이름 '예장동'을 넣자는 의견을 반영해 '남산예장자락공원'이 됐다. 남산예장자락공원은 남산에 있던 TBS교통방송 청사와 서울시청 제2청사가 떠나면서 생긴 2만 2822제곱미터 부지에 들어서는 도심공원이다. 그는 서울시 공무원을 대상으로 한 강연에서 남산예장자락공원의 의의를 이렇게 설명했다.

"남산으로 대표되는 '산山 문화'와 한강으로 대표되는 '강江 문화'를 어떻게 접합하여 창조도시의 동력으로 삼느냐가 중요합니다. 제가 제의한 '자락공원'이라는 이름은 남산의 자연과 도시를 연결하는 '남산자락'을 재생시키는 문화 프로그램의 의미를 가짐과 동시에, 자연과 인간을 이어주는 창조도시의 특성도 내포합니다. 인간의 마음을 알고 즐거움을 주어야 시민들의 욕구에 추임새를 넣어줄 수 있습니다. 서울은 산업도시가 아닌 문화도시입니다."

'자락'은 치맛자락에서 따왔다. 남산자락이 도심지와 연결되어야 남산은 진정한 서울의 산이 된다는 의미를 담았다고 한다.

인사권 행사를 안 한 이유

초대 문화부 장관으로서 이어령 교수는 문화 및 예술의 전파와 창조에 온 힘을 쏟았다. 선택과 집중이었다. 그러다 보니 장관이라는 타이틀이 무색한 면도 꽤 있었는데, 대표적인 것이 인사 스타일이었다. 그는 장관의 특권 중 하나인 인사권을 행사하지 않았다. 기존 기관장들을 그대로 위임시키고, 조직개편도

하지 않았으며, 과장 승진 인사는 묻지도 따지지도 않고 연차 별로 했고, 결원이 생기기 전에는 인사이동도 시키지 않았다.

"장관이 가진 힘은 인사권인데 나는 일절 인사권 행사를 안 했어요. 2년 내내 그대로 끌고 갔지. 장관이 되면서 그렇게 작정했거든. 인사권을 행사하기 시작하면 조직 내에서 암투가 벌어지고 청탁이 생기기 마련이지. 우리 집안 식구들 중에 교육자가 많잖아. 그래서인지 권력에는 통 관심이 없어. 내가 장관이 된다니까 온 식구가 반대했지. 우리 가족, 형제들은 물론 시골에 계신 아버지까지 '그거 뭣 하러 하냐?' 하시더라고."

성미 급하고 완벽주의자로 정평 나 있는 그가 인사권을 행사하지 않기란 쉽지 않았을 것이다. "마음에 안 드는 직원이 있으면 답답하지 않으셨나요?" 하고 묻자 이런 답이 돌아왔다.

"왜 없었겠어? 당연히 있지. 그래도 참고 기다려야지. 문화부니까 가능했지 일반 기업이었다면 어려웠을 거야. 함께 일을 해보니까 공무원은 공무원이에요. 나라 생각하는 마음이 보통 사람들과는 확실히 다르거든. 한번은 내가 가뭄 때문에 회의 때마다 걱정을 하니까 과장 한 명이 새벽 1시엔가 전화를 해왔어. '장관님, 밖에 나가보세요. 비가 와요' 하고. 그동안 얼마나 애가 탔고 그 비가 얼마나 반가웠으면 그 시간에 일부러 전화를 했겠어. 비 오는 소리에 잠에서 깨 장관한테 비 소식을 알려주는 공무원. 이게 진짜 나라 사랑하는 진솔한 마음이야. 어떤 도시인이 비 온다고 한밤중에 전화를 하겠어."

상식적이지 않은 상황이다. 새벽 1시에 과장이 장관에게 직접 전화를, 그것도 비가 내린다는 말을 하기 위해 걸다니. 하지만 이 에피소드로 한 가지 확실해진 사실이 있다. '누울 자리를 보고 다리를 뻗는다'고, 만약 이 장관이 권위적이거나 소통이 잘 안 되는 사람이었다면 과장은 그 시간에 전화할 엄두도 내지 못했을 것이다.

문화에 목마르게 하고 싶었지

권위와 나이를 벼슬처럼 내세우지 않는 이어령 교수였기에 장관이라는 무소불위의 권력도 그의 손에선 별 힘을 쓰지 못했다. 다른 사람의 권력과 권위에 대해서도 마찬가지라 그는 그런 것들을 탐하거나 두려워하지 않고, 나이듦을 피하려 하지도 않는다. 그가 두려워하는 것이 있다면 권위와 나이, 시대의 틀에 갇혀 더 이상 창조적 상상력을 펼 수 없게 되는 것이다.

인터뷰가 끝난 뒤 이 교수로부터 그야말로 '쌈지 메시지'가 도착했다. 초대 문화부 장관으로서 초지일관 강조해온 정책에 대한 부연설명이었다. 소외된 구석구석에 문화의 혜택이 닿게 하려던 그의 마음 쏨쏨이가 전해져왔다.

"문화에 목마르게 하는 것, 그것이 최상의 문화 정책이에요. 목마를 때 물을 마셔야지, 목마르지도 않은데 물을 먹이면 그건 물고문이지요. 쌈지마당은 '우물터의 두레박'이라는 문화부 슬로건을 실천한 것이었어요. 판잣집마다 문화 시설을 설치해 줄 수는 없었지만, 쌈지마당이라는 문화 공간을 만들어 달동네 사람 모두가 누릴 수 있도록 한 것이었지요. 하나의 두레박으로 모든 사람의 갈증을 풀어주는 것처럼."

13

궁하면 통한다,
궁즉통의 마법

한예종 탄생의 뒷얘기, 5분 스피치의 기적

"나는 강연이나 연설을 할 때 늘 시간을 어기고 초과하는 결점
이 있어요. 그런데 그 일은 내 평생 가장 빛나는 딱 5분의 스치
피였지. 그것도 그해의 마지막 국무회의 석상에서, 국무위원
자격으로 내가 했던 마지막 발언이었고. 그 최후의 5분 스피치
로 예술학교 설립 법안을 통과시켰거든. 그 스피치로 오늘날의
한예종이 태어나게 된 거지."

　문화부 장관 시절의 뒷얘기를 풀어놓는 마지막 시간. 이어령
교수는 이날 근엄한 장관님이 아니라 도무지 심각한 구석이 엿
보이지 않는, 장난기 많은 아이의 얼굴이었다. 주제 때문이다.

그와의 인터뷰 분위기는 주제에 따라 가라앉았다 들떴다 하는데 이날의 주제는 아이들과 예술학교였다.

토종 예술영재들의 인큐베이터로 자리 잡은 한국예술종합학교. 세계적 피아니스트로 우뚝 선 손열음, 김선욱, 바이올리니스트 클라라 주미 강, 마린스키발레단 수석무용수인 발레리노 김기민이 모두 한예종 출신이다. 영화를 비롯한 공연 분야에서 한류 열풍을 일으킨 주역 중에도 한예종 출신이 수두룩하다. 〈곡성〉〈악마를 보았다〉의 나홍진 감독, 〈우리집〉의 윤가은 감독, 〈아저씨〉의 이정범 감독, 배우 장동건, 오만석, 이선균, 박소담, 김고은, 박정민, 이제훈 등 열거하기도 숨차다. 이들은 '예술영재가 성공하려면 미국이나 유럽으로 유학을 가야 한다' '한국에서 교육받으면 천재가 둔재로 전락한다'는 세간의 고정관념이나 통념을 깨고 토종 예술인의 저력을 보여줬다. 일찌감치 예술영재들의 끼와 꿈에 날개를 달아준 한국예술종합학교 교육의 텃밭에서 나온 힘이다.

한예종은 국내 최초의 종합예술학교로 1993년 개교했다. 그 설립의 기반에는 1991년 12월 30일, 이어령 교수가 문화부 장관 임기의 마지막 날에 극적으로 통과시킨 '한국예술종합학교 설치령'이 있다. 이 법이 제정되지 않았다면 지금의 한예종은 존재하지 않았거나 한참 후에나 가능했을지 모른다. 예술학교 설립은 그가 목수가 되어 광야의 땅에 세우려 한 '문화의 집'의 네 기둥 중 하나였다.

쉽지 않은 일이었다. 교육기관 설립은 교육부 소관이라 교육부의 문턱을 통과해야 하는데 번번이 가로막혔다. 당시 문화부에서 추진하는 예술학교 설립이 얼마나 현실적으로 어렵고 법적으로도 불가능한 일인지를 설명하기 위해 교육부 차관이 이어령 장관을 방문하기도 했다. 그때 이 장관은 이렇게 대답했다.

"네. 불가능한 일이지요. 그래서 예술이 존재하는 것입니다. 청각장애인이 위대한 교향곡을 남기고 실어증에 걸린 사람이 아름다운 시를 남기기도 하지요. 예술영재가 나오면 환자로 취급하며 미국으로 보내는 그런 일은 더 이상 없어야 합니다. 교육부의 예술 정책이 실패했다는 것을 증명하는 셈이니까요."

관료주의의 장벽을 의식한 이어령 교수는 당시 교육부 장관이었던 윤형섭 씨와 함께 전략을 짜기로 했다. 연세대 교수 출신인 윤 장관은 문화적 교양과 식견을 두루 갖춘 인물이었다. "윤 장관 같은 분이 없었다면 한예종은 탄생하지 못했을 거야. 혼자서는 절대 할 수 없는 일이었거든. '짝'의 문화가 여기서도 통했지."

최후의 5분 연설 이야기를 빨리 듣고 싶었다. 연설 내용이 궁금하다고 재촉하자 이 교수는 웃었다. 폭소에 가까운 웃음이었다. '최후의 5분'이란 비장한 어감과는 전연 어울리지 않는 웃음. 그는 웃음기를 머금고 그날을 회고하기 시작했다. 1991년 12월 30일로 기억했다.

갑옷을 벗기는 유머의 힘

그해 마지막 국무회의이자 개각 발표가 있던 날이었다. 이어령 교수는 당시 정원식 국무총리에게 '한예종 설립 추진을 마무리 짓고 장관직을 사임하겠다'는 의사를 전했지만 연말 개각까지 참아달라는 권고를 받은 상태였다. 국무회의에 계류 중이던 한예종 설립 법안은 이때까지 처리되지 못했다.

"개각 발표 전부터 자질구레한 물건을 꾸려 조금씩 집으로 나르던 중이었지. 그런데도 법안이 밀려 개각 날짜의 마지막까지 오게 된 거야."

예술종합학교 설립안은 가까스로 이날 두 번째 안건으로 상정됐고 윤형섭 교육부 장관이 제안提案을 설명했다. 그런데 국무회의장에 이상 기류가 흘렀다. 싸했다. 그간 장관들은 각 부처마다 산하에 인재 양성 교육기관을 설치하려는 시도를 해왔다. 그런데 그때마다 반대했던 교육부가 문화부 안건에만 손을 들어준 격이니 반발이 있을 수밖에 없었다. 여기저기에서 반대 발언이 일었다. 이때 회의를 주재하던 정원식 총리가 손목시계를 보면서 초읽기에 들어갔다.

"곧 개각 발표가 있어 청와대에 올라가야 합니다. 그러면 이 안건을 다음 회기로 넘기고……."

회의 종결을 선언하려는 찰나였다. 이어령 교수는 "잠깐!" 외치며 긴급 발언을 요청했다. 겨우 얻어낸 시간은 딱 5분. 절체

절명의 시간이었다. 5분 안에 국무위원들의 동의를 얻지 못하면 끝이었다.

"나폴레옹의 말이 떠올랐지. '전쟁의 운명을 결정하는 것은 최후의 5분이다'라는. 어떤 이론도, 어떤 호소도 소용없었어. 단 한 번 쏜 화살로 과녁을 뚫어야 했어요. 그 과녁이란 바로 '왜 문화부에만 특례를 허용하는가'의 불만을 잠재우는 것이었고."

팽팽한 긴장 속에서 활시위가 당겨졌다. 5분간의 스피치가 시작됐다.

"오해하지 마십시오. 예술영재를 위한 특수학교를 만들어야 한다는 것은 그들에게 어떤 특권이나 우월한 지위를 주자는 것이 아닙니다. 천부의 예술적 재능을 지니고 태어났다는 것은 어떤 면에서 행운이 아니라 장애인 같은 고난의 핸디캡을 지니고 이 세상에 온 존재라는 뜻입니다. 나는 지금 앞을 보지 못하거나 말을 못하는 장애인을 위해서 맹아학교, 농아학교를 만들어달라는 것과 같은 절박한 얘기를 하고 있는 겁니다. 여러분이 사랑하는 베토벤이나 모차르트 같은 위대한 예술가들의 일생을 생각해보세요. 그들이 만약 하늘이 주신 음악의 재능을 살리지 못했다면 과연 이 세상에서 살아갈 수 있었을까요. 예술가란 하느님이 자신의 실수로 만들어진 아이를 그냥 세상에 내보냈다가는 제대로 살아갈 수 없을 것임을 알고 급하게 특별한 재능을 하나씩 준 존재들입니다. 눈곱 하나 떼어다 붙여서 피카소 같은 천재 미술가가 되게 하고, 귀지 하나 넣어주어 베토벤 같은 천재 음악가 태어나게 한 것이지요."

싸한 분위기에서 웃음소리가 터져 나왔다.

"동력자원부는 안 되는데 왜 문화부는 되느냐고 물으셨습니다. 좋습니다. 만약 어떤 아이가 '여기를 파라'라고 해서 팠는데 석유가 나오고, '저기를 파라'라고 해서 파보니 가스가 터져 나온다면 에너지 특수학교를 만드십시오.(좌중 웃음) 농림부는 안 되는데 왜 문화부는 되느냐고 물으셨습니다. 반문하겠습니다. 만약 기저귀 찬 아이가 모내기에 천부적인 재주가 있어 성인이 평생 심을 양을 하루 만에 몇 트럭씩 심는다면, 그런 아이들을 위해 농림학교를 만들어야지요.(좌중 폭소) 그런데 문화부의 영역에는 그런 아이가 실제로 있다는 겁니다. 모차르트처럼 절대음감을 지닌 네 살짜리 아이들이 있는 것이지요. 이런 아이들에게 일반 교육을 실시하면 인생의 낙오자가 될 수밖에 없다는 겁니다."

5분 연설이 끝났다. 긴장과 웃음 끝에 잠깐의 틈이 생겼다. 그때 정 총리는 "그럼 반대 의견 없는 것으로 알고 통과시키겠습니다" 하고 의사봉을 두드렸다. "탕! 탕! 탕!" '한국예술종합학교 설치령'이 제정되는 소리였다. 최후의 5분 스피치로 전세를 역전시켜 한국예술종합학교 탄생을 알리는 팡파르이기도 했다.

"격렬한 논쟁이 벌어졌을 때 최고의 해결 방법은 긴장을 푸는 유머야. 웃음은 단단한 갑옷을 벗고 창을 내려놓게 하는 최상의 무기거든. 해원상생解怨相生. 풀어야 힘이 생기는 한국인들에게는 더하지."

겉으로는 썰렁한 우스갯소리로 들릴지 모르지만, 하나님의 눈곱과 귀지 이야기는 즉석에서 꾸며낸 농담이 아니라 그리스 비극 〈필록테테스Philoctetes〉에 나오는 '활과 상처'의 예술 이론을 바탕으로 한 것이었다.

필록테테스 장군은 트로이 전쟁에 참전 중 독사에게 물려 병을 앓고 발작을 일으켜 무인도에 버려진다. 그러나 그가 잃지 않은 것이 있으니, 아폴로 신에게서 받은 백발백중의 신궁神弓이었다. 그리스군은 트로이 전쟁에서 이기려면 반드시 이 신궁이 필요하다는 신탁神託을 받고, 그의 활을 훔쳐 승리를 얻기 위해 무인도에 사자使者를 보낸다. 사자가 필록테테스의 활을 가져오려면 활과 함께 그의 병인 고통의 상처도 가져와야 한다. 활과 상처는 분리할 수 없는 것임을 깨달은 사자는 필록테테스를 동반해 트로이 전쟁에 참가하고, 결국 전쟁을 승리로 이끈다.

"예술가는 무인도에서 상처를 끌어안고 혼자 괴로워하는 존재야. 어느 시대 어느 사회에서든 마찬가지지. 그 괴로움의 상처를 받아주지 않고 그의 활만 탐내는 사회는 절대로 풍요로운 사회가 될 수 없어요. 신궁의 파워와 함께 그 상처까지 포용하는 사회와 역사만이 승리와 행복의 영광을 얻는 문화국가를 이루는 것이지. 우리 사회는 어때요? 미국의 줄리아드Julliard나 프랑스의 콩세르바투아르Conservatoire 같은 예술인 양성학교 하나 없었잖아. 이 야박한 사회에 산소호흡기를 달아주자는 것이 한예종 설립의 취지였어요."

교육은 '되다'의 생성론이어야

그의 바통을 이어받은 이수정 전 문화부 장관도 예술학교 설립을 적극적으로 지원했고, 이강숙 한예종 초대 총장은 우수한 교수진을 영입해 명실공히 예술영재들을 위한 학교로서의 틀을 갖췄다. 이건용·김남윤 교수 등은 서울대 교수를 포기하고 한예종 교수가 됐고, 정명화·김대진·김영미 교수 등 국내외 실력파 음악인들이 대거 모였으며, 국악원에도 안숙선 같은 인간문화재들이 교수진으로 합류했다.

'창조'와 '천재'에 관심 있는 이어령 교수가 장관직을 수행하면서 교육에 관심을 둔 것은 당연했다. 그는 '생성론'의 교육론을 폈다.

"'있다'는 존재론이고, '되다'는 생성론이지. 아무리 훌륭한 것이라도 만들어진 것은 이미 '있는' 거야. 다이아몬드도, 포크도, 이 펜도 이미 '있는' 것이지. 존재론이야. 하지만 어린아이는 어때요? 모든 것이 '되는' 생성론이지. 출발점에 있으니 모든 것이 될 수 있는 무서운 존재거든. 그런데 우리나라 교육은 어때? '있다'의 교육이지. 틀 하나 만들어놓고 붕어빵을 뽑아

내. 아인슈타인을 봐요. 학교 성적은 엉망이었는데 스위스 바젤에 간 뒤 좋은 예비학교에서 좋은 교사를 만나 처음으로 인정받잖아. 자신의 가치를 알아봐주는 사람이 생기면서 비로소 무언가가 '되기' 시작하지. 그게 진짜 교육이야."

이어령 교수는 '재능 발현의 골든타임'을 지적했다.

"흔히들 음악 하는 사람에게도 일반 교양이 있어야 한다고 하잖아. 모르는 소리야. 음악영재들은 음악을 통해서 철학을 배우고 인생을 배워요. 세상을 바라보는 방식, 사고하는 방식이 다른 거야. 이런 아이들한테 철학을 가르치고 물리를 주입시키다 보면 재능의 날이 다 무뎌져버려요. 때를 놓치면 안 되거든. 절대음감은 4~5세 때 발현돼요. 실리콘밸리의 천재들도 그렇지. 20대 넘으면 반짝임이 예전 같지 않잖아."

아인슈타인, 베토벤, 실리콘밸리 등 소재를 종횡무진 누비던 그의 영재 교육론은 니체로 옮겨 왔다.

"니체가 인간 발달의 3단계를 낙타, 사자, 어린아이로 설명하는 것도 이런 차원이지. 맨 처음 인간은 낙타잖아. 무거운 짐을 지고 사막을 건너는 참고 견디는 인고忍苦의 존재. 그다음 단계는 힘이 센 사자야. 힘으로 주위를 지배하고 개척하는 존재. 그다음은 어린아이예요. 어떤 편견이나 틀도 없는 순진무구한 존재 자체. 어린아이는 그 무엇도 될 수 있는 무한한 가능성의 상징이지. 시작하는 것보다 무서운 힘은 없어. 생성의 힘이지."

당시 한국의 예술 교육은 예술가를 양성하는 교육이 아니라 예술과㈜ 교육자를 양성하는 교육의 성격이 강했다. 때문에 예술적 재능을 타고난 예술가들은 배울 곳이 마땅치 않았고, 교육을 위해 온 가족이 짐 싸 들고 외국으로 가는 경우가 태반이었다.

"예술영재들은 대부분 프랑스, 이탈리아로 유학을 갔어. 그러면 유학을 못 가는 아이들은 어떻게 해? 유학을 가지 않고도 최고 수준의 예술 교육을 받을 수 있게끔 하자, 더 나아가 거꾸로 외국의 예술영재들이 한국으로 유학 오게 하는 예술학교를 만들고 싶었어요."

무한한 가능성의 존재, 어린아이의 발견

수십 년이 지난 현재, 이어령 교수가 추구한 두 가지 목표는 달성됐을까. 전자는 성공했지만 후자는 요원해 보인다. 유학을 가지 않고도 국내에서 최고 수준의 교육을 받을 수 있는 곳은 속속 생기고 있지만, 예술 교육을 받기 위해 한국으로 유학을 오는 외국인은 없다. 한식, K팝, 드라마 등 다양한 분야에서 한류 붐이 일지만 유독 '교육'은 먼 나라 얘기처럼 보이는 이유가 궁금했다. "왜 교육 한류는 안 될까요?"라는 질문에 이 교수에게서 이런 답이 돌아왔다.

"한국 사람은 우뇌형인데, 좌뇌형 인간들이 시스템을 만들어서 그래요. 일제강점기에 뿌리내린 '톱-다운top-down'식 주입식 교육의 틀이 여전한 것도 또 하나의 큰 장애물이고. 우리나라 교육의 가장 큰 문제를 보여주는 것이 수학이지. 바야흐로 수학의 세상이잖아. 빅데이터, 인공지능 전부 다 수학을 기반으로 하지. 그런데 우리는 어때요? '수포자', 그러니까 수학을 포기한 자의 천국이잖아. 수학경시대회 상은 휩쓸어도 수학 흥미도는 꼴찌 수준이고. 그런데 인공지능에서 두각을 나타나는 나라들을 봐요. 수학경시대회 성적은 별로지만 흥미도는 최고지."

재미와 흥미. 그가 강조하는 교육철학이다. 그가 직접 작사한 한예종 교가校歌에도 그 철학이 고스란히 드러난다.

"이 세상에 보람 있는 일들 많으나 마음 만드는 것보다 즐거운 일 없어라. 내 손끝에서 웃음과 눈물은 고운 꽃 되고 우리 눈빛에서 어둠은 태양이 된다."

'마음 만드는 것보다 즐거운 일 없어라'에서 '즐거움'과 '재미'를 강조한 몬테소리Montessori의 교육이념이 읽힌다.

그가 문화부 장관을 그만둔 직후 눈을 돌린 대상 역시 아이들이다. 문화부 장관을 하는 동안 순진무구한 백지 상태의 아이들에게서 무한한 가능성을 발견한 그는 아이들이 지닌 창조의 씨앗들이 싹을 틔울 수 있는 일에 힘을 쏟았다. 그의 이름을 단 어린이 책이 쏟아져 나오기 시작한 것도 이때부터다. '이어령의 춤추는 생각학교' 시리즈와《생각 깨우기》《누가 맨 먼저 생각했을까?》《생각을 달리자》등의 '이어령의 교과서 넘나들기' 시리즈가 대표적인 예다.

"문화부 장관을 하면서 한계를 느꼈지. 기성 세대, 어른들이 세우는 문화예술 정책에는 한계가 있더라고. 그래서 자라나는 어린아이들을 눈여겨보기 시작했어요. 아이들이야말로 그 무엇이든 될 수 있는 무한한 가능성의 존재잖아. 세살마을을 만들고, 새천년인 2000년에 새로운 생명이 태어나는 모습을 TV로 방영한 것은 이런 차원이에요. 어린아이의 발견이지."

신라왕관 복제품이 국가 상징물?

문인·교수 출신의 문화부 장관 시절, 그와 대통령과의 관계는 어땠을지 궁금해졌다. 당시는 노태우 대통령 정부 시절이었다. 군사문화의 잔재가 남은 권위주의 시대에, 권위라면 질색인 그는 관료조직에서 어떻게 버텨냈을까. 또 그 권위를 바라보는 마음, 권위를 받아들이는 태도는 어땠을까. 적어도 그것에 무조건 굴복할 리 없었을 것이라는 확신은 들었다. 그래서 슬쩍 물었다. "혹시 재임 중에 대통령과 각을 세운 적은 없으셨나요?" 금세 답이 돌아왔다.

"아니, 각은 무슨 각? 동그라미도 그려본 적이 없는데. 생각해봐요. 대통령을 '각하'라는 극존칭으로 부르던 시절이잖아.

더구나 문화부는 대통령과 독대하면서 각을 세울 만큼 주요한 자리도 아니야. 국무위원 전체가 모이는 자리가 아니면 대통령과 대면할 수도 없었는데 독대해서 의견을 나눠볼 기회가 있었겠어? 하지만 말야……"

"하지만 말야"에서 속으로 외쳤다. '됐다!' 그가 미끼를 물었다. 대어大魚가 낚였다.

"1991년 9월에 유엔에 가입한 한국 정부는 관례에 따라 한국의 유엔가입 기념물을 선정해 보내야 했어요. 말하자면 국가 상징물 같은 것이지. 그 일을 진행해온 주무부는 문화부가 아닌 외무부였는데, 금관 레플리카replica(복제품)를 선정했더라고. 내가 그 사실을 알게 된 때는 이미 대통령 재가까지 난 뒤였지. 허, 참."

관광 기념품 같은 모조품을 국가 상징물로 보내다니. 아무리 생각해도 뒷짐 지고 있을 일이 아니라고 생각한 그는 대안을 제시했다. 최초의 한글 활자본인《월인천강지곡月印千江之曲》에 특별한 의미를 담아 선물하자는 것. 1000년 동안 보존된다는 특별한 한지에《월인천강지곡》활자본을 복원하고, 이것을 인쇄했던 당시의 활자를 재주조한 조형물을 제작해 기증하자고 한 것이다. 구텐베르크Gutenberg의 금속활자보다 앞선 세계 최초의 금속활자본인《직지심체요절》을 보유한 국가로서, 우리나라가 활자의 종주국이라는 사실을 세계에 알리는 계기가 될 것이란 아이디어였다. 더불어 한국이 막강한 한자 문화의 지배권에서도 주눅들지 않고 한글을 창제한 나라임을 자연스럽게 알리는 효과도 있었으니 일석이조였다.

그러나 현실의 벽은 높아 보였다. 대통령의 재가까지 받은 사항을 번복할 수 없다는 것은 예나 지금이나 관료사회의 불문율이다. 더군다나 대통령의 승인을 '윤허允許(임금이 신하의 청을 허락하는 것)'라 일컫던 시대다. 이어령 교수는 먼저 외무부와 실랑이를 해봤으나 역시 통하지 않았다. 직접 대통령을 면담해 직소直訴하는 길밖에 없다고 생각했다. 주무부서인 외무부가 결정한 일이자 대통령의 결재까지 난 사항을 뒤집는 것이 과연 가능할까. 만용에 가까운 일이었다.

"결국 대통령께 각을 세우게 된 거군요."

나는 성급하게 본론을 향해 몰았다.

"처음엔 나도 마음을 단단히 먹었지. 이를테면 돈키호테가 풍차를 향해 돌진하듯 쳐들어간 거야."

노태우 대통령을 독대한 자리에서 그는 애초부터 이 일은 문화부와 상의해서 진행했어야 한다는 불평부터 털어놓았다. 그래서 문화부를 신설하시지 않았느냐는 원망조로 운을 떼면서. 그런 뒤 외무부의 결정이 왜 잘못되었는지 낱낱이 지적하고 그 대안을 제시했다. 유엔 전시품으로《월인천강지곡》을 찍은 금속활자영인본을 보내자고, 이를 통해 우리나라가 활자 종주국임을 세계인에게 보여주자고 제안했다. 금속활자란 본래 주조해서 찍어내는 것이라 진품과 복제품이 따로 없으니 금관 복제품과는 그 가치가 비교되지 않는다는 말도 잊지 않았다.

노태우 대통령의 한마디

"그런데 시간이 갈수록 힘이 빠졌어."

이어령 교수는 한숨을 푹 내쉬더니 말을 이었다. 바둑판에 비유하자면 포석과 초반 진행에서는 이 장관의 우세였고 결과도 불계승이었다고 했다.

"처음엔 내가 이겼다고 생각했지. 왜냐하면 묵묵히 듣고 난 뒤 대통령께서는 단 한마디, '문화부 장관 안(案)대로 진행하세요'라고 윤허(?)를 내리셨으니까."

거기까지는 좋았다. 의기양양하던 이 장관은 판세를 몰아 한 술 더 떴다. "각하. 죄송하지만 시간이 없습니다. 지금 바로 외무부 장관에게 말씀해주셔야 합니다."

이번에도 대통령은 그 자리에서 바로 전화로 지시를 내렸다고 한다. 문화부 안대로 시행하라고. 그런데 쾌재를 부르려는 순간 예상치 않던 대통령의 질문이 던져졌다.

"이 장관, 참용기가 무엇인지 아십니까?"

대답을 찾기 위해 머뭇거리고 있는 동안 대통령이 답했다.

"'참아라'의 참, '용서하라'의 용, 그리고 '기다려라'의 기. 이 것이 '참용기'지요. 평생 살아오는 동안 내가 좌우명으로 삼은 말입니다.”

그 순간 이어령 교수는 죄 짓다 들킨 사람처럼 가슴이 뜨끔했다고 했다.

“나야말로 참을성 없고 남을 용서할 줄 모르며 거기에다 성미까지 급해 기다릴 줄도 모르니까. 유엔가입 기념물을 놓고 외무부와 실랑이를 벌이고, 성급하게 밀어붙이려 한 나의 저돌적 행동과 무례가 ‘참용기’의 세 글자 덫에 걸리고 만 거야.”

참회록이자 반성문에 가까운 고백에 순간 귀를 의심했다. 전례 없이 차분한 그의 표정에선 역전패를 당한 쓸쓸한 느낌도 묻어났다. “각을 세우려다 모난 돌이 정을 맞았지”라고 말하는 대목에서는 장난하다 들킨 초등학생이 벌설 때의 표정도 비쳤다.

결과적으로 그의 저돌적 행동은 통했고, 국가 상징물도 그의 안대로 정해졌다. 그때의 결과물은 수십 년이 지난 지금도 생생히 숨쉬고 있다. 뉴욕의 유엔본부에는 당시 대한민국 정부가 기증한 《월인천강지곡》의 활자본, 그리고 그것을 인쇄한 활자들을 복원한 조형물이 그 위용을 드러내며 전시돼 있다.

“지금도 나는 유엔에 우리의 금속활자를 보낸 결정을 후회하지 않아요. 아니, 자랑하고 싶어요. 하지만 그것을 수행하는 과정에서 독선적이고 저돌적으로 행동한 것에 대해서는 얼굴이 붉어져. 참용기가 아닌 오만과 허세가 깔려 있었지.”

만약 그때 유엔가입 기념물로 신라왕관 복제품을 만들어 보냈다면 어땠을까. 화려한 보석들이 박힌 외국의 왕관들을 익히 봐왔던 사람들의 눈에 띄기라도 했을까. 더구나 가짜가 아닌가. 《월인천강지곡》의 고본古本을 복사 확대한 복제품은 사람 키만큼 높은 유리 상자에 보관돼 있어 한눈에 띈다. 더구나 한글 활자로 된 것이기에 한국의 고유 문자인 한글의 독창성을 당당하게 전시하는 효과도 있다.

이어령 교수는 또 다른 의의를 설명했다.

"《월인천강지곡》은 불경에서 나온 말이잖아. '월인천강月印千江'의 뜻을 잘 들여다봐요. 하나의 달이 똑같은 모양으로 천千의 강물에 비친다는 뜻이야. 활자의 인쇄 철학과도 기막히게 통하지."

이 의미를 발견해낸 그의 지력에 또 한 번 감탄이 나온다. 역사는 때론 소수에 의해 움직인다. 한 사람의 아이디어가 나라 전체의 이미지를 바꿀 수도 있다. 좋게도 나쁘게도. 그래서 창조는 개인의 힘이지만 그것의 결과는 국력이 된다.

창조는 개인이 하지만, 결과는 국력이 되지

이어령 교수의 고백을 곰곰 생각해본다. 대통령의 '참용기' 운운으로 얼굴이 붉어졌다는 뒤늦은 고백. 예나 지금이나 창조력을 지닌 사람은 사회성이 부족한 경우가 많고, 대인관계가 매끄럽지 못해 곤란을 겪기도 한다. 평생 소리 내어 웃어본 적이 없었다는 뉴턴, 학교에서 선생과 말다툼이 잦아 추천장을 받지 못해 취직도 못한 아인슈타인. 그들의 업적은 눈부시지만 그런 아이가 주변에 있다면, 내 아이의 친구였다면 어땠을까 하는 생각도 해본다.

이번 이력서는 창조의 이력서가 아닌 참회의 이력서다. 어찌 보면 떠올리고 싶지 않은 자신의 치부일 수도 있을 터, 나의 공연한 질문이 이어령 교수의 아픈 상처를 건드린 것 같기도 했다. 찾아보니 그는 아주 오래전 '참용기'의 교훈을 글로 남긴 적이 있다. 국내외 인사 175인의 기록을 담은 책 《노태우 대통령을 말한다》에서다.

"나는 그때 '참용기'란 석 자 말풀이에서 그분이 왜 문화부를 신설하려고 했는지, 왜 일차개각 때 장관 자리를 고사한 사람에게 다시 장관직을 맡기는 도량을 베푸셨는지 모든 의문이 풀렸다. 대통령과는 지연이나 학연은 물론이요, 어떤 인맥도 닿는 데가 없다. 대선 때에도 손가락 하나 움직이지 않았던 생면부지의 사람, 현실 정치와는 담을 쌓고 지내온 사람, 대학 학과장조차 맡기 싫어하는 사람, 어쩌자고 그런 사람에게 신설 문화부의 초대 장관 자리를 맡길 생각을 하셨는가. 국무회의의 석상에서도 '이제 모든 장관은 물리적 힘이 아니라 문화적 접근을 통해 국민을 감동시키는 행정을 펴도록 하세요'라는 말로써 힘없고 가난한 신설 문화부에 추임새를 보낸 대통령. 정말 그랬다. 나는 어렸을 때 심한 싸움으로 코피가 터져도 이를 악

물고 울지 않았다. 그러나 누가 '너 얼마나 아프니' 하고 역성을 들어주면 그 사람 품에 얼굴을 묻고 엉엉 울었다."

당시 노태우 대통령은 이어령 교수의 아킬레스건을 콕, 찌른 셈이었다. 이성과 감성의 극단을 두루 지닌 이 교수는 강자 앞에서는 강하지만, 감동을 주는 감성 앞에서는 와르르 무너져 내릴 때가 많다. 마치 이솝우화 〈해와 바람〉에서 나그네의 옷을 벗기는 건 세찬 바람이 아닌 따스한 햇살이었듯. 그는 문화부 장관 수락 순간을 생생하게 회고했다.

"1989년 겨울이었지. 일본에 머물 때였어. 아들 결혼식 때문에 귀국했다가 잠시 틈을 내 KBS의 특별대담 프로그램에 출연했었지. 그날 녹화를 마치고 집에 왔더니 방송국 카메라와 신문기자들이 대기하고 있는 거야. 웬일인가 어리둥절했지. 초대 문화부 장관으로 입각하게 된 소감을 물어. 그 며칠 전 홍성철 비서실장(후에 통일원 장관)이 입각 문제로 방문해서 서로 의견을 나눈 적은 있었지만, 수락하겠다는 말은 안 했거든."

하지만 주사위는 던져졌고 그는 루비콘강을 건너간 상태였다. 게다가 하필 사돈댁에서 이바지 음식을 잔뜩 해온 날이었다. 취재진은 그것을 자신들의 방문 취재에 대비해 마련한 잔치음식이라고 해석했다. 이 교수는 번쩍이는 플래시 세례를 받으며 얼떨결에 인터뷰에 응했다.

"네, 저는 아무것도 없는 황량한 벌판에 집을 지으려고 온 목수입니다. 문화의 초석과 네 기둥을 세우면 목수는 떠나야 하는 법이지요. 그것이 목수의 운명이니까요."

취임사인지 퇴임사인지 헷갈리는 말이었지만 이 다짐은 지켜졌다. 그는 정말 문화의 네 기둥을 세운 뒤 미련 없이 떠났으니까.

"대통령께서는 함께 임기를 마치자고 했지만 그러지 못했어. 당시 정원식 총리에게 사의를 전하고 한국예술종합학교 설치령 통과를 끝으로 떠났지. 요즘 보면 한예종 출신들이 참 잘해주고 있잖아. 특히 음악, 무용, 연출 부문에서 말야. 그럴 때마다 나는 속으로 참 감사해."

14

반걸음만 앞서서
내다보라

너무 일렀던 쌍방향 소통, '페스탈로치 프로젝트'

이번 인터뷰는 한중일비교문화연구소가 아닌 영인문학관으로 공간을 옮겨서 진행했다. 영인문학관 위층에 있는 자택의 거실 소파에 앉으니 전면의 널찍한 통창으로 인왕산이 훤히 내려다 보였다. 거실의 두 벽은 온통 책이다. 7단짜리 책꽂이는 바닥 부터 천장까지 책으로 빈틈없이 빼곡하다. 곰팡이 냄새가 풍길 듯한 낡은 책에서부터 알파고 관련 신간까지 다양하다. 그야말 로 백년서재다웠다.

　테이블 위에는 인공지능 관련 서적들이 층층이 쌓여 있다. 이어령 교수는 "알파고 관련 글을 쓰고 있어요. 알파고 때문에

은퇴가 더 늦어지게 생겼어"라며 허허 웃었다. 소파 주위를 둘러보니 스마트폰이 네 대, 태블릿 PC가 여섯 대 보인다. 태블릿 PC는 저마다 용도가 분명하다. 두 대의 아마존 킨들은 각각 일본어책, 영어책 독서 전용 단말기이고 갤럭시탭은 검색용, 아이패드프로는 스마트 키보드 용도다.

이곳은 달의 뒷면 같은 곳이다. 방송과 언론을 통해 보이는 이어령의 공간이 아닌, 그가 잠옷 바람으로 잠자고 일어나고 어슬렁거리는 사적인 공간. 늘 정제된 옷차림으로 꼿꼿이 앉아 말을 잇던 그가 이날은 좀 편안해 보였다. 소파 위에 양반다리를 하고 올라앉는가 하면 우리 일행에게 손수 실내 슬리퍼를 가져다주기도 했다.

"오늘 주제는 이 공간을 닮았어요. 대학교수 시절 이야기거든. 대학은 지성의 밀실密室이잖아. 열린 사고를 모색하는 공간인 동시에 폐쇄적인 공간이기도 하지."

지성의 밀실에서

이어령 교수는 40년 가까이 대학교수로 지냈다. 그가 교수로서 거쳐온 대학도 많다. 모교인 서울대는 물론 단국대와도 인연이 있고 이화여대에서는 무려 30여년간 교수 생활을 했다. 하지만 문단의 이어령, 언론계의 이어령, 장관 시절의 이어령에 비해 교육자 이어령에 대해서는 상대적으로 덜 알려져 있다. 그가 대학을 '지성의 밀실'이라 표현한 것은 이런 면모와 무관하지 않다.

서울대 문리대를 졸업한 직후 경기고등학교에서 교사로 재직한 그는 단국대 국문과 전임강사와 서울대 문리대 국문과 시간강사를 지냈다. 틀에 박힌 사고를 거부하고 남과 다른 발상을 추구한 그는 대학에서도 다르지 않았다. 답습踏襲을 병적으로 싫어해 남이 써놓은 교재를 사용하지 않았다. 기존의 이론들은 창조적 발상의 재료일 뿐이었다. 대학 강단에서 그의 강의는 도끼질 같았다. 지적 충격으로 머리가 쩍쩍 갈라지는 듯한 경이로움을 주는 도끼질.

"서울대 문리대 옆에 빨간 벽돌 건물이 있어. 문리대 부속 건물로 썼기 때문에 내가 거기에서 강의를 했거든. 당시 서울대는 자유수강신청제라 수강인원 제한이 따로 없었어. 그런데 내 과목은 수강신청 인원이 넘쳐서 두 개의 칸막이를 뜯어냈어요. 세 개의 강의실을 쓴 거지."

이어령 교수는 벽을 허문 강의실을 사용했던 교수를 한 명더 꼽았다. 바로 철학과 조가경 교수다. 현상학의 최고 권위자중 한 명으로 꼽히는 그는 현재 뉴욕주립대 철학과 석좌교수로있다. 암울한 시대였던 당시, 두 사람의 강의는 젊은 지식인들에게 파문을 일으켰다. 독일 유학을 다녀온 조가경 교수의 실존주의 강의, 〈우상의 파괴〉로 문단을 뒤흔들면서 혜성처럼 등장한 이어령의 문학연구방법론 강의는 신선한 지적 충격이었다. 문학평론가 김현, 염무웅, 김치수, 시인 김지하, 언론인 김학준 등이 당시 이어령의 서울대 강의를 수강했다. 이 교수는 "강의를 들은 학생들은 인근의 다방으로 자리를 옮겨 열띤 토론을 하곤 했지"라고 회상했다.

문인이거나 학자이거나, 혹은 경계인이거나

이어령 교수는 자신을 '1세대 한국 현대문학 교수'로 표현하는가 하면 '비운의 대학교수'라고도 한다. 비운이라니. 40년 가까이 교수 생활을 한 그가 왜 이런 표현을 썼을까. 겉으로 보이는 이력에 따르면 20대에 대학교수를 시작해 80세까지 석좌교수를 역임했으니 '행운의 대학교수'라는 표현이 적절한 듯한데 말이다. 하지만 이면의 이력은 달랐다. 그는 먼저 당시의 학문적 분위기를 전했다.

"문학은 미술이나 음악과 달라요. 다른 예술 분야보다 학문적 성격이 강하지. 당시 우리나라에는 현대문학을 가르칠 만한 사람이 드물었어. 대학에서 제대로 공부하고 외국어를 제대로 배우고 학위논문을 제대로 써서 학위를 받은 사람이 거의 없었거든. 일제강점기하에서 작가들은 대부분 정규 대학을 다니질 못했고, 고급 룸펜들이 많았던 탓도 있지. 그런데 정규 대학을

232

졸업하지 않은 사람은 해방 직후에도 서울대 강단에 설 수 없었어. 더군다나 서울대 문리대는 일제의 유일한 '제국대학'이잖아. 아카데미즘이 워낙 강했지."

당시 문학인은 대체로 두 부류였다. 문인이거나 학자이거나. 그러나 이어령은 그 둘 사이에 낀 경계인이었다. 〈우상의 파괴〉로 대중의 인기를 얻은 문단의 스타인 동시에 서울대에서 별난 아카데미즘을 고집하는 정통 국문학자이기도 했으니 말이다. 그는 이 사이에서 적잖은 혼란을 겪어야 했다.

"현대문학 1세대였으니 구별이 안 되는 거야. 문단인으로서의 나인지, 학자로서의 나인지. 자기정체성이 없었지. 이 둘은 엄연히 달라요. 저널리즘은 대중을 지향하지만 대학에는 경제·정치 논리와는 무관한 순수 상아탑적인 분위기가 있거든. 그 학문이 소수 몇 사람만을 위한 것일지라도 말이에요. 서울대에 계속 있었으면 아마 학자로서의 나로 남았을 거야."

하지만 그는 서울대에 오래 머물지 못했다. 가장 큰 이유는 소위 안티 세력의 반대가 컸기 때문이다. '붓 깡패'로 불리던 그는 사방에 적敵을 뒀다. 기성 문단과 선배 문인을 가리지 않고 거칠 것 없이 써내려간 그의 비평은 독자가 보기엔 속 시원하고 새로웠지만 작가 당사자에게는 더없이 날카로운 비수가 됐다. 작품 평이 쌓일수록 그의 붓에 난도질 당하는 문인도 늘었다. 서울대에도 안티 세력이 많았고 개중엔 "이어령이 교수 되면 서울대가 망한다"며 사표를 써서 주머니에 넣고 다니면서 그의 교수 임용을 극구 반대하는 교수들도 있었다. 결국 그는 서울대를 나와야 했다.

이후 이 교수는 언론인의 길을 걸었다. 20대에 맡은《서울신문》논설위원을 시작으로《한국일보》《경향신문》《중앙일보》《조선일보》등 5개 일간지에서 논설위원으로 활약했다. 한국 언론계의 전무후무한 이력이다. 그는 보수 매체와 진보 매체를 가리지 않고 지성인의 예리한 촉수로 정치·경제·사회 이슈를 거침없이 논했다.

그의 글은 딴딴했다. 해박한 지식과 편견 없는 사고, 공명정대한 비판의식과 논리적 필치로 써 내려간 글은 종종 논설의 전범典範이 됐다. 국어 교과서와 논술 교재에도 그의 글은 단골로 등장한다. 이렇게 최연소 논설위원으로서 남부러울 것 없는 명성을 날렸지만 그것은 정작 그가 원하는 길이 아니었다고 한다.

"사실 나는 글을 쓰는 것보다, 언론인으로서 유명해지는 것보다, 대학 강의실 안에서 지적 교류를 하는 대학교수가 되는 것이 꿈이었어요."

얼마 후 그의 꿈은 다시 이루어졌다. 이화여대 김옥길 총장이 그를 적극 영입해 33세에 이화여대 국문과 교수가 된 것이다. 이후 그는 이화여대와 길고 깊은 인연을 이어갔다. 1990년대 초반 문화부 장관에 임명되면서 잠시 이화여대를 떠났지만 장관을 그만둔 후엔 다시 학교로 돌아와 석학교수가 됐다. 남다른 인연으로 그는 이화여대 100주년 기념 노래의 가사를 썼고, 2011년에는 '자랑스러운 이화인 상'을 받았다. 강단을 떠났던 교수가 석학교수로 영입된 것도, 남성이 '자랑스러운 이화인 상'을 받은 것도 이화여대 역사에선 드문 일이었다.

단추 세 개로 하는 쌍방향 소통

"오늘의 가장 중요한 이야기는 지금부터야. 장관을 하다가 숙명적으로 다시 이대에 돌아온 이후의 얘기지."

다양한 분야를 1시간가량 종횡무진 누비던 그는 말의 속도를 늦추더니 또박또박 끊어서 말했다. 강조하고 싶을 때 쓰는 어투다.

1995년 이화여대 석학교수로 영입된 그는 전공에 상관없이 모든 학생이 들을 수 있는 강좌를 맡았다. '한국인과 정보사회' '한국 문화의 뉴패러다임'이 그것. 대규모 강의실의 환경은 그에게 또 하나의 창조거리를 던졌다.

"500명이 들어차는 계단식 강의실에 섰는데 답답한 게 한두 가지가 아니었어. 출석 체크에만 15분이 걸리고 뒤에 앉은 학생들과는 피드백이 안 돼서 녹음기를 틀어놓은 것이나 마찬가지잖아. 이게 무슨 의미가 있나 싶었어요."

이 시점에서 창조적 아이디어가 떠올랐다. 일명 '페스탈로치 프로젝트'. 쌍방향 소통 강의를 위한 프로젝트다.

"단추 세 개가 달린 막대기 모양의 테스크바를 각 학생의 의자에 장착하는 거지. 단추는 빨간색, 파란색, 노란색으로 구성돼 있어. 파란색은 예스$_{yes}$, 빨간색은 노$_{no}$, 노란색은 메이비$_{maybe}$를 의미해요. 강연에 대한 반응을 실시간으로 띄우는 거지. 재미있으면 파란색, 재미없으면 빨간색, 무슨 이야기인지 모르겠다면 노란색을 누르는 식으로. 그럼 강연 내용에 대한 반응을 교탁 모니터를 통해 알 수 있는 거예요. 지금 내 이야기를 알아듣는 사람이 15퍼센트 정도라면 부연설명을 하고, 거의 다 아는 이야기라는 통계가 보이면 설명을 건너뛰는 거지. 그리고 반대로 내가 수강생에게 질문을 해서 실시간으로 피드백을 받을 수도 있어. 자동으로 출석이 체크되는 건 물론이고."

페스탈로치 프로젝트는 강의실뿐 아니라 국회, 간담회, 세미나 등 쌍방향 소통이 필요한 곳이라면 어디에서든 유용하다. 실시간으로 반응을 송신해야 하니 강연자는 물론 청중의 참여도와 집중도를 높이는 효과가 크기 때문이다. 관련 데이터가 학교 본부에 쌓이면 빅데이터로서의 효용 가치가 높다는 것도 이 프로젝트가 갖는 또 하나의 장점이다. 해당 수업에 대한 습득률 및 학과별·시간대별·학년별 수용도 등에 대한 상세정보를 보여줌은 물론 향후 커리큘럼 작성 시 훌륭한 참고자료가 된다. 교수 평가가 자연적으로 이루어지는 것은 덤이다.

그가 고안한 페스탈로치 프로젝트는 꽤 진전을 보여 LG 측과 MOU를 맺고 기기 및 시스템 개발에 착수하기도 했다. 그러나 이 작업은 얼마 못 가 흐지부지되고 말았다. LG의 경영진이 교체되면서 그때까지 진행되고 있었던 프로젝트 중 상당수가 무산됐는데 그중 하나가 페스탈로치 프로젝트였던 것이다. 이어령 교수는 아쉬운 표정을 감추지 못하더니 스마트폰을 꺼내 말을 이었다.

"지금은 얼마든지 가능해요. 이것(스마트폰)만 있으면 말이야. 기기를 개발할 필요도 없어. 실시간 대화방을 만들어 반응을 올리면 되니까. 이걸 교수가 한눈에 볼 수 있게 그래프 같은 것으로 변환할 수 있는 소프트웨어만 만들면 되지."

아인슈타인이 한국에서 태어났다면

끝내 무산된 이어령 교수의 페스탈로치 프로젝트 얘기를 들으며 미국 스탠퍼드대학의 앤드루 응Andrew Ng 교수가 창업한 코세라Coursera가 떠올랐다. 세계 최대의 무크MOOC, Massive Open Online Course(대규모 온라인 공개강의) 플랫폼을 개발·운영하는 코세라는 스탠퍼드대, 예일대, 하버드대, 칭화대, 베이징대 등 세계 유수의 대학 강의를 무상으로 들을 수 있는 온라인 공개강좌 서비스를 제공한다.

코세라는 대학 강의실에 일대 혁명을 몰고 왔다. 응 교수가

237

코세라를 창업한 2012년을 《뉴욕 타임스》가 '무크의 해'라고 표현했을 정도다.

앤드루 응 교수는 관련 기술을 개발하면서 이렇게 취지를 밝혔다. "고등교육은 인간이라면 누구나 누려야 하는 보편적 권리다." 이어령 교수가 시도한 페스탈로치 프로젝트의 철학과 유사한 면이 있다. 응 교수와 마찬가지로 이어령 교수도 교육의 균등한 기회에 가치를 두었다. 이는 '페스탈로치 프로젝트'라는 이름에서부터 알 수 있다. 요한 하인리히 페스탈로치Johann Heinrich Pestalozzi는 지위고하를 막론하고 누구에게나 교육의 기회를 균등히 부여하기 위해 다양한 활동을 펼친 18~19세기 교육 운동가였다.

앤드루 응 교수가 2012년에 성공시킨 기술기반 공개강좌를 이어령 교수는 그보다 12년 빠른 2000년에 시도했다. 시대를 너무 앞선 탓에 현실화되지 못한 것일까.

그의 강의도 시대를 앞서가긴 마찬가지였다. 2001년 '한국인과 정보사회' 강의 시간에 이미 이 교수는 인공지능이 몰고 올 각 분야의 부작용을 역설했다. 정보기술 전문잡지 《와이어드 Wired》에 실린 미국의 컴퓨터과학자 빌 조이(버클리 유닉스Berkeley Unix 운영체제와 선 마이크로시스템스Sun Microsystems의 공동 창립자)의 글을 원문으로 소개하면서 말이다. 빌 조이는 2000년에 쓴 '미래에 우리는 왜 쓸모없어질 것인가'라는 글에서 "로봇공학, 유전공학, 나노공학 등의 기술은 인류의 미래를 위협할 수 있기에 무조건적

개발에 앞서 이에 대한 광범위한 토론이 이루어져야 한다"고
주장했다.

당시는 인공지능이 공상과학영화의 소재로만 쓰이던 시대였
다. 그때 이어령 교수의 강연 내용을 제대로 이해한 학생이 얼
마나 될까. 이메일조차 일반화되기 전인 그 시대에 '인공지능
로봇의 위험성'은 현실과 너무나 동떨어진 얘기라 와 닿지 않
았을 것이다.

쌍방향 강의든 교양과목 '한국인과 정보사회'와 '한국 문화
의 뉴패러다임'이든 그의 강의는 시대를 너무 앞선 것이었다.
반 발짝 정도였다면 좋았을 텐데 그는 큼지막한 보폭으로 저
앞에 성큼 나아가 있었다. 만약 그가 그 모든 시도들을 10년쯤
늦게 했다면 어땠을까. 쌍방향 강의의 성공 확률도, 학생들의
강의 이해도도 더 높지 않았을까.

이어령 교수와 앤드루 응 교수, 두 사람이 구상했던 프로젝
트의 성패를 가른 결정적 차이가 하나 더 있다. 둘 다 아시아
인이지만 응 교수는 실리콘밸리에, 이 교수는 한국에 있었다는
점이다. 이는 단순한 물리적 공간의 차이가 아닌 '인재에 대한
기준의 차이'를 의미한다. 미국과 한국은 인재를 바라보는 시
각, 인재를 양성하는 과정이 달라도 너무 다르다. 이어령 교수
는 자주 이런 질문을 던지곤 했다.

"아인슈타인이 한국에서 태어났다면 어떻게 됐을까?"

"스티브 잡스가 한국에서 태어났다면 어떻게 됐을까?"

그래서 나는 반대로 이런 상상을 해본다.

'이어령 교수가 미국에서 태어났다면 어떻게 됐을까?'

15

천진난만의 힘,
자유분방하게 사고하라

백남준과 대전엑스포 재생조형관

"한국 사람은 무엇이든 잘 버려. 쓰레기 버리듯 마구 버리지."

만나자마자 이어령 교수가 던진 일침이다.

"말끝마다 버리잖아. '내버려'에서부터 시작해서 '먹어버려' '쓸어버려' '잡아버려' '잊어버려'……. 무언가를 결단하거나 포기할 때에도 버리라는 말이 따라붙고, 심지어 '버린다'를 겹쳐서 '버려버려'라고 해."

그는 '버려'의 수십 가지 예를 늘어놓다가 갑자기 어조를 바꾼다.

"그런데 말이야, 한국인은 절대로 버리지 않는 민족이야. '버려둬'라는 말이 있잖아."

반전이다. 종종 그렇듯, 오늘도 이어령 교수는 반전과 뒤집기로 시작했다. '버리다'와 '두다'는 반대말임에도 우리는 그 말을 예사롭게 겹쳐서 쓴다. '내버려두라'는 말은 '버리라'는 뜻인지 '그냥 두라'는 뜻인지 알쏭달쏭하다. '내버려둬'의 의미를 곱씹으며 함께 웃던 이 교수는 웃음기를 거두고 본론으로 들어갔다. 대전엑스포의 재생조형관을 만들었던 아이디어와 그 뒷이야기. 오늘 인터뷰 주제는 '버려둬'의 미학과 그 창조에 얽힌 에피소드다.

'버려둬' 모순의 미학

"김치가 쉬면 버려야지. 그런데 버려야 할 것을 '두어' 묵은지로 만들어 삼겹살을 싸 먹으면 기막히게 어울려. 화려한 변신을 하는 거야. 김장 때 버린 무청이나 배추의 잎을 말려 '시래기'로 만들어두었다가 우거짓국을 끓여 먹으면 천하의 별미야. 또 밥을 짓다 보면 탈 때가 있잖아. 그것을 버리지 않고 그대로 두고 먹는 것이 누룽지고, 그게 또 한식의 마지막을 장식하는 숭늉이 되지. 또 있어. 버린 자투리 천을 하나하나 두었다가 이어서 아름다운 조각보를 만든 게 누구야. 한국의 어머니이자 누이 들이지."

이번 인터뷰를 통해 '아하' 하고 발견한 것이 있다. 하나로 수렴되는 이어령 교수 창조력의 씨앗, 바로 '한국인의 밈'이다. 그는 우리말과 우리글 등 늘 '우리 것'을 파헤치고 한국인의 습성을 들여다보면서 창조의 모티브로 삼아왔다. 그런 방식으로 뿌리내린 창조력은 한국인뿐 아니라 인간 보편의 폭넓은 감동을 이끌어낼 수 있도록 변용과 융합을 거듭하면서 줄기를 뻗어나갔고, 그렇게 맺은 창조의 결실들은 한국인뿐 아닌 세계인의 심금을 울렸다.

대전엑스포 재생조형관 프로젝트 역시 한국인의 밈에서 발견한 뿌리로 전 세계의 공감대를 이끌어낸 예다. 1993년 8월 7일부터 11월 7일까지 93일간 열린 대전엑스포는 국내에서 처음 열리는 BIE_{Bureau International des Expositions}(국제박람회기구) 공인의 박람회였다.

대전엑스포는 세계 108개국과 33개 국제기구가 참여하는 등 성황리에 개최됐다. 관람객은 국내외 1450만 명에 달했는데, 그중에는 프랑수아 미테랑_{François Mitterrand} 당시 프랑스 대통령도 있었다. 전기자동차를 타고 재생조형관에 도착한 미테랑 대통령은 전시관 입장에 앞서 원추형의 철골구조에 5만 여 개의 빈 병으로 만든 전시관에 큰 관심을 보였다. 기자회견에서도 그는 가장 흥미 있는 곳으로 재생조형관을 꼽았는데, 이 건축물의 씨앗이 바로 이어령 교수의 아이디어였다.

"그것 역시 유년 시절의 기억에서 가져왔어. 굴렁쇠처럼."

창조적 상상력 이야기만 나오면 그는 80세 넘은 노안이 갑자기 개구쟁이 아이처럼 변하곤 하는데, 이때도 그랬다. 진지한 표정은 싹 거두고 장난기 가득한 어린아이의 표정이 나온다.

"어렸을 때 엿장수 가위 소리만 나면 집구석에 있는 빈병을 몽땅 집어 달려가잖아. 그게 바로 인간의 문명을 지속시키는 리사이클이야. 내버린 빈병을 두었다가 엿으로 바꿔 먹는 것, 그게 바로 '버려둬'잖아."

이어 그는 "아! 백남준이 하는 거 있잖아"라더니 신이 나서 설명했다.

"비디오아트, 설치예술, 그게 다 버린 것들을 뒀다가 재생한 예술이에요. 고물상에서 주워온 것들이 많지. 텔레비전이 망가지면 그게 로봇의 얼굴이 되고, 바이올린도 피아노도 버려두었다가 피아노 건반을 망치로 깨고 바이올린을 새끼줄에 묶어 뉴욕 거리에서 끌고 다니면 새로운 퍼포먼스가 되지. 그게 바로 한국인의 장기인 '버려둬'의 미학이자 철학이야."

어령이랑 남준이

이 교수는 비디오아티스트 백남준과 짝이 잘 맞았다. 백남준을 언급할 때도 '백남준과'가 아니라 꼭 어린애처럼 '백남준이랑'이라 한다.

244

"백남준이 나보다 한 살 위야. 어른이 되어 만났지만 우린 꼭 골목에서 만난 애들처럼 친했지. 그이가 나더러 '이 형' 하고 부를 때도 있고, '어령이' 할 때도 있었어. 그이가 서울에 오면 주로 내 집 근처인 평창동 올림피아호텔에 묵었어. 그의 화집畵集을 출판한 김종규 씨(당시 삼성출판사 회장) 집에서 밤새도록 이야기를 주고받고 그랬던 기억이 나. 백남준의 비디오아트를 리사이클아트로 변환시킨 게 대전엑스포전 주제가 되었고, 실제로 백남준을 초대도 했지."

'재생과 순환'이라는 리사이클관의 주제는 세 명의 건축디자이너에게 전달됐고, 최종적으로 최재은 작가가 디자인을 맡았다. 빈병을 살려 유리 돔을 만들고, 그 돔 아래에는 지하 전시관을 설계하는 아이디어였다. 혹시 유사한 아이디어가 있을까 싶어 세계의 모든 자료를 찾고 직접 시찰하는 과정도 거쳤다.

그렇게 해서 빈병 5만여 개를 이용한 지름 30미터, 높이 15미터에 달하는 원뿔형 재생조형관이 들어섰다. 재생조형관은 아름다웠다. 누가 말해주거나 가까이 가서 보지 않으면 빈병들의 합주라고 예측하기조차 어렵다. 빛을 받은 유리는 반짝였고, 굴절 각도에 따라 심오한 빛을 띠었다.

이 건물만의 독특한 특징이 또 있다. 바로 '기둥 없는 건물'이라는 것. 기둥을 세우지 않는 지하 구조물을 지으려면 힘의 분산을 잘 활용해야 했는데, 당시까지 국내엔 유사한 사례가 없어서 이를 둘러싼 난관이 많았다.

"남이 안 하는 일을 하려는 독창성에는 늘 리스크가 따르지. 장애물을 돌파breakthrough하지 않으면 창조적 상상력은 뜬구름이 되고 김빠진 맥주가 되는 거야.

그즈음 당시 대전엑스포조직위원회의 오명 위원장으로부터 비상 전화가 걸려왔어. 재생조형관이 건축 심의에서 불가 판정을 받았다는 거야. 청천벽력이었지. 유리 돔으로 둘러싸인 밀폐 공간은 달걀이 삶길 정도로 내부 온도가 엄청나게 오르기 때문에 어떤 공조 시설로도 실온을 조정할 수 없다고 하더라고. 관람객들이 삶은 달걀처럼 될 거라는 뜻이었지. 오 위원장도 곤란해했어. '문화와 관계된 모든 사안은 이 선생님에게 일임했지만 이것만은 아무래도 허물어야 될 것 같습니다' 해. 난 감했지."

사정은 긴박했고, 누구라도 무릎 꿇을 수밖에 없는 상황이었다. 하지만 그는 '1주일 내에 해결하겠다. 심의위원들에게 직접 해명하고 토론할 장소를 마련해달라'고 청해뒀다. 일단 시간부터 벌어놓고 해결 방안을 찾을 심산이었다.

이 대목에서 한국예술종합학교 설치령 당시의 상황이 떠올랐다. 반대에 부딪혀 무산될 위기에 처했을 때 "잠깐!"으로 시간을 벌었고, 기적의 5분 스피치를 통해 상황을 뒤엎은 그였지 않나. 차이점이 있다면 이번엔 1주일이었다. 5분에 비하면 꽤 긴 시간이지만 상황은 그때와 매우 달랐다. 말로 설득할 수 있

246

는 계제도 아니었고, 그가 전공한 인문학의 영역이 아닌 과학 또는 건축학 분야의 사안이었다. 혁신적인 아이디어로 해결 방안을 증명해 보이지 않으면 안 되었다. 이어령 교수는 과연 이 위기를 어떻게 뚫었을까. 그가 웃더니 한마디 던진다.

"궁즉통이지."

차를 한 모금 마시고 그는 차분하게 말을 이었다.

엿장수에게서 배운 리사이클 세계

"나는 한국인이잖아. 발등에 불이 떨어져야 움직인다고. 내가 별로 좋아하는 말은 아니지만, 궁즉통은 몇 천 년간 강대국 사이에서 견뎌온 한국인의 창조력이자 돌파력이지.

사실 나도 난감했어. 고민 고민하다가 회의 전날 번뜩 아이디어가 떠올랐지. 한여름 대만 여행 때의 일이었어. 정말 달걀이 익을 정도로 더운 날이었는데 길가의 집에 사는 사람들이 고무호스로 지붕에다 물을 뿌리는 거야. 집에 불이 난 것도 아닌데 말이야. 하도 이상해서 운전기사에게 이유를 물었더니 '여긴 너무 더워서 에어컨으로도 해결이 어려운데, 지붕에 물을 뿌리면 실내 온도가 내려간다'고 설명했거든. 이거다 싶었지. 마침 재생조형관 원뿔형 돔 옆에는 풀pool을 만들어놨는데, 그 물로 분수를 만들어 돔에 쏠 수 있겠더라고."

이튿날 이 교수는 위원회 위원들 앞에 섰다.

"유리 돔을 분수의 물로 식혀도 달걀이 삶기겠습니까?"

침묵이 흘렀다. 침묵 잠시 후엔 놀라움이 따라왔고, 놀라움 뒤엔 화기애애한 분위기가 만들어졌다. 그는 '모터가 타지 않겠느냐'는 한 위원의 질문을 "그래서 타이머가 있지요"라고 부드럽게 받아치며 덧붙였다. "분수를 쏘지 않을 때는 전면의 아름다운 유리병 조형물이 보이고, 분수를 쏘면 크리스털 빛의 물보라 속에서 환상적인 조형물이 나타날 겁니다. 기능과 미학을 함께 가질 수 있는 것이지요."

기둥 없는 재생조형관 아이디어는 국내 건축사에 전례가 없는 건축물이라는 지적도 받았다. 이 아이디어가 얼마나 아마추어적 발상이고 왜 실현 불가능한지에 대해 전문가들은 숫자와 공학적 자료를 제시하며 조목조목 설명했다. 하지만 결국 아마추어의 발상은 현실화됐다. 이어령 교수는 "내가 건축에 무식했기 때문에 그런 별난 창조물이 생겨난 거야"라며 허허 웃었다.

'리사이클 아트'를 구현했다는 면에서 이어령 교수와 백남준 작가는 닮았다. 이 교수가 어린 시절 엿장수에게 갖다준 빈병에서 문명의 위기를 극복하는 리사이클과 그 순환의 세계를 봤다면, 백남준은 폐차장으로 가야 할 자동차, 마루 밑에서 굴러다녀야 할 유리병 등 각종 쓰레기를 다 모아서 예술 장르의 어디에도 속하지 않는 '버려둬'의 미학을 만들어냈다.

248

이어령과 백남준. 둘은 친구지만 외양이나 성격은 딴판이다. 이어령은 바늘로 찔러도 피 한 방울 나지 않을 것 같은 완벽주의자 이미지에 달변가이고, 백남준은 헐렁한 멜빵바지를 입고 상식으로는 이해되지 않는 기행을 일삼는 데다 어눌한 말투를 지녔다. 하지만 상상력과 창조력의 세계에서 이 둘은 환상의 짝꿍이라, 틀을 벗어난 기발한 발상을 주거니 받거니 하면서 시간 가는 줄 몰랐다.

둘의 창의력 놀이를 지켜본 김종규 회장은 당시를 이렇게 회고한다.

"두 사람이 만나면 꼭 아이들처럼 신나했어요. 백남준 선생이 코를 훌쩍거리면서 '나는 어령이만 만나면 신바람이 나'라는 말을 여러 번 한 기억이 납니다."

귤이 탱자가 되는 사회

두 사람은 언제부터 친구가 됐을까. 러브콜은 이어령 교수 쪽에서 먼저 보냈다. 이 교수는 1984년 1월 21일자 《조선일보》 아침논단에 '귤이 탱자가 되는 사회'라는 글을 썼다. 비디오아트 창시자 백남준론論이자, 창조적 예술가가 싹틀 수 없는 국내의 풍토를 지적한 글이었다. 당시 글의 요지에 대해 이어령 교수는 이렇게 설명했다.

"귤이 회수_{淮水}를 건너면 탱자가 된다는 말이 있지. 한국의 예술가는 반대야. 국내의 탱자가 외국에 나가면 귤이 되지. 우리나라 풍토에서는 누군가가 새로운 불길만 일으키면 다들 소방대원처럼 불을 끄러 다녀요. 백남준이 한국에 있었으면 어땠을까? 백남준이 댕긴 새로운 불씨를 그대로 뒀을까? 아닐 거야. 고물상 취급밖에 더 받았겠어? 백남준이 해외에서 비디오아트를 창시하게 되기까진, 그것을 가능케 한 자유분방한 외국의 문화 환경의 영향이 컸어요."

당시 이 교수의 글은 큰 화제였다. 한국에선 무명에 가까웠던 백남준이라는 예술가를 대대적으로 알렸을 뿐 아니라 '예술의 객관성과 주관성'이라는 문제를 정면으로 제기한 글이기도 했기 때문이다.

얼마 후 백남준은 이 교수에게 품앗이 비평을 했다. 88서울올림픽 당시 백남준은 해외 기자들과 만난 자리에서 이어령 교수의 실명을 언급하며 88서울올림픽 개폐회식이 세계적인 작품이라고 평했다. 이후 《동아일보》에서 두 사람의 대담을 추진한 덕에 그제야 둘은 한 공간에서 만날 수 있었다. 천재는 천재를 알아본다고 했던가. 둘은 한눈에 서로를 알아봤고, 두 번째 만남부터는 벽을 허물고 친구가 되었다.

"백남준은 나랑 만나면 미리 준비해 온 달걀 모양의 돌멩이나 향나무 같은 것을 꺼내 끄적거려. 낙서도 하고 그림도 그렸지. '이 형한테 줄 게 없으니까' 하면서 노상 그리는 거야. 헤어지면서는 그걸 주고 가고. 그런데 수성펜은 금세 지워지잖아. 내가 '아깝게 왜 수성펜으로 그려?' 했더니 백남준의 답이 기가 막혀. '팔 거야? 가지고 보다가 지워지면 되는 거야. 사람도 가고 시간도 가는데 왜 예술 작품을 꼭 남기려 해?' 해요. 그래서 내가 '눈사람이다' 그랬지. 눈사람이 아름다운 건 금세 녹아버리기 때문이잖아."

백남준이 그에게 그려준 돌멩이 낙서는 지금도 남아 있을까? 있다면 어디에 있을까? 궁금해하자 이 교수가 씨익 웃으며 답했다.

"아직 보관하고 있어요. 돌멩이는 남아 있는데, 돌멩이의 글씨는 거의 다 지워졌지. 현미경으로 잘 보면 그 흔적만 요만큼 남아 있어. 그게 예술이고, 백남준의 세계지."

이어령 교수는 백남준에게서도 한국인의 밈을 읽어냈다. 백남준이야말로 독일과 미국이 주무대였던 해외파 예술가인데 그런 그가 한국인의 문화유전자를 지녔다니. 이 교수는 "백남준을 인정한 것은 유럽과 미국이었지만, 백남준의 창조적 발상은 지극히 한국적인 것"이라고 했다. 고개를 갸웃거리는 내게 그는 "잘 봐요" 하며 설명을 이었다.

"과천 현대미술관에 있는 〈다다익선〉 같은 작품을 봐. 바벨탑처럼 쌓아올린 텔레비전의 화면은 하나하나가 다른 동영상이면서도 전체를 하나의 화면으로 보여주지. 뭐 떠오르는 거 없어? 한국의 병풍도 그렇잖아. 한 칸 한 칸에 완결성이 있으면서도 전체가 모이면 또 다른 작품이 돼. 하지만 서양의 벽화는 달라요. 아무리 넓은 화면이라도 하나의 그림으로 이어져 있어. 어디 그뿐이야? 백남준의 비디오아트 중에 물고기가 하늘로 날아다니는 작품이 있어요. 사람들이 다들 기발하다고 놀랐지만, 내가 슬쩍 물었어. '그거 절 처마에 달린 풍경 보고 생각한 거지?' 하고. 백남준이 흠칫 놀라는 표정을 짓더라고. 자신도 모르게 작동한 한국인의 밈을 그제야 의식하는 것 같았지."

백남준과의 이루지 못한 꿈

백남준과의 밤샘 이야기를 통해 탄생한 발상 중에는 현실화하지 못한 것도 많다. '사도세자 뒤주 프로젝트'와 '영국 엘리자베스 여왕의 생일케이크 프로젝트'가 대표적인 예다. 전자는 이어령 교수가 먼저 제안했다.

"뒤주의 앞판을 떼고 나면 뭐랑 비슷해? 딱 텔레비전이잖아. 큰 뒤주, 작은 뒤주를 쌓아두고, 그 전면은 LED TV 화면으로 메우고 거기에 영상을 쏴. 그 안에는 쌀을 채우고. 쌀이 흙으로 가면 다시 생명이 되듯, 그 동영상으로 사도세자가 죽어 정조가 되는 생명의 순환을 창조적으로 구현하는 것이지."

영국 엘리자베스 여왕의 생일케이크 프로젝트는 백남준 작가가 먼저 제안했다. 어느 날 그가 이어령 교수에게 슬쩍 귀띔

했다. 영국 여왕의 생일케이크를 비디오아트로 만들어달라는 제의를 받을 것 같다는 얘기였다. 흰 도화지에 맘껏 크레파스로 색칠을 해대는 어린아이마냥 신이 난 이 교수는 새로운 프로젝트와 관련한 이 아이디어, 저 아이디어를 구상해봤다. 그러고는 이렇게 제안했다.

"비디오로 왕조의 역사를 쌓아올려 세계에서 가장 큰 생일케이크를 만들고, 전자 나이프로 자르는 퍼포먼스를 하면 어떨까?"

둘은 어린아이처럼 킬킬거리면서 엘리자베스 여왕의 생일케이크에 대한 아이디어를 나눴다. 하지만 두 프로젝트 모두 현실화되지 못했다. 얼마 후 백남준이 뇌혈전증으로 건강이 악화되면서 이 프로젝트는 중단됐고, 두 사람의 밤샘 대화도 어려워진 것이다. 결국 백남준은 2006년에 세상을 떠났지만 둘의 인연은 끝나지 않았다. 이어령 교수는 백남준문화재단 초대 이사장을 기꺼이 맡았고, 지금도 명예이사장으로 있다. 이 교수는 백남준이 여전히 그립다고 했다.

"대개 사람의 만남은 지연, 혈연, 학연 등으로 시작되기 마련인데 나와 백남준의 만남은 그 어느 것에도 해당하지 않아요. 그저 서로 말이 통하는 말벗, 혹은 창조적 열정이나 아이디어를 주고받을 수 있는 예술적 교감을 나누는 사이였지. 백남준이 내 회갑연에 보내온 카드가 있어. 달력 위에 내 이름을 넣어서 그림을 그려줬는데, 참 기발해. 헐렁한 멜빵 차림으로 나타

나던 남준이가 보고 싶으면 그 글자 그림을 몰래 꺼내서 보곤
해요."

　자잘한 패턴이 있는 달력 위에 입口을 그려 넣고, 그 안에는
말馬을 그린 그림. 어린아이의 그림처럼 천진난만하다. 이 교수
는 그 카드 그림을 물끄러미 바라보며 백남준과의 시간을 회상
했다.

　"'발 없는 말이 천 리 간다'는 속담도 있듯이, 말은 사람이 하
는 것이기도 하고 타는 것이기도 하잖아. 백남준은 한국을 오
랫동안 떠나 살았는데도 한자 지식에 해박했어. 내 이름의 '어
御'자가 '임금을 모신다'는 뜻만이 아니라 '말을 타고 제어한다'
는 뜻이라는 것도 알았지."

16

모두가 안 된다고 하는 걸
되게 하라

무주·전주 동계유니버시아드의 한복 입은 스키어

"김 기자, 다음 인터뷰에는 손님이 한 분 동석하실 거야."

전례 없던 예고였다. 아주 가끔 인터뷰에 동석인이 합석하긴
했지만 대개는 이런 부탁을 해오는 내 지인이었다. "오래전부
터 이어령 선생님 팬이었어요. 언제 한번 인터뷰 때 따라갈 수
있다면 영광이겠습니다."

되짚어보면 그는 학자로선 드물게 팬덤에 가까운 독자층을
거느리고 있다. 20대 나이에 평론 〈우상의 파괴〉를 일간지에
발표하면서 혜성처럼 등장해 논설위원, 교수, 작가, 장관, 강연
가, 문화기획자 등 다양한 분야에서 반백년의 세월 동안 굵직

한 족적을 남긴 이어령 교수. 분야가 여럿이다 보니 팬들의 부류도 다양하다. 독자 팬이 대부분이고(《흙 속에 저 바람 속에》와 《축소지향의 일본인》이 가장 많다), 오프라인이나 방송에서의 명강연을 듣고 그의 팬이 된 이들도 꽤 된다. 어느 쪽이든 말과 글에 매혹된 이들이다. 열성팬 중에는 '이어령' 세 글자가 새겨진 책이 나오면 모조리 찾아 읽는 '이어령 덕후'도 적지 않다. 아이돌이라는 개념이 탄생하기 전, 그는 이미 '학문계의 아이돌'이었던 셈이다. 그것도 전성기가 꺾이지 않는 아이돌. 어쨌든 지인으로부터 인터뷰 동석 요청을 받으면 방해가 되지 않는 선에서 이 교수에게 사전 허락을 구하고 함께하는 경우는 있었지만 자주 있는 일은 아니었다.

그런데 이 교수 측에서 동석인을 대동하다니. 한편으론 의아했고, 한편으론 부담도 됐다. 동석인은 고병우 전 건설부 장관이었다. "무주·전주 동계유니버시아드의 숨은 이야기를 들려주실 분"이라고 이 교수는 말했다.

이어령 교수가 88서울올림픽 개폐회식을 기획했다는 것은 많은 이들에게 알려져 있으나, 1997년에 개최된 무주·전주 동계유니버시아드 대회의 개폐회식 기획을 맡았다는 사실을 아는 이는 많지 않다. 아니, 거의 없다. 그도 그럴 것이 그는 이 행사에서 공식 직함을 달지 않았기 때문이다. A4 사이즈의 큰 판형으로 372쪽에 달하는 '무주·전주 동계유니버시아드 대회' 공식보고서를 샅샅이 뒤져봤지만 조직위 임원 30명의 명단에도 그의 이름이 없다. 아, 찾았다! '문화식전 전문위원' 자문위원단에 이규태 전《조선일보》고문과 이어령 교수, 두 명이 올라 있었다.

이어령 교수는 88올림픽 못지않게 동계유니버시아드 행사에서도 중추적 역할을 했다. 개폐회식 행사들을 하나하나 기획하고, 구현하기 위한 구체적 아이디어를 내고, 전체적인 스토리텔링을 만들었으니까. 말이 자문위원이지 사실상 개폐회식 총괄기획이나 다름없었다.

왜 고병우 전 장관과의 동석 인터뷰를 제안했는지 알 것 같았다. 이 교수는 자신의 업적을 내세우지 않는 편이고, "나는 이런 사람이고, 그때 이런 일을 했다"라는 식의 직설화법을 선호하지 않는다. 수차례 밝혔듯 그가 회고록을 쓰지 않는 이유도 이것이지만, 어쩔 수 없이 타인의 입을 빌려야 할 때가 있다. 꼭 기억해야 할 장면에 객관성을 담보한 숨을 불어넣어야할 때, 또 왜곡되어 구전되는 진위를 바로잡아야 할 때.

내가 이 책을 통해 밝히고 싶은 건 '결과'가 아니라 그 결과가 나오기까지의 '과정'이다. 다시 말해 '이어령 교수가 이런 아이디어를 냈다'는 팩트가 아닌, 그 아이디어를 떠올리는 순간 그의 뇌에서 어떤 생각들이 연쇄작용을 일으켰고, 그 생각들이 어떤 언어로 피어났으며, 그렇게 탄생한 아이디어가 세상 밖에서 우여곡절 끝에 현실화되기까지의 과정. 그 과정에 확대경을 들이대고, 생각이 탄생하는 순간의 숨결까지 담고 싶다.

이어령 교수는 지금, 80년 넘게 만들어온 창조물들이 가진 탄생의 비밀 실타래를 하나둘 풀어헤치고 있다. 삶의 마지막에 가까워질수록 그간 묵묵히 뒤에서 해온 창조들이, 또 그 창조의 이면에 깃든 진짜 의미가 영영 역사의 뒤안길에 묻힐 것이 안타깝게 느껴져서가 아닐까.

허식 없는 사람한테 반한 거지

고병우 전 장관은 청와대 경제비서관, 재무부 재정차관부, 한국증권거래소 이사장을 거쳐 28대 건설부 장관을 역임했고 1997년에는 동계유니버시아드 조직위원장을 맡았다. 평생 경제통으로 지내온 그에게 동계유니버시아드 조직위원장은 낯선 자리였다. 그는 이 교수를 '은인 같은 분'으로 떠올리며 "이어령 선생님이 안 계셨다면 행사 자체가 순조롭지 않았을 겁니다"라고도 했다.

둘의 인연이 얼마나 각별하기에 '은인 같은 분'의 역할을 했을까 싶지만, 그때까지만 해도 두 사람은 일면식이 없었다. 고장관은 무턱대고 이 교수를 찾아갔다고 한다. 88올림픽 개폐회식을 성공적으로 이끈 이어령 교수야말로 이 일의 적임자라고 판단한 터였다. 하지만 설득 과정이 순탄하진 않았다. 배경을 설명하고 개폐회식 준비를 도와달라고 청했지만 이 교수가 거절한 것이다. 그럼에도 고 장관은 포기하지 않았다. 그는 당시 상황을 이렇게 회상한다.

"거절하시는 것이 당연했지요. 하지만 제 이야기를 다시 한 번 들어달라고 했습니다. 얼떨결에 유니버시아드 조직위원장을 맡게 됐는데 참 막막하다는 속사정도 털어놨고요. 사람들의 호응이 많지 않았고 나서서 도와주는 조직도 드물었거든요. 부족한 재정 때문에 무보수 위원장을 자처했다는 고백도 했습니다."

고 장관의 제안을 수차례 고사하던 이 교수는 이런 이야기에 마음이 조금씩 움직이기 시작했고, 결국 수락했다고 한다. 이 교수는 허허허 웃더니 "사람한테 반한 거야"라고 했다.

"이분이 허식과 쇼가 없어. 게다가 동계올림픽 인프라가 턱없이 부족한 환경에서 사명감을 가지고 어떻게든 대회를 성공적으로 이끌려는 이야기에 감동을 안 받을 수 없었지. 서서히 움직이던 마음이 '무보수로 하고 있다'는 얘기에 확 열렸어요."

이 교수 역시 무보수로 돕겠다고 했다. 두 전직 장관의 무보수 봉사. 세계적 규모의 대회에서 중책을 맡은 두 사람이 2년여 동안 돈 한 푼 받지 않고 행사를 이끈 전례는 드물다. 열악한 환경에서 의기투합한 두 사람의 열정은 대회에 큰 동력이 됐다. 고 장관은 이 교수에게 개폐회식 총괄기획의 전권을 주다시피 했다.

"나는 부족한 재정을 메우는 일에 주력했고, 행사 관련 일은 이 장관이 거의 다 하다시피 했습니다. 대회라는 게 잔치 아니겠어요? 성화 봉송은 어디에서 시작해서 어디를 거치고, 개폐회식은 어떻게 구성하고, 스포츠 종목은 뭘로 할지 정하는 일을 거의 다 하신 거죠. 행사요원들도 이 장관이 와야 본격적으로 움직이는 분위기였어요."

한복 입은 스키어의 활강

이 교수가 기획한 개회식에는 눈길을 확 끄는 장면이 있다. 바로 '한복 입은 스키어의 활강' 장면이다.

1997년 1월 24일 무주·전주 동계유니버시아드 시작을 알리는 성화 봉송 직후, 오색의 연막이 터진 뒤 산 위에서 오색 옷을 입은 두 선녀가 내려온다. 새하얀 설원 위를 때로는 지그재그로, 때로는 활강하듯 미끄러진다. 천도복숭아를 주거니 받거니 하면서 곡선도 그리고, 올림픽 마크도 눈 위에 새긴다. 각도가 꺾일 때마다 옷고름과 치마저고리가 팔락거려 흡사 선녀의 날개옷 같다. 아래로 내려올수록 이들의 윤곽이 드러난다. 한복 입은 스키어는 파란 눈의 프리스타일 스키 선수들. 일명 곡예스키, 설원의 서커스를 펼쳐 보이는 이들이었다. 하강이 끝난 선녀 스키어들은 활강장 마지막에서 딱 멈춘다. 그리고 고이 쥐고 있던 천도복숭아를 선수단 단장한테 건넨다.

이번에도 파격이다. 스키와 한복. 그것도 서양인에게 한복을 입혀 내려오게 하다니. 생각과 실천은 다른 얘기다. 생각은 누구나 할 수 있지만 실제로 구현하는 건 다른 차원의 일이니까.

당연히 장애물은 한둘이 아니었지만, 비슷한 과정을 숱하게 거치며 일련의 매커니즘을 만들어온 이어령 교수에게는 데자뷔와도 같았다. 아이디어는 그야말로 시작 중의 시작. 파격적인 아이디어를 낼 때마다 여기저기에서 반대표가 넘치는 것이 첫 번째 고비다. 가까스로 설득해 추진하게 되어도 두 번째, 세 번째 장애물이 기다리고 있다. 장애물의 종류도 가지각색이라 기술 인프라 문제부터 제도적인 문제와 예산 문제, 여론 악화 우려 등 하나같이 굵직굵직했다. 그 고비들에서마다 이 교수는 숱한 선입견과 우려의 벽을 이제껏 술술 넘어왔다.

우선 그는 우려와 규정의 벽을 넘어야 했다. 관계자들은 "치렁치렁한 한복을 입고 스키를 타면 넘어질 우려가 있으니 위험하지 않느냐"라는 우려를 보였다. 공기저항을 최소화한 방한복을 입어야 한다는 스키어의 복장 규정에 어긋난다는 의견도 있었다. 이에 대해 그는 곡예스키 선수들은 고도로 숙달된 이들이니 위험하지 않을 것이며, 개회식은 대회가 아닌 이벤트라서 복장 규정을 적용받지 않는다고 맞섰다.

또 하나의 문제는 역시 비용이었다. 불과 몇 분짜리 이벤트를 위해 숙달된 해외 스키어들을 섭외한다는 것 자체가 우리나라 정서에 맞지 않았고, 항공료와 숙박비 등의 체제비부터 섭

외료 등까지 따지면 답이 없어 보였다. 묘수가 없을까 알아보던 이 교수는 기막힌 우연을 찾아냈다. 마침 그즈음 유럽에서 국제 규모의 스키대회가 열릴 예정이었던 것이다. 덕분에 운 좋게도 항공권만 제공하는 조건으로 캐나다의 여성 스키어 두 명을 참여시킬 수 있었다.

이렇게 해서 성사된 한복 입은 스키어의 활강. 이색 이벤트는 대성공이었다. 보는 이도, 타는 이도 감동이 깊었다. 흡사 성덕대왕신종의 비천무를 연상시키는 이 장면은 지극히 한국적이면서도 세계적이었다. 캐나다 스키어들은 대회 측에 "감사하다. 잊을 수 없는 멋진 경험이었다"라며 감회를 전해왔다.

고병우 장관과 주거니 받거니 그날을 회상하던 이어령 교수는 씨익 웃더니 "고 장관, 성화대 세울 때 기억나시오?"라 물었다. "아이고, 우여곡절이 많았지." 산 중턱에 세운 성화대에 얽힌 숨은 이야기도 있었나 보다.

개회식 당일 성화대 점화 장면은 매끄럽고 근사했다. 산 아래에서 점화된 성화는 산등성이를 따라 세워진 새하얀 기둥을 타고 타다닥 이어지다가 중턱에 있는 성화대에 부드럽게 옮겨붙는다.

이 또한 쉬울 리 없었다. 산 중턱에 첨성대처럼 우뚝 솟은 성화대를 만들어놓긴 했는데 점화 수단이 애매했다. 그렇다고 선수가 성화봉을 들고 뛰어 올라가는 모양새는 영 아닌 듯했다. 이때 이어령 교수의 두뇌에서 스파크가 일었다.

"세계 최초의 수평 성화대를 세우자고 했어요."

지하 공사에 쓰는 둥근 파이프를 중간중간에 세워두고 파이프 위로 불꽃 도화선을 이어 한국의 용이 등천하는 형상을 구현하자는 아이디어였다. 관을 제작해 눈 위에 기둥을 세우고, 불꽃에 어울리는 빨간 페인트칠만 하면 될 테니 그다지 어려울 것 같진 않았다. 여기까지는 좋았다. 그런데 웬걸, 개회식 며칠 전에 가보니 강추위를 이기지 못해 딱딱하게 굳은 페인트 조각들이 떨어져나가 있는 것 아닌가.

"난감했지. 하지만 궁즉통이잖아. 순간 번뜩 떠오른 생각이 있어. 눈을 플라스틱 관에 쏘면 어떨까 싶었지. 그러면 새하얀 눈기둥이 되잖아."

임시변통 아이디어는 대성공이었다. 군데군데 조각이 떨어져나간 빨간 플라스틱 기둥에 인공설 제조기로 눈을 쐈고, 체감온도 20도를 오르내리는 강추위로 순식간에 얼어붙은 눈은 새하얀 눈기둥을 만들어버렸다. 그는 "새하얀 눈기둥 열 개가 서 있는 광경을 상상해봐요. 얼마나 멋지겠어. 더 예뻐졌지" 하며 아이처럼 웃었다.

서울 암사동에서 성화를 채화한 것도, 성화 주자가 성균관대학교를 경유하도록 한 것도 이어령 교수의 아이디어였다. 고 장관의 말이다.

"성화 채화를 두고 강화도 마니산에서 하느냐, 백두산 천지에서 하느냐 등 의견이 분분하다가 한국의 선사유적지인 암사

263

동에서 하는 것으로 결정됐어요. 또 유니버시아드는 대학생들의 대회니 세계적으로도 유구한 역사를 지닌 성균관대학교를 경유하도록 한 것도 의미 있었습니다. 이런 아이디어가 누구한테서 나왔겠습니까? 다 이 장관님에게서 나왔죠."

이루지 못한 두 개의 프로젝트

두 전직 장관은 1997년 무주·전주 동계유니버시아드를 회상할수록 잠자던 기억이 새록새록 깨어나는 듯했다. 20년 전으로 떠난 시간 여행은 2시간이 지나도 끝나지 않았다. 이번엔 끝내 현실화되지 못한 아이디어에 대한 이야기였다.

먼저 일명 '세계의 길' 프로젝트. 산등성이의 폐도로를 이용해 전주와 금산, 무주구천동을 잇는 둘레길 조성 프로젝트다. 무주·전주 동계유니버시아드가 일회성 행사에 그치지 않고 지역 주민에게 지속적으로 수익을 창출해줄 수 있게끔 만들자는 취지에서 나온 아이디어였다. 이어령 교수의 말이다.

"한국은 산의 나라잖아. 국토 곳곳에 크고 작은 아름다운 산들이 놓여 있어요. 마침 고속도로가 뚫리면서 사용하지 않게 된 꼬불꼬불한 산등성이 도로가 있으니 그걸 활용해서 수십 킬로미터에 달하는 산장 코스를 만들려 했지. 중간중간에 스위스 산장, 체코 산장 등 각 나라의 특색을 살린 작은 산장들을 세우고 그와 관련된 관광 상품을 판매하자는 생각이었어요. 외국인들에게 면세 혜택을 주는 방법까지 알아보기도 했지요."

고 장관이 설명을 보탰다.

"이 지역 형세를 보면 전주와 완주는 낮고 그 옆의 진안, 무주, 장수는 다소 높아요. 바로 옆 동네인데도 무주 산이 300미터 정도 높습니다. 그리고 이들 지역 사이사이엔 너른 평지가 나타나는데, 이런 들녘들 중 열다섯 군데를 선정해 스위스, 스웨덴, 노르웨이, 덴마크 등의 산장을 세우려 했어요. 각국 대사관들과 접촉해보니 호응도 대단히 좋았고요. 자전거를 타고 다니다가 산장에 들러 차도 마시고 기념품도 살 수 있게 하려던 것이었지요."

하지만 이는 현실화되지 못했다. 지자체의 수장이 교체되면서 그전까지 진행되던 프로젝트의 상당수가 무산됐는데 '세계의 길' 프로젝트도 그중 하나였다. 고 장관은 "지금 생각해봐도 참 아까운 프로젝트"라며 "우리는 행사가 끝나면 해산되지만 그때 세계의 길을 만들어뒀으면 지역 주민들에게 지속적인 수익을 안겼을 것"이라 말했다. 이 교수 역시 "지금이라도 다시 추진하면 참 좋을 텐데"라며 아쉬움을 감추지 못했다.

하나 더 있다. 남고산성南固山城 개발 계획. 전주에는 후백제 견훤의 도읍성인 남고산성이 있다. 당시 무주·전주 유니버시아드 조직위원회는 이곳을 서예 명장들이 모이는 곳, 한국의 서예 역사를 재현하는 마을로 개발하려는 계획을 세웠다. 한지와 한

옥으로 유명한 전주니 한 걸음 더 나아가 부채 공장과 한지 공장 등을 세워 '서예의 명당 남고산성'을 만들자는 아이디어였다. 그러나 '세계의 길'이 무산된 것과 같은 이유로 이 역시 현실화되지 못했다. 이어령 교수의 말이다.

"2017년이 무주·전주 동계유니버시아드 20주년이었어요. 잘 잉태하고 키워서 20주년, 30주년, 더 나아가 환갑잔치까지 치를 수 있게 했더라면 정말 좋았을 텐데 연속성 없이 끊겨버려 참 아쉬워. 세계적인 행사를 기획할 때 사회적·문화적 인프라도 함께 잘 키우면 한 단계 더 도약하는 계기가 될 수 있는데 말이야."

부뚜막의 소금을 넣은 유령 기획자

무주·전주 동계유니버시아드 대회의 면면을 속속들이 꿰뚫은 이 교수는 아이디어가 필요한 곳곳에 창조적 발상을 내어주며 대회를 함께 만들어갔다. 고 장관의 말마따나 행사의 전권을 위임받다시피 하여 신나고 재밌게 기획에 참여한 것이다. 이 대회의 대회가大會歌를 작사한 이도 이어령 교수다. "천구백구십칠년 눈부신 아침 / 세계는 전주에서 무주로 간다 / 눈길 위에 찍힌 발자욱마다 / 하얗게 피어나는 젊음의 신화"로 시작하는 곡이다.

그러나 그의 역할은 동계유니버시아드 공식 역사 어디에도 기록되지 않았다. 이어령 교수에게 물었다. 서운하지 않으시냐고. 그가 씨익 웃더니 답한다.

"내가 넣지 말라고 했어. 정치적으로 얽혀서 오해받을 소지를 만들까 봐서. 지자체 내에서도 여당과 야당이 정치적으로 예민하게 대립하던 시기였지."

"그러면 왜 군이 유령 기획자를 자처하셨나요?"라고 재차 물으니 그는 껄껄 웃으며 이런 답을 내놨다. "재밌잖아. 아무것도 없는 새하얀 도화지에 내 아이디어를 녹여서 채워가는 일인데, 얼마나 짜릿하고 신나겠어?"

그러고선 또 하나의 창조론을 폈다. 오늘의 키워드는 '부뚜막의 소금'이다.

"눈 부족한 나라에서, 게다가 인프라도 턱없이 모자란 상태에서 동계올림픽을 성공적으로 치른다는 건 기적에 가까워요. 그때 내 역할은 부뚜막의 소금을 넣는 거였어. 창조란 그냥 이루어지는 게 아니지. 부뚜막까지 나를 데려간 역할을 했던 두 분이 88올림픽 박세직 위원장과 동계유니버시아드대회 고병우 위원장이에요. 한 분은 군인으로, 한 분은 행정가로서 많은 사람들을 통솔해봤잖아. 그 실천력을 좋은 데 쓴 예가 이 두 분이야. 이분들이 안 계셨다면 창조의 한 줄이 없을 뻔했지."

그는 진지한 표정을 거두고 눈을 반짝이며 말을 이었다.

"참! 그때 입었던 옷과 그때 신었던 부츠가 아직도 있어. 체감온도 영하 30도의 추위에 덜덜 떨면서 현장을 다니던 기억이 생생해요. 그 옷 꺼내 입고 사진 한번 찍어볼까? 허허."

나는 이날 채굴가가 된 듯했다. 캐면 캘수록 더 깊은 심연에서 더 큰 금덩어리가 발견되는 금광처럼, 이어령 교수가 지나온 삶의 궤적 곳곳에 묻혀 있는 보석 같은 창조 이야기는 끝도 한도 없었다. 도대체 얼마나 더 캘 거리들이, 금광이 남아 있는 것일까?

17

만인이 납득하는 아이디어는 아이디어가 아니다

새천년준비위원장, 즈믄둥이를 낳다

"창의성 경쟁이었지. 새천년이 갈라지는 순간, 묵은 천 년이 저물고 새천년의 문이 열리는 0.1초의 그 순간을 어떻게 보여줄 것인가를 두고 전 세계가 경쟁을 벌였어. GDP 경쟁이 아니라 지혜의 경쟁, 아이디어의 올림픽이었지."

2000년 1월 1일 0시 0분이 되는 순간. 1000년에 딱 한 번 맞닥뜨리는 새천년 첫 순간의 이야기를 꺼내면서 그는 감회에 젖었다. 예의 그 표정이다. 한 줄 문장으로 쉽게 쓸 수 없는 결정적 순간을 설명할 때 보이는 표정. 눈빛은 아득했고, 목소리는 평소보다 한 박자 느렸다.

새천년준비위원회 위원장은 이어령 교수의 대표 타이틀 중 하나다. 그는 1999년 4월부터 이듬해 1월 말까지 위원장을 맡아 새천년을 맞는 대한민국의 비전을 설정하고, 새천년 이벤트를 기획하고 시행하는 일을 달랑 7개월 만에 해내야 했다. 이 지구적 축제를 맞아 미국은 1997년에, 영국은 1994년에 밀레니엄위원회를 구성하는 등 각국은 일찌감치 준비에 착수했다. 촉박한 시점에서 위원장을 맡을 당시의 심경은 어땠을까. 이 교수는 의외로 담담하게 답했다.

"번갯불에 콩 구워 먹는다는 민족이잖아. 이렇게 급박하게 기획하는 것도 한국인이고, 또 해내는 것도 한국인이야. 누구를 탓하겠어. 되니까 하는 거지.(웃음)"

이 교수가 '창의성 경쟁'이라고 표현한 '밀레니엄 이벤트' 또한 마찬가지였다. 새천년의 첫 순간은 전례 없는 대규모의 글로벌 방송으로 기획됐다. 전 세계 60개 방송사가 컨소시엄을 맺고 각국이 새천년을 맞는 순간의 현장을 생중계했다. 영국 런던은 우주 장비를 이용해 불꽃놀이를, 미국 뉴욕은 타임스퀘어에서 4톤에 달하는 색종이 조각을 흩뿌렸고, 베들레헴에서는 평화를 상징하는 비둘기 2000마리를 날려 보냈다.

한국이 보여준 것은 '생명'이었다. 새천년이 되자마자 태어난 새 생명의 우렁찬 울음소리. 이른바 '즈믄둥이(밀레니엄 베이비)의 탄생' 장면을 실시간 중계로 세계를 향해 쏘자는 것이 이 교수의 계획이었다.

글로벌하면서 한국적일 것

생명의 탄생은 돈으로 되는 일이 아니다. 수백, 수천억 원을 쏟아부어도 못하는 기적의 프로젝트다. 이어령 교수는 기획의도를 이렇게 설명했다.

"새천년 이벤트를 기획하면서 두 가지를 염두에 뒀어요. 글로벌하면서도 한국적일 것. 서기는 서양 기준의 시간이잖아. 남의 문화를 재연하는 것도, 남의 옷을 입고 춤추는 것도 감동을 줘야 해. 당시 내가 화두로 삼은 것은 '생명'이었어요. 20세기가 물질과학기술 발견의 시기라면 21세기는 생명 발견의 시기가 될 거라고 내다본 것이지요. 아무리 과학이 발달해도 과학적 지성은 굼벵이 한 마리의 생명을 만들어낼 수 없어."

지금 와서 보면 21세기는 확실히 생명과 인공지능의 경쟁으로 흐르고 있는데, 그는 이 말을 저출산 고령화 사회가 오기 훨씬 전부터 해왔던 것이다.

'즈믄둥이'라는 말부터 그렇다. 이 교수는 1000년도 훨씬 더 된 활자를 불러내 그것에 새 숨결을 불어넣어 '즈믄둥이'라는 말을 탄생시켰다. '즈믄'은 '천千'을 뜻하는 순우리말로, 고려가요 〈정석가鄭石歌〉에도 등장한다.

구슬이 바위에 떨어진들
끈이야 끊어지리까

즈믄 해를 떨어져 살아간들

믿음이야 끊어지리까

작자 미상의 작품으로 회자되는 이 고려가요는 1000년이라
는 세월이 지나도 변치 않는, 임에 대한 굳건한 믿음을 다짐하
는 내용이다. 세월이 지나도 변치 않는 고귀한 생명성의 의미
와 '즈믄'의 의미가 묘하게 맞닿아 있다.

이쯤에서 궁금증이 일지 않을 수 없다. 즈믄둥이가 탄생한
순간은 2000년 1월 1일 0시 0.1초. 제왕절개도 아닌 자연분만
으로 태어나는 출산 장면을 어찌 미리 알고 생중계로 내보내겠
다는 말인가. 확률로 보면 불가능에 가깝다. 산부인과에서 말하
는 예정일에 아기가 딱 맞춰 나오는 경우는 매우 드물고, 예정
일의 오차는 몇 분 정도가 아니라 크게는 몇 주에 이른다. 아무
리 분만 시간을 예측해 경우의 수를 줄여나간다 해도 단 몇 초
만 출산이 지연되면 방송사고로 이어질 수 있다. 그 공백을 어
찌 수습할 수 있을까. 시행착오가 허용되지 않는, 천 년에 한 번
있는 기회인만큼 리스크도 너무나 큰 도전이었다. 이에 대해 문
자 이어령 교수는 "모든 창조는 던지는 거야"라며 웃었다.

"즈믄둥이 안을 발표하니까 모두 농담인 줄 알더군. 반대 이
유도 다양했어. 이건 신神이 와도 못 한다, 우리나라 중계차는
몇 대 안 돼서 전국 산부인과 병원에 대기할 만한 인프라가 안
된다, 대기한 곳에서 안 태어나면 어떻게 하나 등. 방송사에서

도 처음엔 말도 안 된다고 했어. 그런데 말야, 모든 창조는 던지는 거야. 프로젝트pro-ject, 앞으로 던지는 거지. 모든 사람들이 안 된다고 반대하는 걸 보면서 '아, 이건 되겠구나' 싶었어요. '돈만 있으면 할 수 있습니다' 하는 건 의미가 없어. '천금을 줘도 할 수 없습니다' 하는 걸 시도해야지."

0.1초의 기적

즈믄둥이를 찾아내기 위한 절차는 이랬다. 당시 하루에 태어나는 신생아는 1600명 정도였는데, 먼저 산부인과협회와의 공조를 통해 새천년이 되는 순간에 태어날 것으로 예상되는 아이들의 수를 압축해놓았다. 해당 산부인과 분만실은 광화문 행사장에 설치된 컴퓨터 모니터와 광케이블로 연결했다. 방송 중계가 아닌 인터넷망과 노트북을 이용하는 아이디어였다. 우리나라 전역에 초고속 광케이블이 깔려 있었기에 구상 가능한 일이었다.
　다만 한 가지 문제가 있었다. 당시 초고속망은 사실 초고속이 아니라서 실제 시각보다 무려 6초나 늦게 영상이 송출됐다. 즈믄둥이 탄생 중계는 단 1초의 지연도 없이 반드시 실시간으로 이뤄져야 하는데, 당시 기술로는 아기가 0시 0분 0초에 탄생해도 0시 0분 6초에 방송되는 환경이었던 것이다. 다행히 당시 삼보컴퓨터 측이 기술적 인프라를 지원사격해줘서 시간지연 문제를 해결할 수 있었다.

시간이 임박해지자 즈믄둥이 후보군을 줄여나갔다. 이미 태어난 아기의 정보를 출생 예상 아기들의 리스트에서 하나씩 지워나가다 보니 최종 후보군이 여섯 명으로 압축됐다. 이 여섯 곳의 현장에서는 노트북 카메라가 숨죽이며 즈믄둥이의 탄생을 기다렸다.

드디어 2000년 1월 1일 0시 0.1초, 즈믄둥이의 울음이 터졌다. 경기도 안양시 성심병원 산부인과에서 사내아이가 우렁찬 울음소리와 함께 태어난 것이다.

"참 기적이었지. 아무리 내가 리스크를 무릅쓰고 즈믄둥이 아이디어를 냈다 해도 천 년의 우리나라 운이 나쁘면 그게 될 리 있었겠어? 하늘이 도와주신 거지."

지금이야 저출산 고령화 시대와 맞물려 신생아가 그 어떤 보물보다 귀히 다뤄지지만 2000년 당시만 해도 출산이라는 이슈는 지금처럼 절박하지 않았고, 그렇기에 새 생명의 메시지에 깊이 공감하는 이도 적었다. 그러나 이어령 교수의 시선은 한참 앞서 있었다. 그는 미래를 내다보며 '생명'의 메시지를 던졌고, 2013년에는 그 혜안을 담은 책《생명이 자본이다》를 냈다.

새천년에 그가 했던 이벤트가 최근에도 종종 재생산되는 것을 본다. 미디어마다 새해 첫둥이를 대대적으로 보도하며 아낌없는 축복과 축하를 보내고, '우리 아이가 태어났어요' 캠페인을 벌이는 중앙 및 지방 일간지도 많다. 한국뿐 아니다. 몽골에서도 새해 첫 생명의 탄생을 대서특필한 적이 있다. 그러나 모두 0.1초 차의 즈믄둥이와는 차원이 다른 이벤트들이다.

내가 외로운 진짜 이유

이어령 교수는 "그래서 내가 외롭다는 거야"라고 말했다. '요즘 참 외로워요.' 2016년 9월 28일자 《조선일보》 인터뷰 기사 제목이다. 이어령 교수가 웃으며 말을 이었다.

"그 기사가 나간 뒤 사방의 독자들로부터 전화를 많이 받았어. '외로우시다면서요. 가서 위로 좀 해드려야겠습니다'라고. 허허. 이 아무개(이어령 교수는 자신을 이렇게 지칭한다)가 외롭다고 한 건 피지컬한 외로움이 아니고, 사람들이 나를 잘 몰라봐줘서도 아니에요. 대통령이 '지금 즈믄둥이가 태어났습니다' 하는 순간에 진짜 생명이 태어난 거야. 아슬아슬한 장면이지. 나는 베팅하듯 확률을 믿고 던진 거예요. 참 기막히잖아.(최악의 경우를 대비해 쳐놓은 배수진은 있었다. 만약 즈믄둥이가 때맞춰 태어나지 않으면 대통령의 대사에서 '지금 즈믄둥이가 태어났습니다' 한 줄은 빼기로 했다고 한다.)

그런데 그걸 어떻게 구현했는지 궁금해하는 사람이 없고, 그 생명의 의미를 세계에 던진 메시지를 알아주는 사람이 없어요. 아이가 태어나는 순간을 어떻게 예측할 수 있겠어? 그런데도 그 비밀과 아이디어의 뒷얘기를 묻는 사람이 없었어요. 그래서 외롭다는 거지. 사람들은 내가 시대의 중심인 줄 아는데, 아니야. 어떻게 보면 나는 우리 시대에서 늘 소외돼 있었어요."

시대를 앞서간 이의 걸음은 외롭다. 생각해보면 이어령 교수는 너무 많이 앞서 있었다. 그가 제시한 새 시대의 패러다임은 반 발자국이 아닌 한 발 이상 앞서 있었다. 디지로그도 그랬고, 생명자본주의도 그랬다. 동시대 범인凡人들이 그가 제시한 패러다임의 의미를 이해하고 인정하고 숭앙할 만하면 그는 이미 그 자리에 없었으며, 더 멀찌감치 앞으로 나아가 또 다음 세상의 언어로 말하고 있었다. 그의 속도는 범인의 그것보다 빠르기에 그 격차가 점점 벌어지고 있는지 모른다.

외로움 운운하던 이 교수는 말머리를 돌렸다. "하나 더 있어" 하면서 들려준 것은 천년 불꽃에 관한 이야기였다. 무수한 스토리를 품은 경북 포항 호미곶의 '새천년 영원의 불' 또한 이어령 교수의 아이디어에서 나온 작품이다.

포항 호미곶 해돋이 광장에는 양손 모양의 대형 청동 조각상이 약간의 거리를 두고 마주보고 서 있다. 작품명은 '상생의 손'. 왼손은 육지에, 오른손은 바다에 잠겨 있는데 두 손은 영원의 불을 조심스레 감싸는 형상이다. '새천년의 꿈, 두 손으로 잡으면 현실이 됩니다'라는 새천년의 구호를 가시화한 것이다. 당시 정장식 포항시장의 삼고초려로 맡게 된 프로젝트였다.

'영원의 불'은 세 개의 빛이 합화合火해 탄생했다. 천의 자리가 1이었던 지난 1000년대 서해안의 마지막 일몰, 새천년 한반도의 첫 불씨, 그리고 지구의 첫 불씨가 그것이다. 1000년대 한반도의 마지막 불씨는 1999년 12월 31일 오후 5시 30분에 변산반도에서, 새천년 한반도의 첫 불씨는 한반도에서 해가 가장 먼저 뜨는 포항 호미곶에서, 새천년 그리고 지구의 첫 불씨는 날짜변경선이 통과하는 남태평양 키리바시공화국의 햇빛에서 채화했다.

새천년 첫 지구의 빛, 포항 호미곶

이 아이디어는 별 무리 없이 진행됐을까? 질문이 끝나기 무섭게 이 교수가 답했다. 답답함이 잔뜩 밴 어조였다.

"이것도 또 안 된다는 거야. 햇빛을 채화할 때 변수가 많다는 것이었지. 비가 오면 어떻게 하느냐, 해가 구름에 가려지면 어떻게 하냐, 또 남태평양까지 가려면 돈이 많이 들지 않겠냐는 등. 사람들은 안 되는 쪽으로만 생각해요. 안 되는 걸 되게 해야지. 일단 남태평양의 첫 불씨를 채화하기 위해서 그 근처를 지나가는 동원산업의 원양어선 한 척을 섭외했어. 참치 잡는 어선 말이에요. 또 날씨에 좌우되지 않고 햇빛을 채화하는 게 관건이었지. 그런데 비가 와도, 흐린 날에도 해는 뜨잖어. 그러니 아주 흐린 빛에도 반응하는 고감도 채화기를 만들기로 했지."

이 교수는 선문대학교 차세대반도체연구소에 의뢰해서 채화기 개발에 착수했다. 반도체가 내장돼 있어 해넘이나 해돋이 때 미세한 적외선을 감지해 열로 변환시키는 세계 최초의 채화기, 이름하여 '태양의 눈'이었다. 이 교수는 이 채화기 디자인에도 우리 것의 의미를 담았다. 천지인 사상, 그리고 태극 4괘가 우주의 근원을 떠받치고 있는 모습을 형상화한 것이다.

무수한 스토리를 품고 기획된 '영원의 불'은 성공적으로 마무리됐다. 포항 호미곶은 신흥 명소로 부상했다. 20세기에는 그리 주목받지 못했던 곳이 새천년 한민족해맞이 축전 개최 뒤부턴 정동진 못지않은 해맞이 명소로 자리 잡았다. 새천년 이후 매년 1월 1일에는 이곳에 수십만 명이 넘는 인파가 몰린다. 2000년 1월 1일부터 타오르는 '영원의 불'은 다가올 3000년을 기다리며 꺼지지 않는 불꽃으로 타오를 예정이다. 1000년의 운명을 지니고 태어난 셈이다. 이 불꽃은 전국체육대회를 비롯해 2002년 월드컵, 아시안게임 등의 성화로 사용됐으며 지금 이 순간에도 살아 숨쉬고 있다.

포항 호미곶 '영원의 불'을 밝히면서 이어령 교수는 이런 시를 읊었다.

"이제 우리 가슴속에 있는 미움과 시기를 새천년의 햇빛으로 불태워주십시오. 그리고 그 자리를 사랑과 관용의 밝은 햇빛으로 가득 채워주십시오. 슬픈 일이 있어 마음이 약해질 때, 불행한 일이 있어 무릎을 꿇을 때, 다시 저 천년의 해를 돋게 하시어 눈물을 말리게 하시고, 무릎을 세워 다시 일어나도록 해주옵소서. 어둠을 밝음으로 바꿔주옵소서. 환희와 행복 속에서 모든 사람들과 우리와 생명을 같이한 온누리의 자연과 우주를 찬미하게 하소서. 전쟁의 어둠을 불살라 형과 아우가 서로 총을 겨누는 전쟁의 재앙으로부터 우리를 구하시고, 오직 저 태양의 길을 따라 평화와 희망으로 살아갈 수 있도록 우리 한민족을 함께 인도해주옵소서."

18

위기를 만들지 않는 것이
진짜 창조다

50만 명이 모인 새천년맞이 자정행사

오늘은 새천년준비위원장 시절의 두 번째 숨은 얘기를 듣는 날
이다. 이어령 교수는 팩트를 꼼꼼히 체크해달라고 다시 한 번
당부했다. 자신의 이야기가 먼 훗날 한 개인의 이야기를 넘어,
날줄로 써가는 대한민국 문화사의 곳곳에 씨줄로 엮이게 되리
라는 것을 알기 때문이었다. 황무지 같았던 문화의 텃밭에 씨
앗을 뿌리고 움을 틔워서 문화의 네 기둥을 세우고 생명이 숨
쉬는 문화의 전당이 만들어지기까지의 이야기.

이어령 교수는 새천년준비위원장을 맡아 2000년 1월 1일에
열린 '새천년맞이 자정행사'를 이끌었다. 이 행사는 프로그램

마다 스토리가 분명했다. 지난 인터뷰의 '즈믄둥이'와 '천년의
불꽃'이 그랬고, 이번 인터뷰에서 다루게 될 2000개의 시루떡
과 12간지 이야기도 그렇다.

창조는 천재적인 것이 아니다

광화문에서 열린 새천년맞이 행사장에는 2000개의 시루떡이
등장했다. 1월 1일생 2000명을 초청해 2000개의 시루떡을 쌓
아올린 떡 케이크 앞에서 생일잔치를 열어주는 이벤트였다. 이
자리에는 당시 위기극복의 아이콘이었던 박세리 선수가 등장
했다. 연못 수풀에 걸친 골프공을 맨발의 투혼으로 쳐내 기적
의 우승을 차지했던 그. 이날 박세리 선수는 경기 당시 사용했
던 7번 아이언으로 공을 쳐 2000개의 시루떡으로 쌓은 탑에 촛
불을 밝혔다. 대한민국이, 전 세계가 새천년에도 위기를 극복
하기 바라는 메시지를 담은 샷이었다. 메시지는 분명했고, 관
중에게도 이러한 메시지가 고스란히 전달된 듯 보였다. 하지만
정작 이어령 교수가 이 일화를 통해 하고 싶었던 말은 따로 있
었다고 한다.
　"사실 나는 박세리의 그 샷을 보면서 씁쓸했어요."
　축제의 정점에서 그는 다른 생각을 하고 있었다.
　"위기는 기회라고들 하잖아. 왜 한국인들은 위기가 닥쳐야

만 기회를 찾으려 할까? 정말 창조적인 건 위기에 빠뜨리지 않는 것이지. 한국은 '궁즉통'이 통할 때가 많았어요. 위기의식이 있어야만 부랴부랴 살길을 찾지. 꼭 닥쳐야만 뭔가를 해. 그렇다 보니 1년, 2년, 한 달 전에 계획한 결과물이 전부 같은 경우가 많아. 글쓰기도 마감이 닥쳐야만 써지고. 그러면 안 된다는 것이지. 다 쓴 치약을 쥐어짜듯 하면 안 돼요. 창조는 천재적인 것이 아니거든. 미리 대비하고 분석하다 보면 남이 생각하지 못하는 것이 나오는 법이지."

한국인은 '위기는 기회다'를 진리처럼 삼고 위기의 고비마다 늘 극복해왔다. 마치 위기가 닥쳐야 기회를 얻은 것처럼. '한국인은 위기에 강하다'는 말도 그래서 나왔을 것이다. 그러나 이어령 교수는 이 전제 자체를 원점에서 생각해봐야 한다고 말한다. 위기를 극복하겠다고 생각하기에 앞서 위기를 만들지 않도록 미리 대비해야 한다는 것이다. 그는 현재 대한민국 최고의 당면과제 중 하나인 저출산·고령화 문제도 같은 맥락에서 본다. 위기가 코앞에까지 닥친 이제야 정치사회적 문제로 풀어내려 애쓰고 있는데, 그보다는 이 시기의 인구구조를 예측했을 때부터 인공수정과 베이비시터, 로봇 기술 등으로까지 이 문제를 확대해 연구해봤어야 했다는 얘기다. 그리고 이렇게 덧붙였다.

"창조적인 사람이 한 명이면 따돌림을 당해서 안 돼. 창조적인 세력이 많아야 서로 네트워크를 맺고 교류를 해서 결과물을 끌어낼 수 있어요."

또 하나, 그는 '위기는 기회다'라는 명언이 잘못 통용되고 있다고 지적했다.

"원래 위기危機라는 말에는 '위험한 고비나 시기'라는 뜻만 있어요. 위기를 뜻하는 영어 단어 '크라이시스crisis'와는 의미가 달라. 크라이시스에는 갈림길의 의미가 있지만 위기라는 말은 그렇지 않거든. 그저 '위험한 때'라는 의미지. '위기'가 본래의 뜻과 달리 희망의 의미까지 내포하게 된 건 케네디Kennedy의 연설* 때문이에요. 1930년대에 중국에서 참수당한 선교사들이 잘못 만들어낸 말을 케네디가 차용했는데, 우리가 그걸 역수입한 것이지."

뭉치면 죽고, 흩어지면 산다

새천년맞이 자정행사가 열린 광화문 인근에는 엄청난 인파가 몰렸다. 당초 12만 명을 예상했으나 그 네 배가 넘는 50만 명가량이 모여든 것이다. 50만 명이면 웬만한 중소도시 인구를 넘어서는 규모인데, 그럼에도 이날 행사는 단 한 건의 사고 없이 마무리됐다. 평균 10만 명의 인파가 몰리는 보신각 타종행사에서 꼭 크고 작은 사고가 생기는 것과 비교된다.

---

* 케네디는 대통령이 되기 전인 1959년의 한 연설에서 "위기는 중국어에서 '위험'과 '기회'의 두 글자로 구성된다"고 한 바 있다.

새천년맞이 자정 행사의 무사고 비결은 따로 있다. 12간지를 활용하여 각 띠별 구역을 설정하고 행사에 참여하도록 유도한, 즉 인파가 한곳에 몰리지 않게 만든 묘수가 그것이다. 닭띠 사람들은 닭띠 구역을, 원숭이띠 사람들은 원숭이띠 구역을 찾아가 행사를 즐겼다. 만약 아빠가 닭띠인데 아이가 원숭이띠인 가족이면 어떻게 했을까? 이런 경우엔 누구의 띠를 따를 것인지 가족이 결정한 바에 따라 움직였다. 아빠의 띠를 따른 가족도 있고 아이의 띠를 따른 가족도 있었지만, 인파는 신기할 만큼 골고루 분산됐다. 당시 군중에 밀려 벗겨진 신발짝만 몇 가마를 수거했다고 하니 어마어마한 인파였음을 짐작할 수 있다.

12간지는 단순히 인파를 흩뜨리기 위한 묘수만이 아니었다. 이어령 교수는 "천년의 역사를 띠로 보여준 것"이라며 "띠보다 더 평등한 구분법이 어딨어요?"라고 반문했다.

"12간지는 태어나면서 부여받고, 평생 변치 않는 아이덴티티야. 지연·학연·혈연을 뛰어넘어요. 평화와 화해의 메시지도 있지. 아무리 원수지간이라도 띠동갑일 수 있잖아. 몇 백 년 전의 위인이 나와 같은 띠라는 점에서 동질감을 느낄 수도 있고."

12간지는 연령과 성별, 지역과 지위 등 모든 기준을 뛰어넘어 누구나 차별 없이 갖는 또 하나의 변치 않는 이름이다. 이 교수는 새천년을 맞이하는 사람들에게 이 메시지가 전해지길 바라는 마음을 담았다.

"뭉치면 죽고, 흩어지면 산다."

이어령 교수가 21세기에 던진 또 하나의 메시지다. '뭉치면 살고 흩어지면 죽는다'가 아니라 '뭉치면 죽고 흩어지면 산다'고? 귀를 의심하는 순간이었다. 그는 로스차일드Rothschild 가문에 내려오는 '다섯 화살' 이야기를 꺼냈다.

"옛날에는 '한 화살은 꺾이지만 다섯 화살이 모이면 못 꺾는 다'라고 했지. 하지만 도시에서는 달라요. 오히려 각기 흩어져 있어야 살아남을 수 있어. 다른 화살이 꺾여도 남는 화살이 있으니까. 요인要人들이 흩어져 있으면 지휘 체계가 무너지지 않아. 그렇지 않아요? 네트워크 사회에서는 더하지. 미사일이 날아와 한 군데를 폭격해도 다른 곳은 살아남을 수 있어. 네트워크 체계 자체를 폭격할 순 없거든."

그래서 새천년맞이 자정행사에서는 타종행사를 위해 종각에 설치하는 메인무대 같은 것을 만들지 않았다. 대신 20여 대의 대형 컨테이너 트레일러로 20여 개의 무대를 만들고 광화문 주변으로 뱅 돌려 세웠다. 그중 열두 무대는 세종대왕(소띠), 이순신(뱀띠), 퇴계(닭띠), 광개토대왕(돼지), 정조(원숭이) 등 각 띠를 대표하는 인물을 내세워 만들었고 배경음악으로는 〈역사는 흐른다〉가 흘렀다. 그 외 다른 무대에서는 환경, 건강 등 앞으로의 천년을 과거의 역사와 조화시켜 볼거리를 만들었다. 무대를 통해 과학기술은 물론이고 음악·미술·예술 분야의 미래를 선보인 것이다.

모든 고개는 직선이 아니다! 꼬부랑고개 이론

또 거대한 알로 꾸며진 무대도 있었다. 이 무대의 메시지는 '껍데기를 깨는 아픔 없이는⋯⋯'이었다. 딱딱한 껍데기를 깨부수고 나오는 아픔 없이는 미래의 희망이 태어나지 않는다는 의미를 담았다. 광화문光化門이라는 문자 그대로, 온 국민의 의식을 '빛'으로 '화'하게 하는 새천년의 문이 되게 한 것이다.

그가 21세기를 내다보면서 만든 말이 하나 있다. 바로 '따로 서로'다.

"우리 옛날 어른들은 아기가 첫걸음마를 뗄 때 '따로따로따로' 하며 손뼉 치며 응원했어. 손 내밀어 도와주지 않고 혼자 일어설 때까지 기다렸지. 그런데 또 아이가 자라면서는 어른들이 뭐라고 해요? '서로 잘 놀아라' 하지. 인간은 일어설 때에는 따로, 자라면서는 서로 어울리는 존재야. 따로가 있어야 서로가 있는 법이지. 집단주의도, 개인주의도 아니라는 거야.

흔히 '따로 또 같이'라고 하는데 이건 한국말 모르는 사람들이 하는 말이야. 우리말에는 음양이 같이 있는데, '따로'의 짝패는 '서로'이지 '같이'가 아니에요. '따로 서로'는 우리나라의 독립주의와 상호주의가 묻어 있는 말이지. 서양에선 인터디펜던스interdependence라고 하고. 새천년의 세계는 남에게 의존하는 사회도, 독립된 개체가 남을 지배하는 사회도 아니야. 서로가 윈-윈win-win하는 세계가 될 거예요."

여기서 의문이 들었다. 이어령 교수의 핑크빛 전망처럼, 정말 지금 이 세상은 '따로 서로' 살아가는 윈-윈 세계로 향하고 있는 것일까? 모든 분야를 집어삼키는 양극화는 사회 갈등을 점점 첨예화하고, 가난한 자와 부유한 자의 격차를 더 벌리고 있는 현실이다. 그럼에도 세상이 좋아지고 있다고 말할 수 있을까. 질문을 던지자 이어령 교수는 여유 있는 미소를 지어 보였다.

"역사는 절대 직선으로 가지 않아. 지그재그로 가지. 프랑스 혁명 이후 자유·평등·박애주의가 곧바로 실현됐어요? 아니지. 한동안 시행착오를 거쳐야 했잖아. 그게 내가 말하는 꼬부랑 고개 이론이야. 고개는 절대 직선으로 못 올라가. 왔다 갔다 하지. 얼핏 보면 후퇴하는 것 같아 보여도 멀리서 보면 분명히 조금 올라가 있어요."

그는 지금 이 시대를 디지털 시대의 정점으로 본다. 지혜·지식·정보의 시대를 지나 데이터의 시대에 도달해 있지만 이후 다시 정보·지식·지혜의 시대로 거슬러 올라갈 것이라는 뜻이다.

"지금은 빅데이터의 정점에 와 있어요. 정보가 쌓이고 쌓여 빅데이터 시대가 왔으니 다음 단계에서 필요한 것은 빅데이터 활용이지. 빅데이터를 활용하려면 다시 정보공학이 필요하고, 정보를 처리하려면 지식이 필요하고, 지식은 방향성을 필요로 해. 그래서 필요한 것이 지혜예요. 또 지금은 디지털 세계에서 아날로그 세계로 나오는 시기야. 디지털은 맛있는 사과 하나 못

먹는 가상의 세계잖아. 구글을 봐요. 디지털 공간에서 개발한 최첨단 기술을 바탕으로 자율주행 자동차를 만들어 오프라인 공간으로 끌어냈잖아. 디지털의 최종 정착지는 아날로그예요."

따로 서로의 '상호독립주의'

그가 2000년대 초, 21세기 정보사회의 키워드로 던진 디지로 그는 이런 차원의 것이었다. 돌이켜보면 그가 새천년에 즈믄 둥이 탄생의 생중계를 통해 던진 '생명'이라는 화두, 12간지의 '따로 서로'의 의미를 통해 던진 '상호독립주의'는 예언처럼 딱 맞아들어가고 있다.

2020년인 지금 이어령 교수는 한국 사회를 향해 "'위기는 기회다'라는 명언을 버리자"라는 또 하나의 새로운 메시지를 던진다. 위기는 기회가 아니라 그저 위험한 상황일 뿐이니 "위기에 닥쳐서야 부랴부랴 해결 방안을 찾지 말고, 위기가 오지 않도록 분석하고 대비해야 한다"고 말이다. 노학자의 혜안이 집약된 간절한 외침이다.

3장

통찰을
넘어서

나는 남을 통해 발견하는 것이다.
그게 창조의 시작이다. 나와 다른 존재를 아는 것.

19

생각 공장에
생각 재료부터 채워라

디지로그와 생명자본

"생명자본주의와 AI(인공지능)가 만나면 놀라운 파괴력이 나와
요. 앞 못 보는 사람이 성한 사람처럼 운전대에 앉아 도로를 질
주할 수 있는 세상이 오는 거지. 오늘은 그런 얘기를 하자고."

이어령 교수는 곰삭여뒀던 주제를 꺼냈다. 창조 기록의 결정
판이라 할 만한 '디지로그'와 '생명자본' 이야기다. 이 교수는
미래학자다운 통찰력으로 굵직한 새 시대의 패러다임을 던져
왔다. 컴퓨터가 막 대중화되기 시작한 2000년대 초반에는 정
보화 사회의 새 패러다임으로 '디지로그'를 제시했고, 인구절
벽이 국가적 어젠다로 부상하기 훨씬 전인 새천년 벽두에는 즈

믄둥이를 통해 '생명자본주의'를 설파했다. 시간이 지날수록 그가 던진 화두는 점점 조명을 받았고, 우리 사회 곳곳에 탄탄하게 뿌리내리고 있다. 이제 두 개념은 하나의 현상이자 지향점으로 일반화됐다.

나는 이번 인터뷰를 앞두고 전례 없이 긴장하고 걱정도 됐다. 디지로그와 생명자본주의라면 이어령 교수가 마르고 닳도록 이야기해온 주제인 데다 이미 각각 《디지로그》《생명이 자본이다》로 출간돼 수많은 사람이 읽지 않았는가. 더 이상 무슨 새로운 이야기를 이끌어낼 수 있을까.

걱정은 기우였다. 이어령 교수는 또 새로운 이야기를 꺼냈다. 인터뷰가 끝난 후 그는 "오늘 이야기 좋네. 준비 중인 AI 관련 책에서도 오늘 얘기를 살려야겠어"라며 신이 나 있었다.

이 교수는 이런 식이다. 평소 정리해놓은 생각을 쫙 늘어놓을 때도 있지만, 말을 하는 중에도 동시에 생각공장에서 새 개념을 만들어낼 때가 많다. 생각공장이 풀가동된 두뇌에서는 이 질료 저 질료들이 조립과 해체를 반복하면서 새로운 개념과 논리를 탄생시킨다. 그 질료란 평생에 걸친 독서와 공부로 쌓아둔 지식과 정보, 감성과 예술혼이다. 그것들의 혼합은 즉흥적이라 언제 어떤 질료들이 화학작용을 통해 새로운 개념과 논리를 만들어낼지 알 수 없다. 그래서 이 교수는 웬만해선 미리 연설문을 준비해두는 법이 없고, 준비한 연설문이나 강연록이 있어도 참조만 할 뿐이다. 그는 항상 지금, 이 순간에 피어오르는 사고를 끄집어낸다. 얼마 전 인터뷰에서 "나더러 말을 하지 말라는 건 사고를 멈추라는 것이나 같아"라고 한 것도 이런 맥락에서였다.

다시 AI 시대의 디지로그와 생명자본주의 이야기로 돌아오자. 오늘 그는 단순한 현상을 너머 온 인류가 행복하기 위한 방향성까지 제시했다. 그 방향성의 근저에는 따뜻한 인간애와 사랑, 평등 같은 가치가 내재돼 있어 듣는 내내 감동적이었다. 더불어 두 자녀를 키우는 엄마 기자로서 AI 비중이 커지는 세상에 대한 안도감도 생겼다. 아무리 차가운 기계문명이 중시되는 세상이라 해도, 따스한 심장을 가진 인류가 같은 방향을 바라본다면 더 나은 세상은 얼마든지 가능하다는 일말의 확신도 피어났다.

아날로그의 디지털화, 뽕을 갉아 먹는 누에

이어령 교수는 구글의 자율주행차 이야기를 먼저 꺼냈다.

"지금까지의 자동차는 자동차가 아니야. 사람이 운전하는데 왜 자동이야. 구글은 차 혼자서 굴러가는 진짜 '자동차自動車'를 만들겠다는 것이지. 자율주행차를 만들려면 디지털에 쌓인 빅데이터를 아날로그인 도로로 불러내야 해요. 이게 바로 디지로그야. AI 시대의 디지로그에선 아날로그와 디지털이 별개가 아니에요."

그는 현재 구글의 자율주행차는 총 4단계 중 세 번째 단계에 왔다고 했다. 미국 도로교통안전국NHTSA은 자율주행 단계를 레벨 0부터 4까지 총 다섯 단계로 나누었다. 1980년대 인기리에 방영됐던 미국 드라마 〈전격 Z작전Knight Rider〉을 기억하시는지. 이 드라마 속 자율주행차 '키트'는 최종 단계인 레벨 4, 즉 운전자가 목적지를 스마트기기에 말하기만 하면 조작이 끝나는 수준에 해당한다. 현재 구글의 자율주행차는 그 직전인 3단계에 와 있다. 차가 스스로 출발하고 멈출 뿐 아니라 차선도 바꾸는 등 90퍼센트 완전자율차에 도달한 것이다.

이 교수는 "AI 시대에는 빅데이터가 생명"이라며 "우리가 서비스를 받고 있다고들 생각하지만, 실제로는 우리가 제공하는 정보가 더 많지"라고 했다.

"우리가 스마트폰과 컴퓨터를 이용해 검색하고 물건을 주문할 때는 반드시 인터넷망을 통하지. 나도 모르는 사이에 내 검색 데이터, 소비 데이터들이 클라우드의 병렬 컴퓨터 속에 쌓여요. AI의 빅데이터는 오픈데이터야. 내가 백화점에서 물건을 사면 AI는 내 쇼핑의 패턴을 분석하지. 미국의 한 유통업체가 16세 여고생에게 임산부용 쿠폰을 보내서 그 아버지가 항의한 일이 있는데, 그 딸이 진짜로 임신했다는 사실이 뒤늦게 밝혀졌어. 유통업체는 빅데이터를 기반으로 소비자들의 구매 행태를 분석해 예측 시스템을 가동했는데, 그 아이가 평소와 달리

비타민보조제, 무향 비누, 로션 같은 제품들을 산 것을 임신의 증거라고 판단한 거지. 아버지도 몰랐던 딸의 임신을 AI는 알아챈 거야."

이 교수는 AI와 빅데이터의 관계를 하늘의 별에 비유했다.

"별들이 하늘에 의미 없이 흩어져 있는 것 같지만, 의미 있는 형상들을 골라서 연결하면 북두칠성이 되잖아. 형상이 생기는 거지. 형상은 물질이 아니야. 상상 속의 집을 지으려면 그 집에 필요한 질료들을 골라내야 하지. 질료가 모여서 형상이 되는 거예요."

인터넷 네트워크에 천문학적으로 쌓인 빅데이터, 그 가운데 유의미한 정보를 골라내 AI가 패턴화를 했다는 얘기였다. 그는 "이 아이(16세 여고생)가 물건을 구매한 공간은 아날로그였지만 현실계의 데이터는 아날로그 자산이 아닌 디지털 자산이 되는 것"이라고 덧붙였다. 그러고는 재미있는 비유를 했다.

"디지털과 아날로그의 변환은 마치 뽕을 갉아 먹는 누에와 같아. 누에가 뽕을 갉아 먹으면 식물계의 자원이 곤충의 동물계로 이동하는 것이지. 누에가 뽕 먹는 소리를 비 오는 소리 같다고 하잖아? 근데 그건 그냥 비 오는 소리가 아니라 식물이 동물로 이동하는 소리예요. 누에가 뽕을 먹고 비단을 만들어내면 동물계가 다시 식물계, 섬유로 이동하지. 밥도 그래. 식물계였던 누런 황금벌판의 쌀을 우리가 먹으면 식물계가 동물계가되는 것이고. 순환이 반복되잖아. IT 기술의 디지털과 아날로그의 순환 역시 이렇게 변환되는 기술인 거예요."

그는 목소리를 가다듬더니 말을 이었다.

"그런데 디지로그는 달라. A가 B로 가는 것도 아니고, B가 A로 가는 것도 아니에요. 내 빅데이터는 내 컴퓨터에 있는 것이 아니라 인터넷을 통해 넓은 곳으로 모이거든. 내 부엌에 있던 물이 하수도로 내려가 냇물이 되어 바다로 가는 것과 똑같은 일이지."

진짜 꿈같은 세상을 위하여

이어령 교수가 명명한 디지로그는 생명자본주의와 맞닿아 있다. 디지털이 차가운 컴퓨터 정보공학의 세계라면, 아날로그는 따뜻한 인간애와 생명의 가치가 살아 숨쉬는 세계다. AI 로봇은 이 두 가지를 동시에 품고 있고, 또 그래야만 한다는 것이 이 교수의 말이다. 그는 "AI는 산업사회와 정보사회의 폐해를 불식할 수 있는 구원투수가 될 수 있어"라며 이런 말도 덧붙였다.

"육체적 핸디캡, 지능적 핸디캡, 사회적 격차를 줄여서 인간이 서로 봉사하고 사랑하고 자신이 좋아하는 일을 하는, 진짜 꿈같은 세상을 맞을 수도 있어요."

귀가 번쩍 뜨였다. 진짜 꿈 같은 세상을 맞을 수도 있다니. 네트워크 세상이 가져오는 미래는 인류의 행복이라는 관점에서 봤을 때 핑크빛 전망보다 잿빛 전망이 더 우세한 편이다. 디지털 정보를 잘 활용하는 사람과 그렇지 못하는 사람 간의 디지털 디바이드digital divide(정보격차)가 심화되어 돈이든 정보든 지식이든 양극화가 점점 더 심해질 것이라는 게 그간 네트워크 전문가들의 통설이었다. 그런데 이어령 교수가 전례 없는 핑크빛 전망을 내놓은 것이다. 네트워크 전문가들의 논리를 들어 반론을 제기한 내게 이 교수는 후훗 하고 웃어 보이더니 다소 긴 얘기를 들려줬다.

"산업혁명으로 지구온난화, 각종 공해 같은 폐해가 생겨났지. 그 이후 컴퓨터로 촉발된 정보혁명은 리먼브라더스Lehman Brothers 사태 같은 금융위기의 불행을 몰고 왔어. 현재는 실물경제나 생산과 관계없는 머니게임이 진행되고 있어요. 돈이라는 건 숫자이자 디지털이지. 금융공학에서는 땀을 흘리지 않는 사람들이 천문학적인 돈을 벌고 잃어요. 카지노 자본주의야. 돈 놓고 돈 먹는 카지노 놀음판 같잖아.

그러면 그다음에 오는 세상은 뭘까? 바로 AI의 디지로그 세상이에요. 디지털 세계와 아날로그 세계가 분리된 게 아니라 서로 어울리는 거예요. 인간과 비생명, 유물과 유신有神, 흑과 백 등과 같이 이항으로 대립된 세상을 이어주는 것이지. 인터넷과 현실의 갭이 무너지면서 서로 단절되는 것이 아니라 상호 협력하게 되는 것이에요. 디지로그 세계에서는 시각장애인도 안드

로이드에 말만 하면 성한 사람과 똑같이 움직이는 게 가능해
지지. 그런 세계가 바로 디지털 언어인 1과 0으로 개혁하는 세
상이자, 구글의 창업자인 세르게이 브린과 래리 페이지가 꿈
꾸는 세계예요."

　듣고만 있어도 훈훈해지는 얘기였다. 과연 그런 꿈같은 세상
이 올까? 올 수는 있는 걸까? 그런 세계를 맞이하기까진 아직
우리의 갈 길이 멀다. 제도는 기술을 따라가지 못해 헉헉대고,
인류 역시 AI 로봇을 받아들일 마음의 준비가 덜 되었으니까.

프리노믹스, 공감과 기쁨이 상품이 되는 사회

"미국만 디지로그하면 그게 되겠어? 세계가 이어져야 디지로
그가 되지. 그런데 서로의 문화가 다르고 경제 상황이 다르잖
아. 글로벌 맵이 실제로 작동하려면 전 세계에 자율주행차가
돌아다녀야 하는데, 아프리카 대륙에는 아직 인터넷도 전기도
안 들어오는 곳이 많잖아. 그러니 구글이 진정한 어스 맵earth map
을 만들기 위해 아프리카에 전기를 놔주고 인터넷 시설을 해주
는 것이에요."

　디지로그를 잘 발달시키면 빈부격차가 오히려 줄어들고 육
체적·지능적 핸디캡을 극복할 수 있다는 말이었다. 이어령 교
수는 미국의 경제학자 크리스 앤더슨Chris Anderson이 말한 '프리코

노믹스freeconomics' 개념을 그 예로 들었다. 《롱테일 경제학The Long Tale》을 통해 파레토의 법칙 등 새로운 경제 패러다임을 제시한 크리스 앤더슨은 디지털화로 인한 비트bit경제가 만드는 혁명적 미래의 모습으로 '프리 마켓free market'을 제시했다. 자기복제가 무한대로 가능해진 비트경제를 통해 상품과 서비스가 공짜로 제공되는, 전연 새로운 비즈니스 모델이 출현할 것이라는 얘기다.

"정보사회에서 정보는 공짜야. 그 많은 정보를 공짜로 제공한 대가로 상품 가격이 떨어지지. 이게 바로 크리스 앤더슨이 말하는 '프리 마케팅'의 원리야. 가수가 CD 앨범을 공짜로 내놓으면 그걸 들은 팬들이 콘서트에 비싼 티켓을 사들고 밀려와. CD 판매수익을 안 받아도 가수 입장에서는 그쪽이 훨씬 실속 있어. CD는 디지털, 콘서트는 아날로그 라이브, 이 두 가지가 합쳐서 디지로그 콘서트가 되는 것이지."

그런 세상에서 인간은 어떤 역할을 할까? 그에게 "AI 로봇이 인간의 직업을 빼앗아간다는 불안감이 높다"라고 하자 이 교수는 "바보 같은 걱정"이라며 이렇게 말했다.

"전혀 불안해할 필요 없어요. 전화기가 대중화되면서 전화 교환수가 다 사라진다고 걱정하고, 미국에 기차가 생기니 기찻길에 사용하는 침목 때문에 나무가 줄어든다고 걱정했잖아. 그런데 어때요? 전화 교환수를 대체하는 다른 직업군이 훨씬 더 많이 생겨났고, 나무는 끄떡없었지."

악마의 속도, 생명의 속도

그러나 이 교수는 마냥 낙관만 하는 것이 아니라 부작용도 함께 언급했다. AI 시대에는 두 얼굴이 있다. 엘리베이터가 생기면서 사람들이 동일한 속도로 고층에 오르고 기차가 생기니 모두가 평등한 속도로 부산을 가듯, AI 시대에는 육체적 핸디캡을 상당 부분 극복할 수 있는 세상이 올 것이다. 반면 내가 무엇을 샀는지가 신용카드 회사의 데이터로 쌓이고, 내가 간 곳이 CCTV에 고스란히 찍히며, 내가 휴대전화를 통해 한 말과 문자가 통신사의 데이터에 차곡차곡 쌓이면서 사생활이 보장되지 않고 서로가 서로를 감시하는 빅브라더 세상이 된다는 부작용도 분명 존재한다. 특히 코로나로 '안전 감수성'이 높아지면서, 나와 대다수의 생명보호와 안전을 위해서라면 확진자의 동선과 개인 정보를 낱낱이 공개하는 사생활 침해가 정당화되는 측면도 있다.

"결국 디지로그 문화가 중요하지."

그가 제시한 해법의 포인트다.

"사생활을 지키고 사회 혼란을 막기 위해서는 법률적·문화적 정비를 해야 해요. 디지털 기술과 아날로그 기술을 통합할 수 있는 인터페이스, 인간과 기계를 통합할 수 있는 인터페이스가 사람을 해치지 않는 쪽으로 가야 하지. 커즈와일이 만든 싱귤래리티Singularity 대학은 궁극적으로 이런 의도를 품고 설립

302

됐어요."

싱귤래리티 대학은 기술적 특이점인 '싱귤래리티' 개념을 주창한 레이 커즈와일Ray Kurzweil이 2008년에 설립했다. 싱귤래리티는 인간과 기계의 경계가 사라지고 인류가 죽음을 극복하는 시점, '특이점' 정도로 해석된다. 커즈와일은 이 문명사적 대전환이 되는 싱귤래리티를 2045년쯤으로 예견했다. 싱귤래리티 대학은 AI로 촉발된 어마어마한 신기술의 발달 과정에서 기술의 진화를 이해하고 미래를 예측하며 새로운 융복합 기술을 연구하기 위해 만들어졌다. 빌 게이츠, 래리 페이지, 세르게이 브린 등이 이 대학의 후원자다.

"산업화 시대의 기계가 평등화를 가져왔듯 정보화 시대의 AI가 우리에게 평등과 행복을 약속할 수 있느냐의 여부가 중요해요. 그게 디지로그와 생명자본주의로 가야 하는 이유지. 생명자본주의 사회란 생명가치가 보편적 문화로 반영되고, 물질적인 가치가 아닌 공감과 기쁨이 상품이 되는 그런 사회에요. 산업자본, 금융자본을 지나 생명자본으로 자본주의의 속성이 바뀌면 남을 기쁘게 하는 직업, 남을 도와주는 일, 자기 취미를 살린 즐거운 일을 하면서 돈을 버는 사람들이 많아질 거예요. 수탈과 착취의 경제가 증여의 경제로 바뀌는 거지."

듣고만 있어도 푸근해지는 얘기다. 우리가 그토록 꿈꾸는 더 나은 미래가 펼쳐진다니. "너무 이상적인 전망 아닌가요?" 묻자 그는 톤을 내렸다.

"그런 사회를 만들어야지. 생명자본주의는 만드는 것이지 저절로 오는 것이 아니야. 인류의 중지衆智가 어느 때보다 필요한 시점이에요."

누군가를 기쁘게 하고, 보살펴주고, 무언가를 나눠주는 것이 최고의 가치가 되는 사회. 그런 디지로그 사회를 만들려면 어떻게 해야 할까. 그는 "L에 답이 있어"라고 했다.

"지금 우리 교육은 '하우 투 언How to earn(어떻게 얻을 것인가)'에 중점을 두고 있지. L을 하나만 보태봐. '하우 투 런How to learn(어떻게 배울 것인가)'이 되잖아. '하우 투 런'에 가치를 두면 사회 전체가 달라져요. 공부는 물론 연애와 친구 교제 다 마찬가지지. 공부를 통해, 연애를 통해 무엇을 얻을 것인가를 생각하지 말고, 무엇을 배울 것인가를 생각해봐요."

인터뷰 다음 날, 이어령 교수의 메일이 도착했다. 미래학자로서의 혜안을 담은 묵직한 내용의 편지였다. '인간이란 무엇인가'를 묻는 질문인 동시에, 기술로 인간의 죽음을 극복하는 시대가 임박한 시점에서 인간이 추구해야 할 '인간다움이란 무엇인가'를 묻는 질문이기도 했다.

"'악마의 속도'라는 말을 씁니다. 정보의 속도, 혹은 무어의 법칙에 의한 반도체의 발전 속도는 기하급수적입니다. 그러나 사람을 비롯한 모든 생물의 생명시계는 수만 년이 지나도 거의 변화가 없습니다. 문명의 발달 속도가 아무리 빨라져도 태내에서 생명이 자라는 시간은 예나 지금이나 10개월을 요합니다.

하지만 인간의 신체는 우리가 상상한 것보다 중요한 역할을 합니다. 디지털 환경이 아무리 바뀌어도 아날로그의 영역인 자연에서의 생명 활동은 하루아침에 변하지 않습니다. 쉬운 예로, 비즈니스가 네트워크를 통해 웹으로 이루어지면 해외출장이 줄어들어 항공업체가 타격을 받을 것이라는 전망이 우세했던 시기가 있었습니다. 그러나 예상과 달리 출장은 더 증가했습니다. 또 사람들은 전화나 메신저로 실컷 이야기한 뒤에도 '자세한 것은 만나서 이야기하자'고 합니다. 전화로 이야기한 내용과 직접 만나서 이야기하는 정보의 온도 차가 있기 때문입니다. 재택근무, 소호SOHO, 스마트워크 등이 급부상하면서 제기됐던 우려들도 대부분 예상에서 빗나갔습니다. 이유는 한 가지입니다. 인간은 몸을 지닌 존재라는 것이지요.

세상이 아무리 디지털화되더라도 인간의 신체에는 사이버 세상의 논리가 그대로 통용되지 않습니다. 디지로그는 단순한 감성공학을 의미하는 것이 아닙니다. '생명의 속도와 정보의 속도를 어떻게 조정하고 조화시킬 것인가'가 디지로그 이론의 최종적인 해답입니다."

이어령 교수가 설파한 '디지로그'의 가치는 여전히, 아니 시간이 지날수록 곳곳에서 빛을 발하고 있다. 2020년 6월 초, 제2회 세계농업인공지능대회Autonomous Greenhouses International Challenge에서 한국 대표팀인 '디지로그'가 3위를 차지했다는 기쁜 소식이 각종 언론을 통해 보도됐다.

네덜란드 바헤닝언대학의 주최로 전 세계 농업 선진국이 참가해 첨단농업 기술을 겨루는 이 대회는 '농업 올림픽'으로 불린다. 한국의 외인구단으로 구성된 신생팀이 이 세계적인 대회에 도전장을 던져 3위를 차지했다는 건 기적에 가깝다. 최고의 농업 선진국이자 주최국인 네덜란드(1~2위)에 이어 가장 높은 성과다. 4위는 중국농업과학원, 5위는 세계적 농업 컨설팅 회사 델피Delphy가 차지했다.

'한국형 AI 농업 기술'을 뜻하는 팀명인 '디지로그'는 이어령 교수가 지어줬다. 민승규 한경대 교수는 20~30대 젊은 외인구단으로 팀을 꾸리고 영감을 얻기 위해 이어령 교수를 찾아갔다. 이 교수는 디지털 시대에 더욱 강조되는 생명자본주의의 속성에 대해 3시간 가까이 설파하면서 팀명 '디지로그'를 선물했다.

2020년은 인류에게 새로운 전환이 되는 해다. 전 세계 수많은 사람들의 목숨을 앗아간 코로나 감염증은 익숙한 삶의 방식과 결별하고 전에 없던 방식의 삶을 종용하고 있다. 사회적 거리두기가 일상이 되면서 비대면으로 대화하고, 수업 듣고, 쇼핑하는 디지털 라이프의 비중이 늘었다. 하지만 디지털은 어디까지나 디지털 세상일 뿐, 그 차가운 세상에서는 방울토마토 한 알 굼벵이 한 마리 길러내지 못한다. 디지털은 아날로그 세상과 접목할 때에만 비로소 논리의 힘을 얻고, 가치를 얻으며 삶을 풍요롭게 만들 수 있다.

그 방식은 이어령 교수가 수십 년 전에 설파한 '디지로그' 패러다임과 놀랍도록 맞아떨어진다. 디지털과 아날로그를 결합한 디지로그는 포스트 코로나 시대의 삶의 방식 그 자체라고 해도 과언이 아니다. 디지털이 디지털로만 존재하면 디스토피아가 되고 만다. 디지털 없는 아날로그, 아날로그 없는 디지털은 존재할 수 없다.

그런 면에서 이어령 교수가 평생을 통해 장대하게 제시한 두 개의 패러다임인 '디지로그'와 '생명자본주의'야말로 지금 이 시대에 더욱 빛나는 가치다. 디지로그가 포스트 코로나 시대에 어떻게 살아야 하는지를 가르쳐주는 방법론이라면, 생명자본주의는 인간이 추구해야 할 궁극의 가치다. 그가 80여 년 동안 직조해온 창조의 세계가 인류가 지향해야 할 삶의 모습으로 정착되는 현실이 경이롭기까지 하다.

20

메타언어로 쓴 문명론,
젓가락의 젓가락성을 읽다

청주 젓가락 페스티벌

옹알이를 하며 말을 배우듯
아가야 이제는 젓가락을 쥐거라.
할머니의 할머니, 할아버지의 할아버지
천 년 전 똑같이 생긴 이 젓가락으로 음식을 집으셨지.

그리고 젓가락처럼 늘 짝을 이루어
함께 일하고 사랑하며 오랜 날을 지내셨단다.
아느냐. 아가야 젓가락이 짝을 잃으면
아무짝에도 쓸모없다는 것을.

네가 젓가락을 잡는 날
오랜 역사와 겸상을 하고
신라 사람, 고구려 사람, 백제 사람 그리고
한국인이 되고 아시아인이 되는 거란다.

아가야 들리느냐 부엌에서 도마질하는 어머니
먹기 좋게 음식을 썰고 다지는 그 마음의 소리 있어
오늘도 우리는 먹는다. 젓가락 숟가락만으로.
아! 이 생명공감,
깃발처럼 젓가락을 들고 오너라.

오늘 아침 처음 젓가락을 잡은 내 아가야.

- 이어령, 〈생명공감生命共感 속으로〉

이어령 교수는 장난기 어린 표정으로 질문을 하나 던졌다.
"한국 사람은 왜 미끄러운 놋젓가락으로 콩알을 집어 먹지?"
대답을 찾아 머뭇거리는 사이, 또 하나의 질문이 날아들었다.
"왜 잘 집히지도 않는 놋젓가락으로 콩알을 집어 먹는다고
자랑할까? 숟가락으로 푹 퍼먹으면 되는데 말이야."
그는 예고한 대로 젓가락 이야기를 시작했다. 충북 청주에서
는 2015년부터 매년 11월 11일을 전후로 젓가락 페스티벌을

연다. 페스티벌에서는 한·중·일의 유물 젓가락과 창작 젓가락 등 3000여 점이 전시되고, 각국의 젓가락 작가들이 소위 '장인 열전'을 펼친다.

이 페스티벌의 중심에 이어령 교수가 있다. 2015년 '한·중·일 동아시아 문화도시' 국가 프로젝트에서 청주가 중국의 칭다오, 일본의 니가타와 함께 문화수도로 선정됐는데, 그는 이 프로젝트의 명예위원장을 맡았다. 청주시에서 이 교수를 조직위원장 직으로 위촉하기 위해 다섯 차례나 찾아왔고, 거절에 약한 그는 조직위원장 대신 명예위원장직을 수락했다.

아가야, 깃발처럼 젓가락을 들고 오너라

이어령 교수는 한·중·일 문화도시 프로젝트의 일환으로 '젓가락 페스티벌'을 제안했다. 하고많은 물건 중 왜 하필 젓가락일까. 한국인 모두가 매일 사용하는 흔하디흔한 젓가락. 그런 젓가락에서 그는 수천 년 동안 내려온 한·중·일 공통의 문화유전자, 즉 밈MEME을 풀어냈다. 2015년 10부작으로 방영한 KBS 〈이어령의 100년 서재〉 최종회의 주제가 바로 '생명공감-젓가락의 문화유전자'였다는 사실에서도 그가 끝끝내 강조하고 싶었던 것이 젓가락이었음을 알 수 있다.

그렇다면 젓가락과 청주는 무슨 관계가 있을까. 여기에도 떼려야 뗄 수 없는 사연이 있다. 청주는 세계에서 가장 오래된 볍씨가 출토된 곳이자 고분에서 수천 점의 젓가락이 출토된 곳이다. 또 세계에서 가장 오래된 금속활자본인《직지直指》가 탄생한 곳이면서 멸종 위기의 두꺼비 서식지를 시민의 힘으로 살려낸 곳이니만큼 생명문화도시로서의 자격도 충분하다는 것이 이 교수의 시각이었다. 연결고리는 또 있다. 그는 국문학 교수답게 일본과 중국에는 없는 분디나무 젓가락이 고려가요〈동동動動〉에 등장한다는 점, 그 분디나무의 명산지가 청주라는 점도 지적했다.

이날 인터뷰는 유독 길었다. 두 개의 막대기에 불과한 젓가락에 대해 이어령 교수가 풀어놓는 이야기만으로 2시간이 훌쩍 지나갔다. 젓가락에 담긴 수천 년의 비화秘話가 봉인이 해제된 듯 그의 입에서 술술 흘러나왔다. 도구의 탄생과 한국인의 정체성, 한·중·일의 문화유전자 차이와 한국인만의 사이 문화, 가락 문화, 짝 문화를 그는 젓가락의 문명론으로 풀어냈다.

이어령 교수의 진가는 이 젓가락 이야기에서 가장 두드러진다는 생각이 들었다. 그는 암호 해독자다. 수십 년 동안 쌓아온 지혜와 지식, 창조력과 통찰력으로 사소해 보이는 사물과 언어에 숨겨진 문화적 의미를 해체하고 또 해체해 마지막 하나의 티끌에 담긴 의미까지 파헤쳐내는 암호 해독자 말이다.

젓가락은 남을 배려하는 문화

이어령 교수는 앞서 던진 질문, '한국인은 왜 젓가락으로 콩알을 집어 먹을까?'에 대한 답을 내놓았다.

"젓가락에서 한국인의 '사이 문화'를 엿볼 수 있지. 젓가락으로 콩알을 한 알씩 집어 먹는 것은 남을 배려하는 문화야. 생활 속에서 공자의 인仁을 실천하는 것이자 혼자 독식하는 이기심을 억제하는 것이지. 욕심 사납게 마구 먹어 대는 걸 '퍼먹는다'고 하잖아. 젓가락 문화가 없었다면 콩알을 숟가락으로 혼자 퍼먹는 추악한 한국인이 됐을 거예요.

또 음식을 잘게 자르지 않으면 젓가락질이 되겠어요? 음식을 만드는 사람이 먹기 좋도록 미리 한입 크기로 잘라주니까 젓가락으로 식사를 할 수 있는 것이지. 서양 사람처럼 스테이크를 덩어리째 구워서 내오면 젓가락으로 집을 수가 없잖아. 개라면 몰라도 사람이 어떻게 그걸 먹어요. 결국 부엌에 있어야 할 식칼이 식사 테이블에 나와서 만들어진 것이 서양의 포크와 나이프 문화야. 음식을 만드는 사람과 먹는 사람의 관계를 중시하는 것이 젓가락 문화라면, 포크와 나이프로 상징되는 서양 문화는 자기가 자기 음식을 썰어 먹는 개인 중심의 문화야."

젓가락뿐 아니라 김치와 비빔밥에 대한 이어령 교수의 이론도 널리 알려져 있다. 남들이 김치를 영양학적 관점으로 연구할 때 그는 문화적 시각에서 접근했다. 아이러니하게도 이어령 교수의 음식문화론은 식품영양학 전문가들의 학문적 토대가 돼왔다. 식품영양학 교수들이 김치 연구를 하면서 "이어령 교수는 김치를 오색五色 오미五味를 갖춘 맛의 우주론이라고 했다" 혹은 "이어령 교수는 우리 전통음식에 음양오행 사상이 깔려 있다고 했다"라고 인용하는 식이다.

보자기는 또 어떤가. 그는 일본어로 먼저 쓰고 한국어로 번역 출간한 《보자기 인문학》을 통해 보자기에 담긴 한국의 문화 유전자를 파헤쳤다. 보자기에 숨은 이야기를 무려 450여 쪽에 걸쳐 들려주는 이 책에서 그는 한국인의 문화는 서양의 '넣다'와 비교되는 '싸다'의 문화임을 피력했다.

서양 문화는 도시든 옷이든 미리 만들어놓은 틀에 넣는 '가방 문화'다. 그러나 무언가를 싸는 '보자기 문화'에는 틀이 없다. 기다란 병을 싸면 길쭉해지고 수박을 싸면 둥근 것이 되듯 보자기는 자신의 형태를 고집하지 않고, 어떤 물건이든 그 형태를 존중하면서 그저 감싸 안는다. 심지어 쓰다 버린 천 조각을 이어 붙이면 아름다운 조각보가 된다. 조각보는 버려진 것을 기막힌 예술로 재탄생시킨 것으로, 리사이클링을 넘어 업사이클링을 실천한 한국인의 지혜를 엿볼 수 있게 한다.

그의 기발한 발상으로 쌓여가는 문화론을 듣고 있으면 홀린 듯 귀를 기울이게 된다. 이어령 교수는 남들은 그저 스쳐 지나가는 평범한 일상적 사물에서 소우주를 발견하곤 한다. 애초

그 물건을 발견해낸 이들이 적용했을 과학적 원리, 사용자들의 문화적 지혜, 서로 다른 문화권에서 각기 다르게 변용되는 문명론적 해석 등 그 안에 깃든 거대한 문명론을 읽어내는 것이다.

언젠가 가졌던 간이 인터뷰 때, 그는 미키마우스 캐릭터 하나로 2시간 넘게 이야기를 이어간 적이 있다. 미키마우스의 손가락이 네 개인지 다섯 개인지, 또 미키마우스한테는 왜 배꼽이 없는지 등의 질문을 던져가며 말이다. 이어령 교수처럼 사소한 일상의 물건을 텍스트의 기호로 분석해 문화론적 관점에서 접근하는 학자가 또 있었던가 되짚어본다.

그를 한국의 레비스트로스Levi-Strauss나 롤랑 바르트로 비유하는 것이 과하지 않다는 생각마저 든다. 레비스트로스(1907~2009)는 프랑스의 저명한 인류학자이자 민속학자로 구조주의 인류학의 창시자이고, 롤랑 바르트(1915~1980)는 프랑스의 구조주의 철학자이자 비평가로 문화의 사회학적 연구를 통해 대중문화 이면의 이데올로기 비평에 큰 기여를 했다. 문화연구의 방향성으로 보자면 이어령 교수는 롤랑 바르트보다 레비스트로스에 가깝다. 이 교수의 기호학은 롤랑 바르트처럼 사회학적 의미 분석으로 '수렴'하기보다는 레비스트로스처럼 인류 문명에 토대를 두고 '확산'하는 해석을 해왔다는 점에서다.

한·중·일 젓가락론

이제 본격적으로 젓가락을 해부할 차례다. 젓가락은 한국인뿐
아니라 아시아권에서 두루 사용되는 도구다. 이어령 교수는 여
러 면에서 한·중·일 젓가락 문화를 조목조목 비교했다. 먼저
형태적 측면에 대한 이야기다.

"젓가락 모양을 잘 봐. 중국 젓가락은 길고 끝이 뭉툭해. 일본
것은 짧고 끝이 뾰족하지. 우리는 그 중간이고. 왜 그런지 알아
요? 중국 젓가락이 긴 것은 운반을 위해서야. 음식을 한가운데
놓고 각자 자신의 그릇에 옮겨 담잖아. 끝이 뭉툭한 것은 중국
음식에 나물이 많아서이고. 일본은 어때요? 밥그릇을 턱밑까지
가져와서 먹잖아. 그러니 젓가락이 길 필요가 없지. 또 국물 문
화가 아니라서 젓가락 하나면 돼. 우리는 건식 문화라도 밥상
에 국물이 꼭 올라야 하니 숟가락과 젓가락 모두가 있어야 하
지. 한국 사람만큼 음양의 조화를 좋아하는 민족이 없어요."

그의 한·중·일 젓가락 문화론은 언어적 측면으로 옮겨졌다.

"일본에선 젓가락을 '저箸'라고 쓰고 '하시はし'라고 읽어요. 그
리고 8월 4일을 '젓가락의 날'로 정했는데 그 이유는 일본어로
8이 '하치はち', 4가 '시し'라서고. 또 '하시'는 일본어에서 '다리橋'
를 뜻하는 말과 음이 같아 사람과 사람, 성聖과 속俗을 이어주는
상징이 되기도 해요. 중국인의 경우 젓가락을 가리키는 말이
많아. 요즘 중국인들은 젓가락을 '저'라 하지 않고 '쾌자筷子'라

불러요. '빠를 쾌快' 자와 음이 같지. 젓가락으로 밥을 먹는 풍습이 중국 전역으로 퍼진 건 해양 문화가 발달한 남송 무렵이야. 강이나 바다에서 배가 멈추는 것은 뱃사람들에게 죽음을 의미하거든. 그래서 '빠르다'와 음이 같은 '쾌'자를 쓴 거예요. 빠른 항해를 바라는 마음을 담은 거지. 또 중국에서는 딸을 시집보낼 때 젓가락을 챙겨주는 풍습이 있는데, 그건 아이가 빨리 생기길 바란다는 의미지."

강연하듯 말을 잇던 이어령 교수가 "그런데 말야, 재밌는 게 있어요" 하며 씨익 웃는다.

"먹는 도구의 이름이 인체와 연결된 나라는 한국밖에 없어. 숟가락, 젓가락은 '손가락'의 연장延長이거든. 그런 면에서 젓가락은 몽둥이와 정반대의 속성을 지녔어요. 몽둥이는 주먹의 연장이자 근육의 연장이지만, 젓가락은 손가락의 연장이자 신경의 연장이에요. 힘의 상징인 몽둥이는 주먹보다 크고 뭉툭하지만, 섬세함의 연장인 젓가락은 손가락보다 가늘고 뾰족해야 해. 젓가락은 내 몸의 피와 신경이 통해 있는 아바타인 셈이지."

이어 그는 '가락'에 주목했다.

"어디 손가락뿐이에요? 머리에서 갈라진 것은 머리카락, 발에서 갈라진 것은 발가락이지. 또 온몸에서 갈라진 그 가락이 장단을 맞추면 '노랫가락'이 되고 '신가락'이 돼. 한국의 독특한 가락 문화, 짝 문화는 이렇게 탄생한 것이지."

그의 발상에 탄성이 나왔다. 젓가락을 손가락의 연장선에서 보더니 손가락을 머리카락과 발가락으로, 발가락을 노랫가락으로 확장시켜나가는 해석이란! 같은 층위로 연결되던 의미의 연결망은 훌쩍 건너뛰어 이종異種교배가 됐다. 진부하고 낡은 개념에서 새로운 의미가 탄생하는 순간이었다. 숟가락과 젓가락을 합쳐 이르는 '수저'라는 일상 용어에서도 이어령 교수는 짝의 문화를 읽어냈다.

"수저는 두 개의 짝이 하나가 된 용어야. 포크와 나이프를 '포나이프'라고 하는 거 봤어? 숟가락으로는 국물을, 젓가락으로는 건더기를 먹지만 서로 바뀌기도 해. 마른 음식을 숟가락으로 먹기도 하고, 국물 음식을 젓가락으로 먹기도 하지. 젓가락과 숟가락은 서로의 단점을 보완해주는 짝의 문화야. 우리는 점점 짝의 문화를 잃어가고 있는데 짝의 문화는 잠재력이 많아요. 사이 문화와 짝의 문화에서 기적의 순간이 창조되는 경우가 많거든.

IT 분야만 해도 그래요. 애플의 스티브 잡스와 워즈니악Steve Wozniak, 구글의 세르게이 브린Sergey Brin과 래리 페이지Larry Page, 마이크로소프트의 빌 게이츠Bill Gates와 폴 앨런Paul Allen 등 짝의 문화가 일을 냈잖아. 우리나라 병풍은 또 어때요? 새와 꽃을 보면 다 짝이 있어. 그런데 예외가 있지. 물고기. 물고기는 세 마리야. 삼어三魚. 왜 그런지 알아요? '고기 어魚'가 '여가 여餘'와 음이 비슷해. 비 오는 날, 겨울, 그리고 밤은 책 읽기 좋은 여가시간이라는 뜻의 '삼여三餘'가 있다는 것을 상징적으로 표현한 것이

317

지. 아무리 바빠도 삼여를 활용하면 공부를 할 수 있다는 것을 보여준 거야. 삼여를 그림으로 그릴 수 없으니 음이 같은 '세 물고기'로 표현한 것이고."

삼여와 삼어, 합리적 사고 및 논리와는 반대되는 비합리와 우연의 개념이다. 그는 "합리적 발상만으로는 절대 창조가 나올 수 없어"라며 말을 이었다.

"창조를 생물학적으로 말하면 돌연변이지. 이야기의 구조로 보자면 기승전결에서 '전轉'에 해당해. 합리주의 일변도의 컴퓨터 시스템으로는 나올 수 없는 게 창조야. 그걸 한국인이 가장 잘하잖아. 순발력에서 나오는 임시변통을 브리콜라주bricolage라고 해. 산에 다니면서 지팡이와 닮은 도구를 찾고, 대장장이 기술로 도구를 만들어내는 건 브리콜라주지. 그런데 현대인은 이걸 천시하고 점점 공학적 기술과 논리력이 강한 엔지니어들에 의존하잖아. 인류가 당면한 다양한 문제를 해결하려면 어느 한쪽의 힘이 너무 강하면 안 돼. 균형감이 중요하지."

이야기의 이야기를 연구하다

언제부터인가 미국과 유럽인들 사이에서 젓가락질 붐이 일기 시작했다. 뉴욕 맨해튼의 한식당이나 일식당에 가보면 젓가락질을 자연스럽게 구사하는 미국인들을 심심치 않게 발견할 수

있다. 젓가락질을 잘하는 것이 상류층의 상징으로 여겨진다는
얘기도 들었다.

동양인의 수저와 서양인이 사용하는 포크와 나이프. 그는 이
식사도구의 차이에서도 동양인과 서양인의 차이를 읽어냈다.
이 교수는 어릴 적 이야기를 꺼냈다.

"어머니는 부엌에 있어야 할 식칼이 어쩌다 방에 들어와 있
으면 불상지물이라며 아주 질색하셨다고 얘기한 적 있지? 불
상지물은 차마 눈으로 못 볼 흉측한 물건이라는 뜻이에요. 그
런데 서양은 어때요? 칼과 포크가 아예 테이블 위에 떡하니 나
와 있잖아. 식사할 때에도 전쟁을 하듯 칼로 베고 창으로 찌르
는 문화지. 프랑스의 기호학자 롤랑 바르트가 재미있는 비유를
했어요. 포크와 나이프로 식사하는 서양인은 발톱으로 쥐를 잡
아먹는 고양이처럼 보이고, 젓가락으로 밥을 먹는 동양인은 부
리로 모이를 쪼아 먹는 새처럼 보인다고."

이쯤에서 뻔한 우문 하나가 생겼다. 한국인은 소근육이 발달
한 것으로 정평이 나 있는데 그건 젓가락질 덕분일까, 아니면
타고난 민족적 특성일까. 이에 관해 묻자 그는 웃더니 "그건 닭
이 먼저냐, 달걀이 먼저냐처럼 무의미한 질문"이라 했다.

"그런 연구가 불필요하다는 뜻이 아니라 내 접근법은 그게 아
니라는 것이지. 나는 젓가락의 젓가락성, '이야기의 이야기'를
연구해온 사람이에요. 만들어진 이야기가 아니라 '이야기가 만
들어지는 이야기', 즉 메타언어, 초超언어를 연구해온 것이지."

그는 '세미오시스semiosis'라는 개념을 언급했다. 기호학 용어인 세미오시스는 의미 생성의 최소 단위를 뜻한다. 대학원 전공과목으로 들었던 '기호학의 이해' 수업이 떠올랐다. 그때 이 교수는 소설 한 편을 유의미한 작은 의미 단위로 쪼개고 쪼개 관계망을 찾아냈고 텍스트 하나하나, 부분과 부분의 관계들을 유기적으로 연결하여 의미의 집을 지었다. 단순히 기승전결의 이야기로 치환될 수 없는 새로운 집, 풍성하고 탄탄한 의미들의 집 말이다.

"창조라는 큰 패러다임의 변화는 부분과 부분의 관계 속에서 생기는 것"이라 이야기하는 그는 문학 작품뿐 아니라 세상 모든 것을 그렇게 바라보고 생각했다. 젓가락도 마찬가지다. 이 교수는 하나의 막대기를 부러뜨려 젓가락으로 사용한 최초의 인류를 상상하고, 그 이후 수천 수만 세대에 걸쳐 인류가 사용하면서 켜켜이 쌓아온 젓가락들의 이야기를 들여다보고 있었다.

이런 문명론을 집대성해 그는 《젓가락의 문화유전자》라는 단행본을 발간했다. 처음부터 끝까지 젓가락 이야기만 하는 책이다. 또 그는 '11월 11일을 빼빼로데이 대신 젓가락데이로 기억하자'는 새로운 제안을 내놓았다.

"빼빼로는 갸름한 모양의 막대기 과자야. 짝이 아니지. 엄격한 의미에서 11월 11일은 빼빼로와 별 관계가 없어. 빼빼로가 네 개 있는 날이잖아. 빼빼로는 두 개든, 네 개든 상관없어. 오

히려 짝으로 된 젓가락이야말로 11의 속성과 밀접하지. 젓가락
은 반드시 한 쌍이니까."

근본을 알 수 없는 상업주의로 물든 날 대신 천년 이상 켜켜
이 쌓여온 젓가락의 문화유전자를 기억하는 날로 만들자는 그
의 제안은 새로운 문화부흥 운동이라 할 만하다. 이번에도 어
김없이 인터뷰가 끝난 후 이어령 교수가 보낸 짤막한 메시지가
도착했다.

"젓가락질은 감상주의적 과거의 추억이 아니라 미래에 던지
는 희망이고 전략입니다. 젓가락은 하드웨어, 젓가락질은 소프
트웨어입니다. 인공지능의 스마트 젓가락을 만들면 모든 음식
의 데이터가 한데 모입니다. 나트륨, 중금속, 혈당 등 매끼마다
전 국민이 먹는 음식 데이터가 모여 빅데이터가 된다고 생각해
보세요. 그 데이터는 천문학적 숫자이고, 활용도는 무궁무진합
니다. 인류가 일찍이 꿈꿔보지 못한 스마트 젓가락으로 발전하
는 것이지요. 이것은 애플도 구글도 못 하는 일입니다. 그들은
젓가락질을 모르니까요."

21

현실의 색과는 다른
상상의 색을 그려라

알파고가 한국을 점령하던 날

2016년 3월 11일, 이어령 교수의 연구실은 소란스러웠다. 한 일간지의 기자 세 명이 인터뷰 중이었고, 안쪽 연구실에는 또 다른 팀이 대기 중이었으며, 전화벨도 수시로 울렸다. 그간의 연구실과는 사뭇 다른 분위기다. 이게 다 알파고 때문이다. 그와 약속해둔 인터뷰 시작 시간이 조금씩 지체됐고, 결국 1시간이 지나서야 그와 마주앉을 수 있었다.

"어이쿠, 미안합니다. 바둑도 두지 못하는 나한테까지 알파고 녀석의 불똥이 튈 줄이야."

그리고 그는 혼잣말처럼 한마디 덧붙였다.

"우리가 떠들어야 할 건 인공지능AI이 아니라 바로 인간지능HI이구먼!"

중국 천안문광장에서 한 사람이 하늘을 올려다보고 있으면 삽시간에 사람들이 몰려들어 다 같이 하늘을 쳐다본다. 무슨 일 때문인지 영문도 모른 채. 중국인들이 자신들의 군중심리를 비판할 때 곧잘 사용하는 말이다. 비단 중국인만 그럴까.

이날은 이세돌이 알파고와 벌인 세기의 대결에서 연달아 두 번째로 패한 날이었다. 매스컴은 앞다퉈 '인공지능의 공포' 혹은 '인공지능의 습격'을 다뤘고, 인터넷에선 '포비아phobia(공포증)'라는 연관 검색어가 상위권에 랭크됐다. 그래서 인터뷰의 방향을 틀었다. 아니, 딴 길로 잠시 돌아갔다가 오기로 했다. 원래 다루려던 주제는 따로 있었으나 알파고를 위시한 인공지능의 위력, 혹은 위협에 대한 이어령 교수의 시각을 먼저 듣고 싶었기 때문이다. 그즈음의 미디어에는 전문가다운 전문가의 진단과 통찰 대신 인공지능의 위험성을 경고하는 자극적인 기사만 난무했고, 대중은 불안에 떨고 있었다. 이세돌과 알파고의 대결이 무엇을 의미하고 그 결과의 함의는 무엇인지, 인간과 기계를 동시에 들여다보는 양안兩眼을 가진 전문가로부터 냉철하고 객관적인 대답을 듣고 싶었다.

"인공지능이 인간지능을 넘어서서 인류를 위협하는 날이 정말 올까요?"

이 교수는 즉답을 피하고 농담을 했다.

"이런 이야기가 있어. 어른들이 하도 야단들이니까 바둑의 '바' 자도 모르는 유치원생이 물었어. '엄마, 인공지능이 뭐야? 이세돌 아저씨가 바둑 두다 지면 우린 이제 큰일 난 거야?' 하고. 엄마가 뭐라고 답했는지 알어? '별것 아니야. 너 밤낮 하는 게임 있잖아. 일본의 닌텐도 게임. 게임기의 마리오가 졌다고 네가 진짜로 죽니? 걱정할 것 없어. 공부 열심히 해서 네가 알파고를 이기면 돼. 아니, 네가 만들어. 걔들이 만든 걸 네가 왜 못 만들어. 알파고는 바둑밖에 둘 줄 모르지만 넌 노래하는 알파고, 춤추는 알파고, 세상에서 제일 일 잘하는 알파고를 만들면 되는 거란다.'"

유치원생은 이 말을 이해했을까? 이어령 교수식의 '알파고를 묻는 유치원생을 위한 답변 매뉴얼'인 셈이다. 정확한 정보와 지식 없이 군중심리에 휩쓸려 '알파고 위기설'을 퍼 나르는 네티즌과 매스컴을 향한 날 선 비판이기도 하다.

홀로그램으로 시연한 '죽은 나무 꽃피우기'

이어령 교수는 앞서 알파고의 불똥이 자신에게까지 튈 줄 몰랐다고 했지만, 실은 예측 가능한 상황이었다. IT와 관련된 굵직한 이슈가 국내외에서 터질 때마다 그는 늘 바빠졌다. 미디어와 방송, 세미나와 강연 등 여기저기서 그를 찾았기 때문이다.

세상은 지식과 정보, 혜안과 통찰력을 가진 이어령 교수의 통섭적 시각을 필요로 했고 그럴 때마다 그는 이 현상이, 혹은 이 발견이 미래 사회에 어떤 영향을 끼칠지를 조목조목 꺼내 보였다. 문명비평가와 미래학자, 문화인류학자의 정보와 지식이 융합된 시각으로 그는 어떤 질문이 던져져도 망설이거나 머뭇거리지 않고 기다렸다는 듯 답변을 내놨다.

그가 쌓아온 이력을 보면 IT와 관련된 것들이 많다. 여기에서의 IT는 비단 기술적 측면만을 의미하는 것이 아니라 과학과 예술, 인류학이 골고루 스며든 차원의 것이다. 그는 진보된 기술을 바탕으로 예술의 아름다움을 살리고, 인간이 지향해야 할 가치를 스토리로 녹여내곤 한다.

2010년 유네스코 세계문화예술교육대회 조직위원장을 맡았을 때도 그랬다. 당시 그는 개회식장에서 〈죽은 나무 꽃피우기〉라는 공연을 선보였다. 홀로그램을 이용해 네 명의 김덕수가 북 치고 장구 치는 사물놀이를 하는 것처럼 보이게 한 공연이었는데, 마지막 장면이 특히 압권이었다. 사물놀이패의 신명나는 장단에 맞춰 꽃이 만발하고, 종국에는 관객석으로 꽃잎이 떨어지는 환상적인 장면이 연출되었다. 죽은 나무에서 새 생명이 돋아나고 꽃이 피어 관객들에게 한 송이 한 송이 흩날리는 흐름이었다. 이 장면은 큰 화제가 됐다.

3000명의 참가자가 모인 개회식장의 내부 디자인도 그의 아이디어로 꾸며졌다. 전 세계 다양한 국적의 사람들이 한자리에 모인 만큼 다양성을 강조하는 콘셉트로 구성했다. 우선 색깔과 문자가 각기 다른 수백 개의 티셔츠를 모아 천장에 빨래처럼 널어놓고 그 사이에는 우는 아이, 웃는 아이, 응시하는 아이 등 다양한 인종의 아이들의 얼굴을 대형으로 걸어놓았다. 티셔츠에는 세계 각국의 언어로 꿈, 정의, 평화, 열정, 사랑 등과 같은 문자를 적어넣었다. 인류가 지향해야 할 가치들이었다.

그 자리에선 모두가 주인공이었다. 흑인과 백인, 선진국과 후진국, 공용어와 소수 인종의 언어가 공평하게 그곳 한자리에 있었다. 결과는 대성공이었다. 티셔츠는 회의가 끝난 후 참가자들에게 모두 팔렸고, 수익금 전액은 지진으로 집과 가족을 잃은 중앙아메리카 아이티의 아이들에게 전달됐다.

그야말로 색이 다른, 색다른 연출이었다. 이 아이디어는 또 언제 어떤 식으로 피어올랐을까. 걷다가 우연히 발견한 사물에서 단초라도 발견한 것일까, 아니면 누군가와의 대화 도중 스쳐간 생각이었던 걸까. 발상의 원천을 캐묻자 그는 동문서답을 했다. "사실은 말야, 티셔츠보다 다른 걸 하고 싶었어." 그가 꺼낸 이야기는 전혀 다른 아이디어였다. 빛을 보지 못한 '천 千의 빛깔로 빛나는 물고기 그물'에 대한 이야기다.

"바닷가에 버려진 낡은 그물 있잖아. 그걸 가져다가 은빛으로 칠하고 거기에 물고기 모형 천 개를 만들어 넣어놓고 싶었어요. 제각각 다른 색으로 칠해진 물고기들 말이야. 상상의 바다에서 건져낸 그 천 가지 색깔의 물고기들이 그물에 걸려 번

찍인다고 생각해봐요. 그건 아름다운 반란이야. 인류의 편견, 고정관념, 획일적 문명을 고발하는 천 가지 색의 반란. 다양성의 가치를 생물의 '종의 다양성'에 담아 설치 예술로 전하는 것이 내 꿈이었어. 그게 안 돼서 티셔츠의 색깔로 대신한 거지."

나는 일색이 질색이야

왜 현실화되지 못했냐는 질문에 "그걸 알아봐주는 백락伯樂이 없었지"라고 아쉬운 듯 내뱉었다. 획일성에 갇힌 교실에서 아이들을 구출해내는 이 아이디어는 지금도 유효하다. 그는 지금이라도 천 가지 색의 물고기 그물을 초등학교 복도에 걸어놓자고 제안한다.

"바다를 연상케 하는 천 가지 색깔의 물고기 떼를 보면서 아이들이 자란다고 생각해봐요. 천 개의 빛이 만들어내는 그 다양한 세계. 노란색도 수십 가지고 빨간색도 수십 가지잖아. 먼셀Albert Munsell(미국의 색채연구가)의 4653가지 색채를 보면서 자란 아이들이 디자인을 하면 애플도 이길 수 있어요. 다색다양多色多樣에서 창조적 상상력이 나온다는 거지. 그런데 우리는 어때요? 일색—色이라는 표현에 익숙하잖아. 정치, 경제, 사회가 다 한 가지 색이 지배하는 일색. 나는 그게 질색이야. 한국의 획일적 사회와 문화를 깨뜨리지 않으면 우리의 미래는 없어요."

그는 초등학교 시절 색채에 관심을 갖게 된 동기를 들려주었다. 일제강점기 아이들은 미술시간에 똑같은 상표의 크레용을 사용했다고 한다. 그런데 하나같이 크레용 상자의 빨간색, 파란색, 노란색 같은 삼원색은 많이 써서 키가 작아져 있고, 회색이나 흰색, 보라색 같은 색은 처음의 키 그대로였다. 그는 아이들에게 선택받지 못한 색깔을 불쌍하게 여겼다. '남들이 쓰지 않고 버린 크레용만으로 그림을 그리면 어떤 세상이 될까?' 궁금했다. 상상과 동시에 그의 머릿속에서는 버려진 크레용들이 만든 세계가 알록달록 그려졌다. 이 색 저 색이 서로 섞여서 집이 됐다가, 꽃이 됐다가 했다.

그에게 이 질문은 내내 물음표 상태로 남아 있었다. 그러다 미술가인 그의 큰형의 대답에서 느낌표를 찾았다. 형은 이렇게 말했다.

"사군자를 배우는 아이가 대나무를 그리려 했어. 그런데 먹을 갈기 귀찮아서 옆에 있는 빨강 물감으로 그렸지. 그걸 보고 선생님이 호통을 치셨어. '야, 이 녀석아, 빨간 대나무가 어딨어?'라고. 그랬더니 아이가 '그럼 검은 대나무는 어딨습니까?' 하고 묻더래. 현실의 색과 상상의 색은 차원이 다른 거지. 네 마음대로 상상한 색을 그리면 되는 거야."

짧지만 강렬한 에피소드였다. 형이 해준 말은 두고두고 그에게 영향을 끼쳤다. 그는 "큰형님의 그 말을 듣고 색에 대한 고정관념이 깨졌지"라고 말했다. 그의 큰형은 김기창 화백, 김은

호 화백과 수업한 동문으로 오랫동안 미술 교사를 했다.

이 교수는 훗날 톨스토이의 유년 시절을 담은 책을 읽다가 또 한 번 눈이 번쩍 뜨이게 된다. 큰형이 해준 말과 비슷한 맥락의 글을 발견했기 때문이다. 내용은 이렇다. 빨간 색연필로 토끼를 그린 톨스토이의 그림을 보고 어른들이 놀렸다.

"애야, 세상에 빨간 토끼가 어딨니?"

그러자 톨스토이는 이렇게 답했다.

"세상에는 없지만 그림 속엔 있어요."

세상에는 없지만 그림 속에는 존재하는 것. 그것이 바로 그가 평생 추구해온 창조적 상상력의 세계였다.

무지개는 일곱 색깔이 아니다

이어령 교수가 극도로 싫어하는 몇 가지가 있다. 고정관념과 편견, 틀 같은 것들이다. 그는 "고정관념은 상상력의 적"이라는 말을, 과장을 좀 보태자면 만날 때마다 한다.

색에 대해 우리가 가진 가장 큰 고정관념은 무엇일까? 바로 일곱 색깔 무지개다. 이어령 교수는 "무지개는 일곱 색이 아니야"라며 말을 이었다.

"학교에서는 무지개가 빨주노초파남보 일곱 색깔이라고 하잖아? 어느 날 하늘에 무지개가 떠서 세어봤지. 그런데 내 눈에는 일곱 가지로 보이지 않는 거야. 색과 색 사이에 수천수만 개의 색들이 어렴풋이 보였지. 무지개 색은 셀 수 없는 불가산_{不可}_算 명사야."

실제로 무지개가 몇 색인지에 대한 논쟁의 역사는 길다. 그리스의 철학자 크세노폰_{Xenophon}은 3색, 아리스토텔레스_{Aristoteles}는 4색, 로마의 철학자 세네카_{Seneca}는 5색이라 보았고, 한동안 서양 문화권에서는 대체로 6색으로 여겼다. 그 후 우리가 흔히 아는 대로 무지개를 일곱 가지 색으로 규정한 사람은 영국의 과학자 뉴턴이지만, 몇 가지 색이냐에 대해선 지금도 다양한 견해들이 존재한다.

패티 김의 노래 〈사랑은 영원히〉에는 오색 무지개가 나오고, 미국에서는 남색을 뺀 여섯 색으로 인식한다. 아프리카의 판츠족_族 언어에는 빨강색을 뜻하는 말이 없고, 쇼나족 언어에는 황색과 청색의 두 가지 또는 세 가지 색밖에 없다. 다시 말해 일곱 색깔 무지개는 물리학을 토대로 하여 학교 교육에서 가르치는 하나의 설에 불과하다.

학교. 학교는 두 얼굴을 지녔다. 배움을 주는 기본 공간인 동시에 편견과 고정관념을 강화시키는 가르침을 주는 곳이기도 하다. 이 교수는 이에 대해 "학교는 생사람 잡는 곳"이라는 말을 여러 번 했다. 사람은 원래 백지 상태의 생것인데, 학교가 이 순연한 존재를 틀에 가두고 상상력의 날개를 꺾어버릴 수 있다는 것이다.

"어찌 보면 가르치지 않고 방치하는 게 창조성을 죽이지 않는 방법일 수 있어요. 생사람은 팔딱거리는 생각의 야성野性이 살아 있는 사람이거든. 생사람. 참 좋은 말이잖아. 견고한 틀과 사고로 무장한 사회와 조직은 생사람을 잡아요."

학교는 생사람 잡는 곳

내내 진지하게 말을 잇던 이 교수는 장난스러운 표정으로 씨익 웃었다.

"나는 말야, 학교를 제대로 다니지 않아서 고정관념이나 틀이 생기지 않았어요. 어떻게 보면 너무 고맙지."

그는 '너무'를 '너어~무'로 강조했다. 형용사와 부사를 잘 사용하지 않는 그로선 드문 표현이었다. 그가 학교를 다니지 않은 건 자발적 언스쿨링에 의해서가 아닌, 굴곡진 한국 현대사를 한가운데에서 겪어내야 했던 슬픈 역사의 결과물이었다. 1930년대에 태어나 1940년대에 초등학교, 1950년대에 대학교 시절을 살아낸 한 개인의 역사는 그 자체로 투쟁이나 다름없었다. 일제치하와 6·25 전쟁, 좌우 이념 갈등의 소용돌이가 남긴 생채기는 그 시대를 살아낸 한국인이라면 그 누구도 피해갈 수 없었다. 이어령 교수는 자신의 세대를 '잃어버린 세대'라고 표현했지만, 그럼에도 이 비극적 세대의 운명에서 긍정성을 읽어냈다.

"내가 초등학교 3학년 때 제2차 세계대전이 터졌어요. 광복될 때까지는 총검술을 배우고 방공호를 팠지. 학교는 거의 안 다녔어요. 일제강점기 때 꼬박꼬박 학교를 다녔다면 내 머리는 천자문 배운 사람처럼 견고해졌을지도 몰라요. 대신 그 시간에 하늘 보고 바람 맞고 꽃을 보고 날아가는 새를 보면서 계속 책을 읽었지. 이게 오늘날의 나를 만들어준 거예요.

초등학교만 그렇게 보낸 게 아니야. 중학교 들어갔더니 좌우익 싸움한다고 동맹휴학이래. 겨우 학교가 정상화되니까 또 6·25 전쟁이 터지고. 이리저리 피란 다니다가 대학생이 됐는데 돈이 있어야지. 서울대 문리대 학예부장을 하면서 문경의 어느 고등학교에 가서 수학도 가르치고 영어도 가르쳤어요. 그러다 보니 대학 시절에도 공부할 시간이 없었지. 그땐 제대로 된 교재도 없었고. 내 최종학력은 대학원으로 돼 있지만 실제로는 학교에서 배운 게 별로 없어요. 역설적이게도 그게 참 다행이야."

학교를 제대로 다닐 수 없었던 시대적 불운이 아이러니컬하게도 틀과 고정관념을 극도로 싫어하는 그에겐 더할 나위 없는 행운이 된 셈이다.

'전문가의 전문가' 비결, '온리 원'의 사고

이어령 교수는 '전문가의 전문가'로 활약할 때가 많다. 워낙 활동 분야가 광범위해 그의 전문 분야 하나를 딱 꼬집어 말하기는 힘들지만, 그의 분야가 아닌 분야의 전문가들이 그를 전문가로 인정할 때가 종종 있다. 그렇다 보니 국내에서 열리는 국제 학술회의의 주제발표자로 자주 초청된다. 그가 참여하는 분야는 과학, 건축, 생명공학, 문학, 디자인 등 광범위하다. 빅데이터나 AI 문제를 다루는 정보학회는 물론 전 세계의 도시건축 전문가들 앞에서도 학술강연을 한다. 그런가 하면 복제양 돌리를 세계 최초로 만든 이안 윌머트Ian Wilmut와 함께 생명복제에 대한 주제발표를 한 적도 있고, 세계출판인협회 총회가 서울에서 열렸을 때는 한국 대표로 선정돼 노벨문학상 수상자 오르한 파묵과 나란히 강단에 섰다.

2010년 서울서 열린 세계 디자인도시 서미트WDC, World Design Cities Summit 당시에는 이런 일도 있었다. 서울시가 주최한 이 행사에는 17개국 31개 주요 도시의 시장단과 도시 건축 전문가들이 한자리에 모였는데, 당시 한국 측 주제발표자는 건축가가 아닌 이어령 교수였다. 이 교수는 이날 '건축 없는 건축'에 대한 연설을 했다. 근사한 유형의 물리적 건축물뿐 아니라 한국의 풍수지리나 배산임수背山臨水의 터 자체가 건축의 핵심이 될 수 있다는 요지였다. 그때 오세훈 당시 서울시장을 비롯한 많

333

은 참가자들이 놀라운 장면을 목격했다. 참가자 중 한 외국인 건축가가 이어령 교수에게 질문 대신 큰절을 하면서 고마움을 표한 것이다. 요지는 이랬다.

"당신의 이야기에 큰 감동을 받았습니다. 건축 없는 건축에 대한 건축론을 속으로만 생각해왔는데, 이젠 자신 있게 내 건축 이론을 주장할 수 있겠습니다."

건축과는 무관한 그가 외국의 건축가로부터 찬사를 받는 광경이었다. 한 가지 분야의 전문가가 되기도 어려운데 이 교수는 이렇듯 각기 다른 분야에서 세계적 석학과 어깨를 나란히 하고, 때론 전문가들이 생각지 못한 차원의 시각을 던져 감동과 충격을 안기기도 한다. '전문가들의 전문가' '전문가들이 생각을 훔치고 싶어 하는 전문가'가 된 비결이 과연 뭘까. 대놓고 묻는 건 우문임을 알면서도 물었더니 그는 어쩐 일인지 명쾌하고 간단한 답변을 내놓았다.

"나는 내 머리로 생각한 것을 이야기하거든. 그러니 전문가들이 못하는 영역을 커버할 수 있는 거지."

외국 이론을 배워 소개하는 것이 아니라 자기만의 아이디어를 끌어내는 것. 이것이야말로 객관적 정보와 지식이 널린 이 시대에 꼭 필요한 발상이라는 말이었다. 그러고는 이렇게 덧붙였다.

"옳든 그르든 '온리 원only one'의 사고를 하라는 거지."

천 가지 색으로 빛나는 물고기 그물

2시간 가까이 걸친 인터뷰가 끝났다. 알찬 인터뷰였다고, 흥미로운 시간이었다고 인사까지 주고받고 자리를 뜨려는데 이 교수가 다시 돌아와 앉았다. '아, 뭔가 떠오르셨구나.' 퍼뜩 피어난 새로운 생각, 그 순간이 지나면 다시 피어나지 않을 수도 있는 발상이 떠오를 때 그가 종종 하는 행동이다. 이럴 때 그는 옆에 있는 이가 누구든 그 순간의 생각을 풀어헤쳐놓는다. 스파크처럼 '찌릿!' 하고 피어오른 생각의 뭉텅이들이 사라지기 전에 들려주려고 새벽에 "여보~"하며 강인숙 교수를 깨운 적도 있다는 일화는 유명하다. 다시 자리에 앉는 그를 보며 나도 부리나케 가방에서 녹음기를 꺼내 전원을 켰다.

"알파고가 이세돌을 이긴 것과 인간을 위협하는 인공지능이 출현하는 기술적 특이성singularity이 도래하는 것은 별개야. 이미 우리는 알파고보다 훨씬 놀라운 인공지능을 이용하고 있거든. 그로 인한 실패로 리먼 쇼크 같은 엄청난 경제위기를 이미 겪었고, 금융공학이라는 인공지능이 인간의 경제계를 미궁의 공황 속에 몰아넣었잖아. 다만 딥마인드의 3인방이 개발한 알파고의 지능은 종래의 게임 소프트가 아니라 범용 인공지능AGI, Artificial General Intelligence에 사용할 수 있다는 점이 다르지. 딥마인드의 세 개발자는 BTBio Technology(생명공학), NTNano Technology(나노기술), ITInformation Technology(정보공학)를 전공한 박사들이라는 점을 눈여

335

거볼 필요가 있어요. 인공지능에 인공생명이 결합되면 그야말로 엄청난 사건이 발생할 수 있거든. 낙원인지 지옥인지 모를 새로운 미래가 펼쳐지는 거예요."

그는 한숨을 내쉬더니 "이런 사실들은 인터넷에서 단 10분만 검색해봐도 짐작할 수 있는 일들이야"라고 했다. 각자 자기 머리로 지식을 습득하고 생각했더라면 알파고에 대한 위기설을 퍼뜨리는 획일적 여론이 한국 땅을 뒤덮는 일은 없었을 거라는 얘기였다.

이 교수는 이세돌과 알파고 대국 이전부터 딥마인드를 개발한 구글 3인방의 정보를 소상히 알고 있었다. 이름부터 출신, 각자의 역할까지.《네이처Nature》나《와이어드Wired》같은 과학잡지를 수시로 보기 때문이다.

"져도 반가운 것이 있고 이겨도 슬픈 것이 있어요. 이번 일은 전자에 해당하지. 승부에만 관심을 팔면 안 돼요. 인공지능 후발국에서 혼신을 다해 개발해도 시원찮은 판에 인공지능 위기설이라니."

그는 다시 무지개 얘기로 돌아왔다.

"이게 다 한국적 획일주의 때문이야. 실제 무지개 색을 세어보지도 않고 앵무새처럼 일곱 가지 무지개라고 외우게 하는 사회에서 무슨 다양성이 나오겠어? 이 아이들에게 천색만색千色萬色으로 물들인 고기 떼가 상상의 그물 속에서 퍼덕이는 광경을 보여줘봐. 상상력의 토양이 달라지지 않겠어요? 다양성이야말로 창조력의 토양이지."

　이어령 교수의 창조 이력서는 아직 완료형이 아니다. 그날 이후 이력서의 빈 여백에 그는 '천의 색깔로 빛나는 물고기 그물'을 넣고 싶다고 했다. "신통神通하다고 여겨왔던 인간의 기술이 비통悲痛으로 바뀌지 않게 하려면 한국인의 슬기가 필요하다"라고 덧붙이면서.

22

우리 안의 창조유전자를
다시 보라

천재를 알아본 백락, 그리고 못다 이룬 창조

"나는 천리마가 아닌 백락이야."

본격 인터뷰 마지막 시간, 그의 첫마디다. 마지막에는 늘 슬
픔이 따른다. 무언가 아련하고 가슴 저미는 저녁노을 같은 언
어를 기대했던 내게는 삭막한 선언으로 들렸다.

"겸손으로 하는 말이 아니에요. 나는 하루에 십 리도 못 달리
는 노마駑馬지만 천리마를 알아보는 눈은 있지."

듣고 보니 고개가 끄덕여진다. 깨닫지 못했던 이어령 교수
의 또 다른 얼굴. 그의 문화적 공적은 안팎으로 뻗어 있다. 그
는 '문화 창조자'이기도 하지만, 숨어 있던 천재를 세상에 알리

고 추임새를 넣고 손뼉을 쳐 바람을 일으킨 '문화 선동가'이기도 했다.

천리마의 눈물에는 자신의 남다른 재능을 몰라보고 소금 짐이나 지게 하는 현실에 대한 서글픔, 한편으로는 뒤늦게 재능을 알아봐준 백락에 대한 고마움이 뒤섞여 있다. 이어령 교수가 한국의 백락을 자처하는 것도 같은 맥락이 아닐까.

"세상이 선생님의 진가를 몰라본 것에 대한 서글픔에서 한국의 백락을 자처한 것은 아닌지요?"라는 나의 질문에 그는 즉답을 피하고 한국 사회로 초점을 옮겼다. "우리는 천리마에게 소금 짐을 지게 하기는커녕 몽둥이질을 해서 내쫓는 사회"라며.

"세계에서 국민들의 아이큐가 제일 높은 나라가 한국이잖아. 그런데 한국의 문화 풍토와 사회 환경, 톱-다운식 교육 체계는 그 머리 좋고 빛나는 천재들의 날개를 꺾어버리지. 천 리는커녕 백 리도 달려보지 못하고 눈물을 흘려야 했던 천리마들, 한국의 숨은 피카소, 숨은 아인슈타인이 얼마나 많을까?"

어린 시절 왕따나 다름없었던 스티브 잡스의 재능을 알아보고 그에게 용기와 힘을 준 고등학교 교사 이야기부터 시작해, 그는 미국판 백락들의 이름을 하나하나 열거했다. 그리고 이렇게 말했다.

"미국이 아직도 기회의 땅인 것은 천리마를 알아보고 천리마를 맘껏 달리게 해주는 사회이기 때문이지."

백남준, 이우환, 김수근, 사라 장, 장유진……

이어령 교수는 1984년 1월 21일자 《조선일보》에 '귤이 탱자가 되는 사회'라는 제목으로 쓴 백남준론에서 이런 생각을 자세히 밝힌 바 있다. 이후 이 교수는 백남준의 예술 활동을 국내에 끌어들여 그의 문화적 뿌리를 찾아주는 일에 팔을 걷어붙인다. 2008년 한국의 관문인 인천국제공항 로비에 백남준의 대표작 '거북'을 설치 전시한 것도 이어령 교수의 제안과 기획으로 이루어진 일이다. 경기도 용인에 백남준 기념관이 들어설 때에는 건립에 참여했고, 백남준 후원회를 발족해 후원회장직까지 맡았다.

화가 이우환의 경우도 비슷하다. 두 사람의 친분은 이우환이 세계적 화가가 되기 훨씬 전부터 시작됐다. 생면부지의 이우환은 어느 날 이 교수를 찾아와 다짜고짜 이렇게 물었다. "중국과 일본은 띄어쓰기를 안 하는데 왜 한국만 서양식으로 띄어쓰기를 합니까?" 이 교수는 질문을 듣자마자 무릎을 치면서 그의 손을 덥석 잡았다.

"이런 질문을 한 사람은 당신이 처음이오."

두 사람 사이에선 쉼 없는 말의 폭포수가 쏟아졌고, 이후 이어령 교수는 이우환의 후원자를 자처했다. 천재들의 브로맨스랄까, 둘 사이에는 둘만 통하는 세계가 있었던 것 같다. 《64가지 만남의 방식》이라는 책에서 이우환은 서울을 방문할 때마다

340

이어령 교수와 만날 생각에 가슴이 설렌다고 했다. 심지어 이 교수를 만나기 전엔 그만의 통과제의 같은 게 있었다. 일본에 거주하던 이우환은 한국에 방문하기 전에 이 교수와 만날 약속이 잡히면 긴자의 단골 부티크에서 그에게 선물할 넥타이를 고르곤 했다고 한다.

건축가 김수근과는 또 어떤가. 김수근의 야심작 중 하나인 부여 박물관이 일본의 신전 도리이鳥居 양식 같다며 집중포화를 맞을 때, 이어령 교수는 현장조사 심사원의 자격으로 참가해 그를 옹호했다. 일면식도 없는 사이였지만 그에게 중요한 건 예술성이었다. 자기 분야의 천재성을 띤 예술가들을 발견하면 그가 누구든 그 천재성이 묻히지 않길 바랐는데, 그건 김수근에게도 마찬가지였다. 당시 이 교수는 국내의 따가운 여론을 헤치고 김수근의 백락 역할을 자처했다. 1970년 일본 오사카 엑스포에서 한국관을 설계한 김수근이 또 한 번 여론의 도마에 올랐을 때에도 이 교수는 현장조사 심사원으로 파견돼 김수근을 감쌌다.

시각예술은 전위적 예술가의 편이 아닐 때가 많고, 낯설고 난해해 대중의 차가운 외면을 받을 때도 잦다. 이 교수가 가진 백락의 눈은 때론 전위예술가의 편에서 전지적 작가 시점으로 그들의 예술 세계를 읽어냈고, 때론 사라져가는 전통 예술가들에게 산소마스크도 되어주었다. 그는 김덕수의 사물놀이 뒤에서도 보이지 않는 큰 역할을 했고, 안숙선과 국수호 등 한국의

가·무·악歌·舞·樂을 연결하여 현대와 전통을 어우르는 퍼포먼스를 기획하기도 했다. 훗날 이들은 그가 창설한 경기디지로그창조학교의 멘토들로 활약하게 된다.

백락 이어령의 눈은 무한한 가능성의 존재인 어린이들의 천재성 발견 쪽으로도 쏠렸다. 바이올리니스트 사라 장의 경우가 대표적이다. 한국계 미국인으로 미국에서 주로 활동하던 열한 살짜리 소녀 사라 장이 천리마임을 알아보고 한국 데뷔 무대를 마련해준 뒤로도 그는 사라 장의 든든한 지원군이 돼줬다. 이후로 두 사람은 격의 없이 손편지를 주고받았다. 야구를 좋아한다는 내용의 편지에 이어령 교수는 "너는 손가락을 다치면 안 되니 야구는 그만두는 게 어떻겠니?"라는 답신을 보내는가 하면 한국어로 된 역사 만화책을 사서 미국으로 부치기도 했다. '부모의 언어인 한국어를 꾸준히 공부하라'는 메시지를 담아서.

문화부 장관을 그만둔 뒤에도 이어령 교수의 천리마 찾기는 계속됐다. KBS 〈열린 음악회〉에서 당시 초등학교 5학년이었던 바이올리니스트 장유진의 연주를 본 이 교수는 이들 모녀와 만나는 자리를 마련했다. 두 사람은 이런 대화를 주고받았다.

"어머니, 유진이를 위해 제가 뭘 도와드릴 수 있을까요?"

"자기가 좋아서 하는 일인걸요. 이대로가 좋습니다. 아이가 좋아하는 대로 그냥 두고 싶습니다. 다만 이 아이가 책을 좋아하니 가능하다면 책을 몇 권 주셨으면 좋겠습니다."

이어령 교수는 장유진에게 세계문학전집을 선물했다. 역시 그의 눈은 빗나가지 않았다. 이후 장유진은 2006년에 열린 영 차이코프스키 바이올린 콩쿠르에서, 또 2016년의 일본 센다이 콩쿠르에서 대상을 받았다.

박완서, 김승옥, 최인호……

하물며 그의 전공인 문학 분야에서는 어땠겠는가. 문예 월간지 《문학사상》 창간을 이끌고 신춘문예 심사위원으로서 후배들을 키운 건 말할 필요도 없다. 개중에는 알려지지 않은 흥미진진한 뒷이야기가 많다. 당시 신인이었던 소설가 황석영이 《한국일보》에 장편소설 《장길산》을 파격 연재하게 된 데도 이 교수의 숨은 손이 있었다. 황석영의 재능을 간파한 이 교수는 당시 《한국일보》의 이영희 문화부장에게 그를 추천했다. 검증 안 된 신인에게 일간지가 파격적인 지면을 내줄 리 만무했지만, 윗선의 반대 이야기를 들은 이어령 교수가 서약서에 가까운 추천사를 써준 후에야 황석영은 연재를 시작할 수 있었다.

소설가 박완서는 이어령 교수를 '나의 전성시대를 만들어준 분'으로 기억한다. 이 교수는 《문학사상》 주간으로 있을 당시 등단 5년 차 신인 박완서에게 연재를 맡겼다. 박완서는 연재를 승낙하면서 이렇게 말했다.

"누구나 탐낼 만한 지면을 차지하는 것이 과욕인 것 같았고 체력에도 자신이 없었지만, 이 주간이 나를 알아봐준 것이 기뻐서 승낙합니다."

이렇게 해서 시작된 박완서 작가의《도시의 흉년》연재는 무려 5년 동안이나 이어졌다. 이후 박완서는 1985년 다시《문학사상》에《미망》을 연재하는데 여기에도 이 교수의 간곡한 권유가 영향을 끼쳤다. 먼 훗날 이상문학상 심사장에서 만난 박완서는 이어령 교수에 대해 이렇게 적었다.

"눈 씻고 찾아봐도 관료적인 냄새가 안 풍기는 것이 고마웠고, 반짝이는 재기와 귀여움이 여전히 남아 있는 것도 반가웠다. 그는 늘쩍지근하게 정체돼 있는 걸 참지 못하는 사람이다. 그가 우리의 문화예술을 사랑하는 한 문화예술계 또한 귀한 활력소 하나 내장하고 있는 것과 다르지 않을 것이다."

소설가 김승옥과 관련된 이야기는 더 흥미진진하다. 절필한 소설가 김승옥의 붓을 다시 들게 하기 위해 이어령 교수가 그를 감금까지 한 사건은 문단에서 두루 회자된다. 1977년의 일이다. 이 교수는 종로 사직공원 근처에 여관방을 잡고 김승옥에게 소설을 쓰게 했다. 방 앞에는 그를 감시할 편집부 직원 둘까지 배치했다. 김승옥의 탈출을 막으려는 극단적 조치였다. 이어령 교수는 당시의 일을 회고하면서 "김승옥의 재능이 그대로 묻히는 것이 너무너무 아까웠어"라고 탄식하듯 내뱉었다. 이때 탄생한 작품이《서울의 달빛 0장》이다. 김승옥의 데뷔작

《무진기행》을 세상에 널리 알리는 데 큰 역할을 한 것도 '문학 평론가 이어령'이었다.

소설가 최인호와도 그랬다. 최인호가 《별들의 고향》 등 대중성 짙은 소설로 전향하면서 문단의 따가운 눈총을 받을 때, 이어령 교수는 그의 천재성과 뛰어난 예술적 감성을 옹호하는 데 앞장섰다. 둘은 서로 통했던 것 같다. 이어령 교수뿐 아니라 최인호 작가 역시 이 교수의 글을 아끼고 사랑했다. 시간이 수십 년 흐르고 흐른 2013년의 일이다. 최인호는 암을 얻어 병이 깊었다. 투병 중인 몸으로 이 교수를 찾아온 그는 야윈 손으로 원고 뭉치를 내려놓고 갔다. 이 교수가 쓴 에세이의 정수를 모은 원고집이었다. 그리고 3개월 후, 최인호 작가는 세상을 떴다. 이렇게 해서 탄생한 것이 《읽고 싶은 이어령》이다. 최인호가 아니었으면 빛을 보지 못했을 책. 이 교수는 '최인호가 남긴 마지막 선물'이라고 책의 머리말에 적었다.

이어령 교수는 사람을 볼 때 소질 하나에만 주목했고, 그저 재능이 뛰어나기만 하면 백락으로서의 역할을 자처했다. 파벌이나 친분은 그에게 아무 힘을 발휘하지 못했다. 이념과 성향도 중요치 않았고, 진보든 보수든 상관없었다. 소설가 조정래는 2012년 1월 12일자 《동아일보》에 이런 글을 남겼다.

"건강한 보수와 책임 있는 진보가 함께 가야 한다. 우리 사회에는 좌우로부터 함께 존경받는 분들이 없다. 내가 알기에 그런 분이 딱 두 사람인데 하나는 박태준, 다른 하나는 이어령이다."

천리마와 산삼을 찾으면 그걸로 족해

한국의 백락으로서 이어령 교수가 내미는 손길은 문화예술계를 넘어선다. 이 교수는 벤처기업인 이찬진이 개발한 '한글과 컴퓨터'를 처음 접할 당시의 이야기를 들려줬다. 1980년대 말 미국 뉴욕에서 연구생활 중이던 이 교수는 우연히 한글 프로그램 '글'의 초판을 접하게 된다. 당시 한국에서는 주로 '보석글' 프로그램을 사용했는데, 미국의 '워드스타Word Star'와 비교하면 단어별 블록지정도 안 되는 원시적 프로그램이었다. 반면 '글' 은 기능이나 편의성 면에서 워드스타에 결코 뒤지지 않았다. 이 교수는 사용설명서에 있는 개발자 이름과 전화번호를 보고 한국으로 직접 전화를 걸었다. 개발자 이름은 이찬진이었다.

"무작정 걸었지. 이찬진이 공과대학(서울대 기계공학과) 3학년 인가 4학년 때였어. 이찬진한테 번들로 대기업에 팔지 말고 독자적으로 키워보라고 당부했던 기억이 나네."

그러나 대학생들에게 벤처기업 자금이 넉넉할 리 만무했다. 이찬진을 돕기 위해 팔을 걷어붙인 이 교수는 당시 과학기술처 이상희 장관에게 전화를 걸어 이렇게 물었다. "이 장관, 최만리 가 되겠소, 아니면 세종대왕이 되겠소?" 이상희 장관은 "최만리 가 되겠다는 사람이 어딨겠습니까?"라며 본론을 물었다. 이 교수는 대학생들이 만든 기막힌 프로그램 이야기를 꺼내며 도와달라고 청했고, 얼마 후 대학생 이찬진과 이상희 장관의 식사

자리를 주선했다.

훗날 문화부 장관을 맡은 뒤 이 교수는 맞춤법 체크 기능이 가미된 프로그램 개발을 지원하는 등 이찬진을 직접 챙기고 자주 만나 이야기를 나눴다. 이찬진이 배우 김희애와 결혼식을 올릴 때 주례를 선 것도 이어령 교수였다.

이어령 교수의 천재 감별법은 단순명료하다. 그에게는 혈연·학연·지연이 통하지 않는다. 딱 하나, 재능만 보는 것이다. 무슨 분야에서든 천재적 재능을 지닌 사람을 보면 그는 금광을 발견한 듯 동공이 커지면서 가슴이 설렌다. 그리고 깊은 산골에서 산삼을 발견한 듯 세상을 향해 외친다. "심봤다!"라고. 그런데 그걸로 끝이다. 소위 '이어령 사단' 같은 걸 만들지 않는다는 뜻이다. 얼핏 그가 외로워 보이는 이유다.

"나는 찾아낸 사람과 굳이 인간관계를 맺지 않아요. 찾는 걸로 끝이야. '여기 보석이 있네, 천리마가 있네, 산삼이 있네' 하고 세상에 알리면 그걸로 됐어. 관계를 맺지 않는 이유는 내가 고고해서가 아니야. 나는 그런 걸 잘 못하고, 남이 나를 존경한다고 하면 굉장히 부담스러워. 실망을 줄까 봐. 나한테 다가와 존경한다면서 같이 셀카 찍자고 하고, 자녀를 데리고 와서 '한번만 쓰다듬어주세요' 하는 사람들이 있는데 그렇게 부담스러울 수가 없어."

두 손을 앞으로 뻗어 거부하는 시늉까지 하는 이 교수에게 짓궂은 질문을 하나 던졌다. "천재들을 발견하면 질투는 안 나세요?" 그는 아이 같은 표정으로 "당연히 질투 나지"라며 말을 이었다.

"그런데 말야, 질투 나는 사람을 적으로 돌리면 내가 비참해지잖아. 대신 그 사람을 돕는 거지. 그러면 천재의 작업을 같이 하는 거니까. 박완서, 최인호, 김승옥 등 내가 좋아하는 작가들 대부분은 내가 질투하는 이들이야. 비디오아티스트 백남준도, 화가 이우환도 내가 못하는 것들을 하니 질투가 나지. 그래도 음악, 미술 분야는 비교적 순수하게 도울 수 있어요. 라이벌이 아니니까."

토끼 밥이 되지 않는 시대, 문화의 힘

그간의 인터뷰를 돌이켜본다. 그가 가진 창조적 소스의 팔 할은 한국인의 유전자에서 길어 올렸다는 걸 알았다. 굳은살 박힌 토착어의 힘, 정오의 햇살 아래서 굴렁쇠를 굴리던 논두렁 소년, 두레박과 우물의 문화학, 번갯불에 콩 구워 먹는 '빠름'의 민족, 남다른 예술적 감성과 한을 뼛속 깊이 내재한 유전자……. 이어령 교수를 통해 한국인의 창조성, 우리도 모르고 있던 우리 안의 창조 유전자를 재발견한 측면이 크다. 이 교수가 마지막으로 강조하는 메시지도 같았다.

"한국인은 스스로를 저평가하고 있어요. 우리나라는 잘 뭉치지도 않고 편 갈라 싸우는 걸 좋아하는 나라로 알려져 있는데 그건 아니야. 아이큐도 높은 민족이고, 역사적으로 산전수전을 다 겪어낸 문화유전자를 지녔지. 다른 나라를 침략하지 않고도 큰 대국 사이에서 버텨온 거예요. 우리가 군사력이 있었어, 정치력이 있었어? 정치 경제 패러다임이 아니라 한 사람 한 사람의 삶의 지혜로 버텨온 것이지. 문화의 힘이야. 그 때문에 무武를 휘두르는 사람들한테 토끼 밥이 된 면도 있지만, 무가 맥을 못 추는 오늘날의 시빌리언 컨트롤civilian control(문민지배) 시대에는 그게 큰 힘이 되는 거지. 우리는 칼이 아닌 붓으로, 머리로 지배해왔잖아. 한국인에게 내재된 '오래된 미래'의 저력을 느꼈으면 해요."

책말미의 대화

'창조적 주체'로 우뚝 서는
한국인이 되길

80대에도 창조적 사고를 멈추지 않는 노학자와의 대화는 경이로웠다. '빠지직' 하고 그의 두뇌에서 섬광이 이는 창조적 순간도 몇 번 목격했다. 어찌 보면 그는 평생 '임금님 귀는 당나귀 귀'를 외치면서 살아왔는지 모른다. 한 번 말머리를 꺼내면 멈출 줄 모르고 이어지는 이야기의 향연은 사실, 자신이 끊임없이 새로 발견해낸 것들에 대한 근질거림에서 비롯된 것이 아닐까.

이어령 교수의 말은 곱씹을수록 말맛이 우러났다. 인터뷰 현장에서 "아!" 하는 짧은 탄식이 났다면 녹취를 풀면서는 "아~!"

하고 다시 한 번 깊숙이 고개가 끄덕여졌다. 이중, 삼중의 의미를 품은 말들도 많았다.

이어령 교수가 해온 창조의 기록들을 곱씹어본다. '이어령의 삶은 여행자의 삶이다'라고 정의하고 싶다. 물음표와 느낌표 사이를 시계추처럼 쉬지 않고 오가는 여행자.

근대화, 산업화, 정보화를 지나 생명자본주의의 문턱에 다다르기까지 현기증 나는 문명의 속도전을 온몸으로 겪어낸 세대로서 그의 역할은 지대했다. 때론 문화계와 교육계에서, 때론 정치계와 언론계의 선봉에 서서 타는 목마름으로 우물을 파고, 다음 사람이 마시게 했다.

그는 한 우물만 파지 않았는데, 이런 면면이 그를 외롭고 쓸쓸하게 했다. 새로운 우물을 파면 뒤돌아보지 않고 또 새로운 우물을 향해 떠났기에 소위 '이어령 사단'이 없었다. 학연 지연에 연연하지 않고 철저히 실력과 재능만으로 인재를 쓰는 용인술 또한 그를 외롭게 했다. 그가 문화부 장관 시절, 권한의 핵심인 인사권을 일절 행사하지 않았다는 점에서 이는 단적으로 드러난다.

통섭형 지식인이라는 면모도 그를 외롭게 했다. 한 우물을 파온 전문가 군단에게 있어 그는 어떤 분야에서 보든 자신들 분야의 사람이 아니었고, 영원한 이방인처럼 비쳐졌다. 만인의 연인이었기에 그 누군가의 연인이 될 수 없었다고 할까. 그래서 그의 팬들은 많아도 그의 의중을 헤아리고 학풍을 물려받아

다음 세대에 전달해줄 이는 거의 남아 있지 않다. 그는 이따금 "그래서 내가 외롭다는 거야"라는 말을 흘리곤 했는데, 지금 와서는 그 말이 가슴 저리게 안타깝고 슬프다.

—— 80년 생각을 매듭짓는 심정, 어떠세요?

나는 평생 나에 관한 이야기, 회고록 같은 건 절대로 쓰지 않겠다고 약속했는데, 이번에 어쩔 수 없이 내 숨은 이야기들을 털어놓고 보니 내 회고록의 일각을 보여준 것 같아. 약속을 깬 것 같아 허전하다고 할까? '결국 나도 별수 없이 회고록 같은 사적 이야기를 하고 말았구나' 하는 생각이 들어요. 한편으로는 나에 대한 오해가 많았는데, 이번 기회를 통해 내 민얼굴을 보일 수 있어 다행이기도 하고.

—— 참 신기해요. 선생님의 80년 생각의 열매인 '디지로그'와 '생명 자본주의'가 포스트 코로나 시대의 마지막 퍼즐로 딱 맞춰진 게 말이에요.

거참, 공교롭게도 시기적으로 딱 맞아들어가게 됐어. 코로나를 예견하고 한 말은 아니지만, 이머징 바이러스 때문에 디지로그 시대를 맞게 된다는 말은 여러 번 했어요.

가까이 오면 병에 걸리고, 그래서 디지털로 가면 아날로
그 세계가 그립고. 그래서 디지털만으로도, 아날로그만
으로도 안 되고 둘을 끌어안아야 한다고 말이야. 코로나
가 오지 않았으면 좋았을 텐데, 코로나 때문에 너무 일찍
맞아떨어진 슬픈 퍼즐 한 조각 같아.

── 선생님이 남기신 창조물 이야기를 해볼까요. 이제까지 유무
형의 창조물을 많이 남기셨는데, 유독 애착이 가는 창조물
은 뭔가요.

열 손가락 깨물어서 안 아픈 손가락 없듯, 작은 것이든 큰
것이든 내 생각에서 나온 창조물들에는 다 애정이 있지.
굳이 고르라고 하면 쌈지공원을 조성한 것이나 '갓길'이
란 용어를 만든 것처럼, 내 전공 분야가 아닌 공공의 영역
에서 한 일인데 여전히 역사와 사회의 한 공간에서 숨 쉬
고 있는 것들이에요. 나의 손을 떠나서 여러 사람이 함께
키운 것을 보면 감동적이에요. 고속도로를 가다가 '갓길
없음' 표시판이 나오면 갓길이 없다는데도 기분이 좋아.
내가 문화부 장관 할 때 이 용어로 바꾸지 않았더라면 여
전히 '노견' '로드숄더' '길어깨'라는 용어로 쓰이고 있었
을지 모르잖아.

── 의외예요. 88서울올림픽의 굴렁쇠 소년, 《축소지향의 일본
인》, 한국예술종합학교, 디지로그 등 누구나 알 만한 굵직한
창조물들이 많은데요.

내 생각은 좀 달라요. 나는 강연할 때 '갓길 장관이요' 하
고 소개해. 아무리 생각해봐도 내 머리로 한 건 갓길밖에
없는 것 같거든. 겸손이 아니라, 개인적인 창조보다는 그
것이 사회성을 얻고 역사성을 얻었을 때 티끌만 한 것이
라도 자랑스러워. '창조'를 개인적인 것으로 생각하지 않
았으면 해. 역사와 사회의 일각을 바꿀 수 있는 창조야말
로 의미 있는 창조지. 그런 창조를 하는 사람이 많아지면
좋겠어요.

── 그러면 '못다 이룬 창조' 중 아쉬움이 가장 많이 남는 페이
지는요?

어린이 교육이지. 아이들은 그 무엇도 될 수 있는 무한한
가능성의 존재잖아. 그런 아이들을 위해 놀면서 배우는
창조교실을 만들고 싶었어요. 색채 교육, 언어 교육을 하
는 게 아니라 몬테소리처럼 스스로 학습하게끔 하는 것
이지. 시도는 여러 번 해봤는데 기존 학교 교육 시스템을
건드리는 일이라서 잘 안 됐어요.

— "나는 천재가 아니다. 누구나 나처럼 생각하면 창조적 사고를 할 수 있다"라고 재차 말씀하셨지요. '이어령처럼 생각하기'의 핵심은 뭐라고 보세요?

창조는 누구나 할 수 있지만 안 한 것뿐이야. 갓길도 그렇지. '노견' 하면 길가의 개 같고, '로드숄더'라고 하면 숄더백 같잖아. 세상에 그런 말이 어딨어요? '낯익은 말로 할 수 없을까?' 하는 생각에서 탄생한 말이 '갓길'이지. 그게 무슨 천재적 발상이에요? 천자문도 그래. '하늘 천, 땅 지, 검을 현, 누를 황! 하늘은 까맣고 땅은 노랗다'는 훈장의 말에 '왜 하늘이 까맣나요?' 묻다가 첫날 쫓겨났잖아. 하늘은 보통 파란데 까맣다고 외우는 사람이 이상하지, 왜 까맣냐고 묻는 여섯 살의 내가 이상한 거예요? 안데르센의 동화《벌거숭이 임금님》을 생각해봐요. 임금님이 벌거벗었다고 외치는 어린아이가 천재예요? 아니지. 아이는 본 대로만 얘기한 거야. 우리는 보이는 대로 보지 않고, 생각한 대로 생각하지 않고, 행하는 대로 행하지 않기 때문에 많은 거짓과 잘못된 옷을 입고 있는 거예요.

— 제 생각으로는 소위 '물음느낌표'가 선생님이 가지신 창조력의 핵심이 아닐까 싶습니다만.

재미난 말이 있어. '신은 어디에 있느냐'라는 질문의 답은 해답이 아닌 그 질문 속에 있다는 거지. 하고 많은 사람들 중에는 신이 있는지 없는지를 생각하는 사람이 있는가 하면 내일 먹을 양식을 생각하는 사람, 또 권력에 빌붙어 출세해보자는 사람도 있지. 왜 신이 있는지를 생각하겠어요? 영성이 없으면 이런 질문은 안 하겠지. 신을 문제시하는 마음, 그게 바로 신이에요. 내가 말한 물음느낌표도 마찬가지야. 느낌표가 해답인 줄 아는데, 물음표 없는 느낌표가 이 세상에 있을까? 의문이 있었고, 그 의문이 풀리기 때문에 기쁨도 생기는 것이지.

—— 여전히 피터팬 같은 표정을 지니셨지요. 80대 후반에도 인공 지능을 비롯한 지식의 최전선을 꿰뚫고 있는 비결은 뭔가요.

신선은 노인이고, 신선 옆에 있는 동자는 아이인데 둘의 얼굴이 똑같다고 하지. 노자老子는 도道를 체득한 사람을 어린아이에 비유했고. 내 얼굴이 꼭 짓궂은 여섯 살 아이 같다, 노인 냄새가 안 난다고들 하는데 그건 나뿐 아니라, 물음느낌표를 갖고 지적 호기심에 빛나는 사람들의 공통점일 거예요. 나에 대한 최고의 찬사는 귀엽다는 말이야. '유치한 구석이 있으시네요' '귀여우세요' 하면 기분이 아주 좋아. 반대로 '어른스럽다' '인격자다' '원로답다' '노숙하십니다'란 건 칭찬으로 들리지 않지. 어린아이의 마음을 벗어나지 않는 것이 나에겐 인삼녹용이나 마찬가지예요. 초등학교 가기 전의 내가 내 상상력의 보고이고, 그때 봤던 세계가 오늘날 감성과 예술의 기반이 돼요. 내가 이 세상에서 처음으로 봤던 햇빛, 나뭇잎을 흔들리게 하는 바람……. 그게 내겐 최대의 자산이지.

── 스스로 생각하시는 마음의 나이는 몇 살이신지요.

나는 나이를 의식하지 않아. 호적 나이와 실제 나이, 양력 나이와 음력 나이가 다 다르다 보니 막 헷갈리거든. 이름도 그래요. 어렸을 때는 '으영'이었어. '어'자를 서울 근교에서는 '으'로 발음했거든. 그러더니 표기할 때는 '어녕'이가 됐어. 이화여대 시절에도 '이어녕 교수'로 불렸지. 한데 교육부 교과서에는 '어령'으로 표기돼 있어요. '녕'자를 '령'으로 속음화해서 읽었거든. 나는 지금도 내 이름이 으영인지, 어녕인지, 어령인지 모르겠어. 인간에게 가장 중요한 아이덴티티는 성별, 연령, 이름이잖아. 내 성별이 남자라는 건 확실히 알겠는데, 연령과 이름이 애매한 거야.

─── 그러면 선생님은 정체성을 어디에서 찾으셨어요?

생각. 내 생각에서 찾아야지.

─── 질문을 바꿔볼게요. 세상 모든 아이는 지적 호기심이 있지만, 어른이 되면서 이 호기심을 잃어버린다고 하셨지요. 호기심으로 본 선생님의 나이는 몇 살 정도일까요.

어머니가 돌아가신 시점에서 정지된 것 같아요. 12~13세 정도. 그때 인생관도 바뀌고, 혼자라는 걸 알게 되고, 남에게 의존하지 말자는 생각도 들었지. 소아마비에 걸리면 다리 하나가 자라지 않듯, 그때 멈춘 뒤 어린아이의 눈으로 죽 살아온 것 같아요. 이중 구조가 생긴 거지. 문학이나 예술을 말할 때는 어린 시절의 호기심에 빛나는 내가 있어. 사물마다 경이롭고, 나비마다 다르게 날고, 꽃들마다 환희에 차 있는. 이게 그리스인들이 말하는 '타우마젠'이지. 타우마젠을 얻는 게 나한테는 최고의 즐거움이에요. 책에서 내가 생각하지 못한 걸 발견하면 판단이 정지되면서 '억!' 하고 덮어버리지.

─── 눈을 더 크게 뜨고 읽는 게 아니라, 덮어버리신다고요?

너무 놀라서. 그 감동을 감당하지 못하는 거지. 첫눈에 반한 기막힌 여성이나 남성을 만나면 온몸이 굳어버리잖아. 책을 읽을 때에도 그런 순간이 있는 거야. 숨도 못 쉬고, 걷지도 못하고, 얼어버리는. 그건 기쁨의 순간인 동시에 공포의 순간이기도 해요. 호랑이를 만나서 도망가는 건 덜 공포스러운 거야. 정말 무서우면 움직여지지 않지.

— 그런 엄청난 지적 환희의 순간을 만난 적이 있으세요?

아직 못 만났지. 그냥 덮는 정도는 만났지만.

— 이중 구조에서 나머지 하나의 정체성은 뭔가요.

남편, 아버지, 교수, 위원장, 장관 같은 것이지. 이런 사회적 자아로 살아가려면 권위도 가지려 하고, 마음에 없는 소리도 해야 하지. 어린아이 같은 나도 있고, 이런 나도 있어요.

— 인생을 살며 후회되는 게 있다면요.

프로메테우스는 앞을 바라보며 생각하고, 에피메테우스는 항상 뒤를 돌아보며 후회하지. 내 몸에는 이 두 신화의 형제가 살고 있어요.

―― 유튜브 채널 '셀레브sellev'와의 인터뷰를 보니, 평생 읽고 써온 외길 인생을 회고하시면서 가지 않은 길에 대한 후회를 내비치시던데요.

그건 후회와는 달라요. '다른 길로 가면 또 다른 삶이 있었을 텐데' 하는 호기심이지. 나는 내 세계가 우주이자 전부라고 여기며 살았고 또 이 길이 좋다고 생각하며 살았지만, '다른 좋은 길은 없었을까?' 하는 무한한 욕망이에요.

―― 셀레브의 선생님 인터뷰 영상이 여전히 화제예요. 조회 수 71만 회로 역대급이던데요(2020년 12월 기준). 선생님 영상의 인기 비결이 뭘까요.

나는 글을 쓰거나 강연할 때 새로운 소리를 한 게 없어요. 셀레브 인터뷰의 골자는 '젊은이는 늙고, 늙은이는 죽어요'잖아. 다 아는 이야기지. 한데 사람들은 다 알고 있다고 생각하고 당연하기 때문에 다른 이야기들만 해왔어요. 가령 '우리 집에 고양이와 개가 있습니다' 하면 화제가 안 되니까 '우리 집엔 금송아지가 있어요' 식의 이야기를 하려 해요. 나는 살아오면서 경천동지할 이야기를 하진 않았어요. 가장 중요한 이야기인데도 사람들이 못 본 체하고 지나치려 한 것을 정색하고 이야기하는 거지. 사람들은 자기가 알고 있는 이야기에 공감을 해요. 아인슈타인의 $E=mc^2$ 같은 이야기에 70만 명 넘는 이들이 공감을 하겠어?

—— 아, 그렇네요. '다 아는 이야기'를 새로운 시각으로 다루는 힘은 어디에서 오나요.

새해가 되면 '새해 복 많이 받으세요' 하잖아. 이 말을 모르는 사람이 없지. 그런데 '복이 뭐예요?' 하고 질문하는 사람은 없어요. 다 안다고 생각하니까. 뭔지는 모르지만 어릴 때부터 새해만 되면 되풀이하다 보니 자동으로 말해버려요. 자기 머리로 생각해서 입으로 나오는 게 아니라, 귀로 들어서 입으로 나오는 거지. 내가 다른 사람과 조금 다른 점이 있다면, 무엇이든 내 머리로 생각한다는 점일 거야. 스스로 납득할 때까지.

—— 최근 선생님이 의심하고 회의하는 대상은 뭔가요.

돼지야. 돼지의 특성을 사람들한테 말해보라고 하면 거

의 다 '뚱뚱하다'고 하지. 그래서 살찐 사람을 '돼지 같다'고 하고. 과연 그럴까? 난 그렇게 생각하지 않아요. 돼지의 특성은 뚱뚱한 게 아니라, 다리가 짧은 거야. 돼지처럼 다리 비율이 짧은 짐승이 또 어딨어요? 돼지에 대한 오해지. 또 있어. 2019년이 되니 '60년 만에 황금돼지해가 돌아왔다'고 떠들썩해. 이 표현이 참 답답해요. 우리는 60년 전과 똑같은 시각으로 돼지를 바라보고 있어요. 성장 속도가 빠르고 생식이 왕성하니 돼지가 풍요의 상징이라는 건데, 이건 농경시대의 패러다임이야. '돼지관'을 바꿔야 해요.

━━ '돼지관'이라. 황금돼지, 풍요돼지가 아니라면요.

잘 봐요. 재밌는 이야기가 많아. 강남의 입시정보왕 엄마를 뭐라고 해요? 돼지엄마라고 하잖아. 이때의 돼지는 '정보돼지'야. 돼지는 냄새를 잘 맡아. 개보다 후각이 열 배나 민감하지. 그래서 프랑스의 프로방스에서는 땅속에 있는 송로버섯을 돼지가 찾아내. 그다음 생명화 시대의 돼지는 '바이오돼지'야. 돼지는 장기의 해부학적 구조와 생리 특성이 인간과 가장 비슷해. 그런가 하면 '소통돼지'라 할 수도 있지. 요즘 반려동물로 돼지를 키우는 사람이 늘고 있잖아. 살도 몽글몽글하고 보기보다 머리가 좋아서 웬만한 개보다 지능이 높아요.

—— 다른 시각으로 보면 다른 것이 보인다는 말씀이신데, 그런
열정을 잃은 이들이 많습니다. 노력해도 기회가 오지 않는
현실에서 무력감을 느끼는 것이지요.

일자리는 없어. 하지만 자기가 만들 수 있어요. BTS(방탄
소년단)를 봐요. 오프라인 소속사에 가려면 기회가 적겠
지만 온라인으로 가면 얘기가 달라지지. 온라인에는 멀
고 가까운 게 없으니 남미까지 1초 만에 갈 수도 있고, 돈
도 안 들잖아. 무궁무진한 가능성의 세계에서 자신만의
일자리를 만든 거지.

—— 기존 패러다임으로 일자리를 찾지 말라는 뜻이신가요?

그렇지. 황금돼지, 풍요돼지의 패러다임으로 보면 일자
리 만원 상태지만 눈을 돌리면 얘기가 달라져요. 이미 있
는 단 하나의 의자에 앉으려 하면 서로 앉으려 밀쳐내고
싸워야 하지. 그런데 의자를 만드는 사람이 되면 어때요?
내가 만들어 내가 앉으니 확실하지. 우물물을 마시려 하
지 말고, 우물물을 파는 사람이 되라는 거예요. 목마른 갈
증을 가지고 새 우물을 파라는 거지. 지적 상상력이나 엄

청난 아이디어는 20대가 절정이야.

— 20대요? 선생님의 경우는 다른 것 같습니다. 80대 후반인 지금도 창조적 상상력이 여전하시잖아요. 방대한 독서와 사색이 이를 가능케 했을까요?

그런데 덮어놓고 천 권의 책을 읽는 사람과는 다르지. 산 전체를 뒤진다고 다이아몬드가 나와요? 어디를 파야 광맥이 있는지를 아는 거야. 인문학자인데 돼지를 왜 찾아봤겠어? 12지 연구를 왜 했으며 젓가락, 가위바위보, 보자기 문명을 왜 연구했겠어. 나의 창조적 상상력은 다독에서 비롯됐다기보다 지적 호기심에서 나온 거예요.

— 지적 호기심은 선천적인 것 아닌가요?

선천적이기도 하지만 어린아이들에게는 다 있는 거지. 내 특징은 유년 시절의 상상력과 호기심, 반짝이는 어린아이의 눈동자를 지금까지 잃지 않았다는 거예요. 젊은 이들도 어린아이의 빛나는 눈동자를 가지고, 일터를 찾아가는 게 아니라 일터를 만들고 인생을 바깥에서 구할 것이 아니라 자기 안에서 새로운 세계를 열었으면 해요.

── 육체의 나이가 연장되어 200년을 살 수 있다면 무엇을 더
하고 싶으세요?

200년을 살든 10년을 살든 하루를 살든, 질質로 생각해요.
200년은 200년의 하루가 있는 것이지, 200년의 시간이
있는 게 아니야. 오늘 하루, 내가 살아 있기 때문에 할 수
있는 것, 끝없이 시간이 스쳐가는 한순간을 살아가는 데
진력할 뿐이에요.

── 미루기는 안 하시나요.

왜 안 하겠어. 중요한 일은 나도 '내일 하자'고 해요. 직장
이 없는 것이나 마찬가지지만 툭하면 '주말에 할게' 해.
인간은 시간에 인위적인 칸막이를 해서 주말과 주초를
만들어요. 관습화된 시간에서 자유로운 사람은 없어. 모
어 댄more than과 모어 레스more less가 있을 뿐이지. 그러니 내
가 지금 할 수 있는 건 시간이 끝없이 있다고 생각하면서
중요한 걸 내일로 미루는 거야.

── 중요한 걸 먼저 하시는 게 아니고요?

그게 내가 종종 말하는 해녀 얘기야. 해녀들이 바닷속에

서 전복을 발견하면 그걸 숨겨놓고 '내일 좋은 사람이 오면 따다 줘야지' 해. 전복은 점점 크는데, 해녀는 이제 전복에 갈 수 있는 힘이 없어. 늙어서. 마지막에는 보물섬 지도밖에 못 그려주지. 내가 요즘 하는 이야기들이 바로 보물섬 지도를 그리는 작업이에요.

— 그 전복은 여전히, 그곳에 있는 게 확실한가요?

중요한 질문이에요. 내가 따 오지 않은 전복이 정말 거기에 있었는지, 그게 정말 전복이 맞는지, 빈 껍질인지 모르는 거야. 따 와야 전복이지, 두고 온 전복은 전복이 아니잖아. 이게 인생을 속이는 기막힌 일루전illusion(환상)이야."

— 전복 찾기라. 선생님이 늘 말씀하시는 '우물물에 대한 갈증'과 통하는 면이 있어요. 우물을 파다가 우물물이 안 나오면 '실패'라는 단어를 쓰시나요?

그렇지. '실패했네' 하고 다른 우물을 파지. 그래서 실패는 좌절이 아니라 도전이에요. 우물을 파서 물을 마시려는 사람은 그게 끝이야. 물이 안 나왔으니까. 그런데 호기심으로 우물을 판 사람은 물이 안 나와도 끝이 아니야. 호기심은 그대로니까. 실패를 두려워하고 성공을 목적으로 살아가는 사람처럼 불행한 사람은 없어요. 또 다른 우물물을 찾으러 다니는 사람은 죽을 때까지 만족이 없는 법이지. 욕망 자체가 삶이라고 생각하면 '노력할 만큼 했다'라는 생각도 안 들어요.

── 우물물이 나오는지 여부는 중요하지 않군요.

그렇지. 그저 참을 수 없는 호기심을 품고 지적 세계를 탐험하는 과정 자체가 즐겁고 기쁘고 짜릿한 거야. 파다 보면 콸콸 솟구쳐 오를 수도 있고, 사막 한가운데에서처럼 파도 파도 물 한 방울 나오지 않을 수도 있겠지. 하지만 그건 중요하지 않아. 어느 사막 한가운데의 열사熱沙에서 열사烈士처럼 우물을 파는 것이 평생의 내 삶일지 모르지.

── 이 많은 책들과 두툼한 자료들이 마지막 우물 찾기를 위한 동반자들인가 봅니다. 편치 않은 몸을 이끄시고 지적 탐험을 멈추지 않는 선생님을 보니 숙연해져요.

아무 의미도 부여되지 않는 나, 지금부터 생성해가는 나가 '진짜 나'이고 실존인 게지. 이제까지 내가 어떤 사람이었는지는 중요하지 않아. 그런데 우리는 자주 이걸 잊고 살아요. 누구의 남편이고, 누구의 아들이며, 누구의 아버지인지 관계 속에서의 나로서 살아왔지, 내가 진짜 나로 살아가는 시간은 거의 없어. 그래서 이 책은 남들이 아니라 내가 봐야 할 책인 게지. 김민희라는 한 놀라운 작가에 의해서 더 이상 아무 감각도 없이 굳어버린 한 사람의 묵은 흉터에서 선혈이 흐르고 아린 신경줄이 노출되는 생명감을 얻게 되었으니까 말이야. 숙연해지는 것은 내 쪽이라고. 감사해요. 정말 수고 많았어요. 그리고 위즈덤하우스의 류혜정 부서장을 비롯한 여러분에게 감사드리고, 한마디 부탁할게. 이 책은 나에 관한 책이지만, 김민희의 책이라는 걸 강조했으면 해요.

— 선생님에 관한 책인데, 왜 자꾸 선생님을 강조하지 말라고 하시는지요. 이 책이 독자들에게 어떤 책으로 읽히길 바라시는 건가요.

이 책은 나에 대한 용비어천가 같은 책이 되면 절대로 안 돼. 자기 잘난 얘기를 하는 책을 왜 독자가 굳이 읽겠어. 내가 한 말, 내가 한 일을 있는 그대로 말해주는 게 중요한 거야. 그들의 눈을 통해 보이는 나는 여러 가지 면이 있겠지만, 나는 이 책이 그들의 삶에 도움이 되었으면 해요. 사물을 보는 눈, 현상을 보는 눈, 나처럼 생각할 수 있는 힘을 길러주고 싶다는 거지. 내가 잘나서가 아니야. 80

여 년 동안 온리 원의 사고를 해온 한 인간의 머릿속을 탐색해보라는 거지. 각자의 삶을 어떻게 살아야 하는지, 남과 다른 창조적인 생각을 하려면 어떻게 해야 하는지를 생각하게 해주는 책 말이야. 더군다나 이렇게 전대미문의 코로나 상황에서는 더욱 그런 사고가 필요해요. 한 번도 가보지 않은 세상에서 어떻게 살아야 하는지를 찾아가려면 각자가 독립된 주체로 우뚝 서야 해.

—— '독립된 주체'로 우뚝 서는 삶은 어떤 경지일까요.

하루를 살아도 자기 머리로 생각하는 삶이지. 누가 뭐라고 하면, 뉴스에서 무슨 보도가 나오면, 책 한 줄을 읽어도 뭐가 기고 뭐가 아니고를 제 머리로 판단하면서 사는 삶 말이야. 역사를 접할 때도 마찬가지야. 역사라는 건 안방 얘기 다르고 부엌 얘기가 다른 법이거든. 시어머니와 며느리가 각각 안방과 부엌에서 하는 얘길 들어봐. 안방 얘기 들으면 며느리 잘못이고 부엌 얘기 들으면 시어머니 잘못이지. 그렇다면 누가 옳은 거야? 그래서 지식인이, 지성인이 필요한 거야. 뜬소문, 가짜뉴스, 음모론에 쉽게 휩쓸리지 않고 경험주의를 넘어선 냉철한 이성의 힘을 가진 지식인 말이야.

—— 책에도 운명이 있을 텐데요, 이 책이 어떤 운명을 걷게 되길
바라시는지요.

이 책만큼은 어떤 시대, 어떤 정치적 흐름 속에서도 진영
의 논리에 휩쓸리지 않았으면 해요. 그저 이 아무개라는
한 개인이 대한민국 문화 이벤트 한 페이지를 어떻게 창조
해왔는지, 그 척박한 상황에서 어떻게 창조성을 발휘하며
여기까지 왔는지를 있는 그대로 보여주는 책. 그래서 창조
적 인물론의 첫 책을 여는 운명을 지녔으면 해.

—— 말하자면 '이어령의 창조 독본' 같은 성격이요?

맞아. 내가 평생 창조, 창조 해왔잖아. 내 손에서 탄생한
우물물 한 방울이 생명의 순환을 고스란히 따랐으면 해
요. 한 인간이 남겨놓은 열정 한 방울, 창조성 한 숟가락,
업적 한 그릇이 이어져서 강물이 되고, 바다가 되고, 다시
수증기가 되어 비로 내리고, 골짜기에 쏟아지고, 또 그 물
한 방울이 다시 누군가의 가슴에 작은 울림을 주면 좋겠
다는 거지. 이것이야말로 인간이 할 수 있는 최고로 아름
다운 일 아니겠어요?

—— 마지막 질문이에요. 선생님께 가장 중요한 가치는 뭔가요.

생명이지. 나에게뿐 아니라 오늘날 가장 중요한 가치이기도 해요. 생명 자체가 목적이고, 찬란한 것이고, 아름다운 것이지. 고통마저도 생명에겐 아름다운 거예요. 죽은 사람이 무슨 고통이 있겠어. 우리가 마지막으로 믿을 수 있는 건, 온 우주에 단지 살아 있다는 것만으로 승리인 생명력이에요. 어떤 절망의 시대에도 생명의 힘은 놓치지 않았으면 해요.

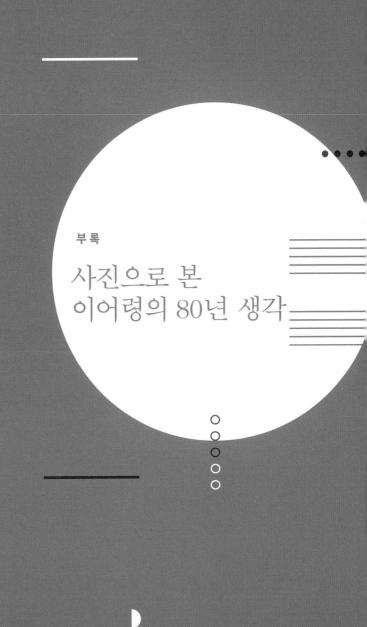

사진으로 본
이어령의 80년 생각

"내 인생은 물음표와 느낌표 사이를
시계추처럼 오고 가는 삶이었어."

묻고 또 묻는 아이
그래서 별명은 '질문쟁이', '싸움닭'
"하늘이 파란데 왜 서당에서는 검다고 하나요?"
여섯 살짜리의 이 질문은 80년이 지나도 끝나지 않았다.

← 아버지 품에 안긴 꼬마 이어령.

↓ 부모님(가운데)과 5남 2녀의 가족사진. 자전거 탄 꼬마
  가 여섯 살 이어령이다. 1938년.

우상의 파괴, 저항의 문학
불의 언어로 한국 문단을 초토화한 화전민

© 사진, 강인숙

1961년 삼각지집(한강로2가) 담 앞에서.

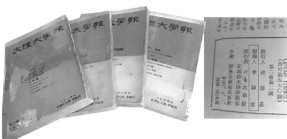

↑ 서울대 《문리대학보》. '편집인 이어령'으로 돼 있
　는 판권이 보인다.
→ 이어령의 첫 출간물 《종합국문연구》.
↓ 1960년 석사학위를 받을 때.
↘ 서울대 문리대 학예부장 시절의 이어령 (오른쪽)

1956년 5월 6일 《한국일보》에 실린 〈우상의 파괴〉.

"우상 자체가 아니라 우상을 믿는 사람의 어리석은 믿음을
파괴하자는 것이었어요."

4·19혁명이 발생하기 직전인 1960년 3월,
잡지 《새벽》에 권두논문 〈사회 참여란 무엇인가〉와 함께 실린 사진.

현대평론가협회
(윗줄 왼쪽부터 고석규, 송영택, 이태주, 이철범, 이어령, 아랫줄 왼쪽부터 김성욱, 이교창, 김춘수, 정한모).
1957년 3월 23일.

30대

1963~1972

흙속에 저 바람 속에

잠자는 거인 한국인을 깨운 한국문화론의 선두주자.
밀리언셀러, 롱셀러의 새 기록을 쓰다.

1969년 35세의 이어령.

"나는 말 위에 서서 말에 말을 걸었어요."

→《흙 속에 저 바람 속에》연재 당시의
 이어령.

↓ 한국 문화론을 새롭게 연《흙 속에 저
 바람 속에》는 6개 국어로 번역 출간되
 었다. (왼쪽부터) 한국어판, 일본어판
 1, 일본어판2, 러시아판, 영문판, 중국
 어판.

《세대》 창간호 표지.
이어령이 쓴 〈지성의 등화관제〉가 보인다. 1963년.

《문학사상》 창간호 표지. 1972년.

"문화란 타는 불꽃이 아니라,
마그마처럼 끓고 있다가 화산으로 폭발하는 지열과 같은 거야."

↑ 소설가 박경리(맨 오른쪽), 부인 강인숙 영인문학관 관장과 무주구천동에서. 1967년.
↓ 잡지《새벽》좌담회. 맨 왼쪽이 이어령이고 그 옆이 시인 조지훈, 오른쪽은 고려대학교 김상협 교수다.

40 대

1973~1982

축소지향의 일본인
루스 베네딕트의《국화와 칼》과 쌍벽을 이룬 베스트셀러로,
일본 열도에 충격의 지진을 일으킨 한류 문화의 원조.

《문학사상》주간실에서. 1979년.

↑ 루마니아의 소설가 콘스탄틴 게오르규(Constantin Gheorghiu) 부부와 이어령 부부. 1974년.
↓ 사인하고 있는 독일 소설가 루이제 린저(Luise Rinser)와. 1975년.

↑ 왼쪽부터 이어령, 평론가 백철, 소설가 최정희, 시인 조병화, 덕수궁에 있던 대한민국 예술원에서. 1972년.
↓ 소설가 김은국과. 1977년.

↑ 일본에서 출간된 문고판 《축소지향의 일본인》.
오랜 시간이 흘렀지만 여전히 밀리언셀러로 판매 중이다.

↓ 세계 각국의 언어로 출간된 《축소지향의 일본인》. 한국어는 물론 영어, 프랑스어, 중국어로도 번역 출간됐다.

↑ 영인문학관에 보관 중인 《축소지향의 일본인》 육필 원고.

↓ 이어령 교수가 일본 도쿄의 다다미방에서 《축소지향의 일본인》을 쓴 책상. 이 책상은 현재 영인문학관에 전시돼 있다.

벽을 넘어서

88서울올림픽 개회식을 지켜보던 세계인의 숨을 1분간 멈추게 한,
굴렁쇠 소년 연출자.

1980년대.

↑ 1988년 서울올림픽.

↓ 88서울올림픽 개막식에서 '호돌이 어린이' 윤태웅 군이 굴렁쇠를 굴리고 있다.

"사람들은 정적 속에서 진짜 소리를 듣게 돼.
아무 소리도 없는 고요함 속으로 침잠하는 순간 자신의 어리석음,
큰 목청, 큰 정치의 공허함,
사치의 경제가 빈 항아리로 울려오는 소리를 듣지."

↑ 이어령 교수가 윤태웅 군을 안아올려 '원'의 의미를 설명해주고 있다. 《조선일보》1988년 12월 7일자.
↓ 88서울올림픽 개회식 전날 주경기장에서 올림픽 조직위원들과 함께. 왼쪽부터 김치곤, 이기하, 한양순, 박세직, 표재순, 이어령, 김문환.

"선조들이 만든 묵은 정원 속에
오래된 미래가 있는 거예요."

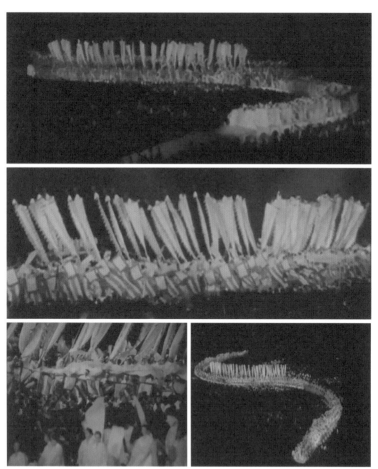

88서울올림픽 폐막식에서 공연된 '떠나가는 배'의 한 장면. S자 무대가 인상적이다.

↑ 문화부 장관 시절 집무실에서. 이어령 당시 장관은 사각형 안에 갇힌 명조체 대신 들쭉날쭉한 안상수체를 문화부 공식 서체로 지정했다.

↓ 바이올리니스트 사라 장과 함께.

60대

1993~2002

새천년의 꿈, 두 손으로 잡으면 현실이 됩니다

불가능해 보이는 '즈믄둥이' 탄생의 순간을 현장중계하여
생명의 목소리로 천년의 새벽을 연 드림 메이커.

1995년.

"생명 탄생의 신비를 보여주고 싶었지."

1993년 대전엑스포 행사에 참가한 이어령(오른쪽 두 번째).
이 교수 왼쪽에서 어깨에 손을 올리고 있는 사람이 오명 대전엑스포 조직위원장이다.

이어령과 백남준, 1984년에 처음 시작된 둘의 인연은 이후 서로를 이해하는 친구 사이로 발전했다.
아래 사진은 백남준이 이어령 교수에게 그려준 그림카드.

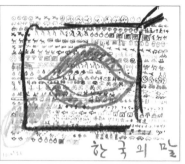

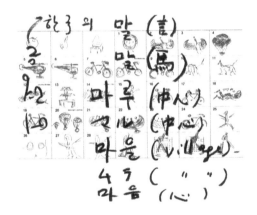

"백남준과는 서로 말이 통하는 말벗,
혹은 창조적 열정이나 아이디어를 주고받을 수 있는
예술적 교감을 나누는 사이였지."

새천년준비위원회 위원장 시절

경북 포항 호미곶 '상생의 손'. 바다에 잠긴 오른손과 육지에 있는 왼손이 '영원의 불'을 감싸는 형상이다. 2000년 1월 1일 새천년 첫날을 기념해 만들었다.

"'돈만 있으면 할 수 있습니다' 하는 건 의미가 없어.
'천금을 줘도 할 수 없습니다' 하는 걸 시도해야지."

2001년 9월 이어령 교수가 이화여자대학교에서 고별 강연을 하고 있다.

70대

2003~2012

디지로그 선언

아날로그의 접촉과 디지털의 접속을 하나로 융합한 디지로그의
후기 정보화 사회를 20년 전에 바라본 투시자.

2008년.

"디지털은 아날로그 세상과 접목해야 힘을 얻으면서
삶을 풍요롭게 만들 수 있지."

디지털과 아날로그를 합친 '디지로그'를 설명한 기념비적인 책.
2006년 출간되었다.

↑ 서고에서. 2008년.
↓ 카이스트 명사 특강. 2010년.

"생명의 속도와 정보의 속도를 어떻게 조정하고 조화시킬 것인가가
디지로그 이론의 핵심이야."

자택에서 부인 강인숙(영인문학관 관장)과. 2006년.

80대

2013~현재

생명이 자본이다

생명의 가치가 최우선하는 생명화 시대가 도래한다는 이론으로
오늘의 코로나 시대 상황을 입증한 선견지사先見知事.

2020년.

"코로나로 인해 생명 탄생과 동시에 그동안 의식하지 못했지만
늘 우리 곁에 도사리고 있던 죽음을 실제적으로 느끼게 된 거야.
생명의 가치, 생명이 자본이라는 걸 새삼 깨달은 거지."

2013년에 출간된 《생명이 자본이다》.

↑ 영인문학관 〈생명 그리고 동행〉전(展). 2014년.
↓ 영인문학관 〈이어령의 서재〉

↑ 암 투병 중에도 우물 찾기 여정은 쉬지 않고 계속된다. 2020년.
↓ 서재에서. 2020년.

"'눈물 한 방울.'
이 말을 마지막으로 이 시대에 남기고 싶어."

저자 김민희 기자와 영인문학관에 있는 이어령 흉상 옆에서. 2019년.

"

우리가 마지막으로 믿을 수 있는 건,
온 우주에 단지 살아 있다는 것만으로
승리인 생명력이에요.
어떤 절망의 시대에도 생명의 힘은
놓치지 않았으면 해요.

"

이어령, 80년 생각

초판 1쇄 발행 2021년 01월 25일 **초판 5쇄 발행** 2022년 7월 29일

지은이 김민희
펴낸이 이승현

편집2 본부장 박태근
W&G 팀장 류혜정
디자인 mmato
교정교열 장윤정

펴낸곳 ㈜위즈덤하우스 **출판등록** 2000년 5월 23일 제13-1071호
주소 서울특별시 마포구 양화로 19 합정오피스빌딩 17층
전화 02) 2179-5600 **홈페이지** www.wisdomhouse.co.kr

ⓒ 이어령, 김민희, 2021

ISBN 979-11-91308-30-3 03180